U0584491

北 平 抗 日 斗 争 历 史 丛 书

# 平津高校外迁

中共北京市委党史研究室
北京市地方志编纂委员会办公室　组织编写

杨胜群　李良　主编

史春风　著

北京出版集团
北京人民出版社

**图书在版编目（CIP）数据**

平津高校外迁 / 中共北京市委党史研究室，北京市
地方志编纂委员会办公室组织编写；史春风著. — 北京：
北京人民出版社，2023.8
（北平抗日斗争历史丛书 / 杨胜群，李良主编）
ISBN 978－7－5300－0593－4

Ⅰ．①平… Ⅱ．①中… ②北… ③史… Ⅲ．①西南联
合大学—校史—史料 Ⅳ．①G649.287.41

中国国家版本馆 CIP 数据核字（2023）第 029125 号

北平抗日斗争历史丛书
# 平津高校外迁
## PING-JIN GAOXIAO WAIQIAN

中共北京市委党史研究室　组织编写
北京市地方志编纂委员会办公室

杨胜群　李　良　主编
史春风　著

\*

北 京 出 版 集 团　出版
北 京 人 民 出 版 社
（北京北三环中路 6 号）
邮政编码：100120
网　　址：www．bph．com．cn
北 京 出 版 集 团 总 发 行
新 华 书 店 经 销
河北宝昌佳彩印刷有限公司印刷

\*

787 毫米×1092 毫米　16 开本　15.625 印张　212 千字
2023 年 8 月第 1 版　2023 年 8 月第 1 次印刷
ISBN 978－7－5300－0593－4
定价：58.00 元
如有印装质量问题，由本社负责调换
质量监督电话：010－58572393
编辑部电话：010－58572798；发行部电话：010－58572371

# 序　言

    中国人民抗日战争，是近代以来中国人民反抗外敌入侵持续时间最长、规模最大、牺牲最多，并第一次取得完全胜利的民族解放斗争。中国人民以顽强的意志和英勇的斗争，彻底打败了法西斯主义，取得了正义战胜邪恶、光明战胜黑暗、进步战胜反动的伟大胜利。这个伟大胜利，是中华民族从近代以来陷入深重危机走向伟大复兴的历史转折点，也是世界反法西斯战争胜利的重要组成部分，是中国人民的胜利，也是世界人民的胜利，将永远铭刻在中华民族史册上，永远铭刻在人类正义事业史册上。

    在中华民族生死存亡的历史关头，中国共产党秉持民族大义，高举抗日旗帜，积极倡导、有力推动以国共合作为基础的抗日民族统一战线，同日本侵略者进行了最英勇、最坚决的斗争，成为全民族抗战的中流砥柱。全体中华儿女共赴国难、浴血奋战，彰显了中华民族威武不屈的脊梁和精神。

    北平抗日斗争是中国人民抗日斗争的重要组成部分，在全国抗战中具有独特地位和作用。这里是一二·九运动的策源地，由此掀起抗日救亡运动新高潮；这里是全民族抗战的爆发地，由此拉开全民族抗战帷幕；这里是华北抗战的前沿阵地，由此成为晋察冀抗日根据地重要组成部分。在这片红色沃土上，北平军民为国家生存而战、为民族复兴而战、为人类正义而战，涌现出许多可歌可泣的英雄人物，书写了许多感天动地的英雄壮举，他们血染的风采成为伟大抗战精神的生动写照。

    为继承和弘扬伟大抗战精神，配合以卢沟桥、宛平城为代表的抗日斗争主题片区保护利用，深入挖掘北平抗日斗争历史内涵，经报请中共北京市委批准，我们策划编写了"北平抗日斗争历史丛书"。丛书由《抗日救亡运动新高潮》《全民族抗战起点》《到前线去 到根据地去》《故宫文物南迁》《平津高校外迁》《北平沦陷区的抗日斗争》《平郊抗日根据地》《北平抗日秘密交通线》《迎接抗战最后胜利》《北平抗日斗争群英荟》《北平抗日斗争遗址遗迹纪念设施》《北平抗日斗争文物故事》12种书构成。

丛书重点聚焦一二·九抗日救亡运动兴起、全民族抗战爆发、北平城内地下斗争、平郊抗日根据地的开辟和敌后游击战争等重大历史事件，全面回顾了北平抗日斗争波澜壮阔的历史进程，全景展现了北平军民不屈斗争的历史画卷，深刻诠释了北平军民以铮铮铁骨战强敌、以血肉之躯筑长城、以前仆后继赴国难的英雄气概和重要贡献。

丛书定位于学术研究基础上的专题历史著作，面向广大党员干部和社会大众，兼具思想性、政治性、通俗性和原创性，努力将之打造成权威可信、可读可学的精品力作。丛书总体呈现以下几个显著特点：

一是导向正确。坚持以党的三个历史问题决议精神和习近平总书记关于党的历史和党史工作重要论述为遵循，坚持以马克思主义立场、观点和方法为指导，牢牢把握抗战历史的主题和主线、主流和本质，坚决反对任何否认日本军国主义侵略历史甚至美化侵略战争和殖民统治等谬论。

二是权威科学。坚持党性和科学性相统一，实事求是反映历史的真实。编撰组织上，邀请党史、军史、抗战史相关领域权威专家担任编委或作者。资料运用上，坚持以原始档案、权威文献著作为依据，在全面收集相关资料基础上，注重发掘新史料，吸收新成果，确保内容的准确性和科学性。

三是主题鲜明。紧紧扭住北平作为一二·九运动策源地、全民族抗战爆发地、华北抗战前沿阵地等关键点，深刻揭示北平在全国抗日斗争中的地位和作用，深刻揭示中国共产党的中流砥柱作用是抗战胜利的关键、全民族抗战是抗战胜利的法宝、伟大抗战精神是抗战胜利的决定因素。

四是可读可学。布局上坚持统分结合、融为一体，叙事上注重条理清晰、逻辑严谨，语言上力求通俗易懂、生动活泼，设计上做到图文并茂、相得益彰，努力使丛书成为激励广大党员干部和人民群众在新时代奋发有为的教科书、营养剂与清醒剂。

中国人民在抗日战争的壮阔进程中孕育出伟大抗战精神，向世界展示了天下兴亡、匹夫有责的爱国情怀，视死如归、宁死不屈的民族气节，不畏强暴、血战到底的英雄气概，百折不挠、坚韧不拔的必胜信念。这一伟大精神，始终熔铸于北平抗日军民血液之中，并得到充分释放和展现，今天依然是我们书写实现中华民族伟大复兴中国梦北京篇章的重要力量源泉。奋进新征程、建功新时代，我们必须大力传承和弘扬伟大抗战精神，坚定不移坚持党的领导，自觉拥护"两个确立"、增强"四个意识"、坚定"四个自信"、做到"两个维护"，筑牢历史记忆，担当历史使命，锲而不舍为实现中华民族伟大复兴而奋斗。

# 目　录

# 前　言

　　20世纪30年代，日本帝国主义蓄意制造侵华事变——九一八事变和卢沟桥事变，使刚刚起步不久的中国高等教育现代化进程遭受重大挫折。尤其是在卢沟桥事变之后，日本帝国主义全面侵华，全民族抗战爆发。全国当时2/3专科以上高等学校，夹杂在政府内迁、工厂内迁、文物内迁的潮流中，辗转迁移。师生们满怀一腔悲愤，远辞故园，以自身巨大的牺牲和激昂的爱国热忱，历经千难万险，跋涉千山万水，迁至后方继续办学，苦撑待变。①

　　艰难时势，未曾让中国人民屈服，虽炮火连天，但中国大学依旧文脉绵延，弦歌不辍。当年带领中央大学内迁的中央大学校长罗家伦这样说："武力占据一个国家的领土是可能的，武力征服一个民族的精神是不可能的"，"敌人可以炸毁的是我们的物质，炸不毁的是我们的意志！炸得毁的是我们建设的结果，炸不毁的是我们建设的经验"！②日本从发动侵华战争开始，不仅是军事侵华，更图谋文化亡华。抗战14年中，半壁江山沦陷，但人民还在，教育还在，文化还在。据1945年统计，全国专科以上学校从全面抗战爆发前的108所增加到141所，学生人数从41922人增加到80646人。

---

　　①　依国民政府1939年度统计，战前专科以上学校108所，因战事迁移后方的有52所，迁入上海租界或香港续办的有25所，停办的有17所。其余14所，或是原先即设于后方，或是原在上海租界，或是教会大学。参见陈立夫：《战时教育行政回忆》，台湾商务印书馆1973年版，第13—17页。

　　②　罗家伦：《炸弹下长大的中央大学——从迁校到发展》，《文学教育与青年》，商务印书馆1946年版，第186、196页。

## 平津高校外迁

"抗战并没有取消了大学，而是相反的繁荣了大学"[①]，这种成果的取得背后蕴含的是怎样的一种精神力量啊！

战云笼罩，在高校匆匆迁徙的滚滚巨流中，平津高校是其中重要的一个群落。1927年南京国民政府成立后，平津依然是文化重镇，众多高校云集于此。然而，炮火迫使平津大部分高校不得不辞却五朝宫阙，踏上流亡迁徙之途[②]。

平津沦陷后高校迁移及留驻情况

|  | 学校名称 | 原校址 | 抗战时期情况 |
|---|---|---|---|
| 1 | 国立北京大学 | 北平 | 三校先迁至长沙，1937年8月组成长沙临时大学，1938年又迁至昆明，成立国立西南联合大学 |
| 2 | 国立清华大学 | 北平 | |
| 3 | 私立南开大学 | 天津 | |
| 4 | 国立北平大学 | 北平 | 先在西安组成西安临时大学，后又迁至城固，成立西北联合大学，不久，西北联合大学一分为五，改称"国立西北大学"，设文、理、法商三个学院，另独立组建西北工学院、西北农学院、西北医学院和西北师范学院。西北师范学院于1941年迁至兰州 |
| 5 | 国立北平师范大学 | 北平 | |
| 6 | 国立北洋工学院 | 天津 | |
| 7 | 河北省立女子师范学院 | 天津 | |
| 8 | 私立燕京大学 | 北平 | 珍珠港事件后燕京大学被日本人强行关闭，1942年10月，燕京大学在成都华西坝复校 |
| 9 | 私立辅仁大学 | 北平 | 北平办学 |
| 10 | 私立中法大学 | 北平 | 坚持到1938年被迫停课，理学院和文学院于1939年和1941年先后在云南昆明复课，医学院则迁往法国里昂中法大学海外部授课 |
| 11 | 国立交通大学北平铁道管理学院 | 北平 | 初迁至湖南湘潭，又迁至湘乡杨家滩，1939年2月又迁至贵州平越（今福泉市），1944年再迁至四川璧山丁家坳（今属重庆） |

---

① 欧元怀:《抗战十年来中国的大学教育》,《中华教育界》复刊第1卷第1期,1947年1月15日,第7页。

② 1937年平津专科以上高等学校共23所，除河北省立法商学院于1937年2月被当局勒令停办外，其余22所学校，至1945年，只有私立中国学院和辅仁大学勉力维持，5所停办，其余16所均被迫外迁。本表根据李铁虎编著:《民国北京大中学校沿革》,北京燕山出版社2007年版；赵宝琪、张凤民主编:《天津教育史》,天津人民出版社2002年版；及相关资料制。

续表

|  | 学校名称 | 原校址 | 抗战时期情况 |
|---|---|---|---|
| 12 | 私立北平协和医学院 | 北平 | 珍珠港事件后该校校园被占，后在成都恢复教学 |
| 13 | 私立中国学院 | 北平 | 1948年正式获准改名"中国大学"，在北平艰难维持办学 |
| 14 | 私立朝阳学院 | 北平 | 先迁至湖北沙市（今荆州市沙市区），1938年再迁至成都，1941年又迁至四川巴县（今重庆市巴南区） |
| 15 | 私立民国学院 | 北平 | 初迁往河南开封，再迁往湖南长沙，1938年迁往益阳、溆浦，1941年迁往宁乡，1944年迁往安化 |
| 16 | 私立华北学院 | 北平 | 停办 |
| 17 | 国立北平艺术专科学校 | 北平 | 初迁至江西九江牯岭，1938年迁至湖南沅陵，1939年再迁至云南昆明，1940年又迁至重庆青木关外松林岗，1943年最终落脚重庆，与中央大学相对而立 |
| 18 | 市立北平体育专科学校 | 北平 | 1943年日本人强行占领该校校园，改建为城南日本国民学校，该校被迫停办 |
| 19 | 私立北平铁路专科学校 | 北平 | 停办 |
| 20 | 河北省立工业学院 | 天津 | 卢沟桥事变后被迫停办，改为日本陆军医院 |
| 21 | 河北省立法商学院 | 天津 | 1937年2月被解散 |
| 22 | 河北省立水产专科学校 | 天津 | 停办 |
| 23 | 天津私立工商学院 | 天津 | 留在天津坚持办学 |

平津高校外迁史，是抗战期间中国高校迁徙史上重要的组成部分。8年流亡之旅，8年背井离乡，8年酸甜苦辣，很多学校一迁再迁。尽管历经艰辛，其间困难重重，但怀着"驱除仇寇复神京，还燕碣"的必胜信念，"南渡"的师生们最终等到了"青春作伴好还乡"——胜利"北归"的那一刻。

"此是光辉史一页，应叫青史有专篇。"[1]距离那个烽火连天的时代已经

---

① 西南联合大学北京校友会编：《国立西南联合大学校史：一九三七至一九四六年的北大、清华、南开》，北京大学出版社2006年版，第1页。

过去80余年，但平津高校师生在流亡中仍能葆有"饮水曲肱成学业，盖茅筑室作经筵"的精神，始终坚守对抗战必胜的信念，他们对国家民族深沉的责任感与使命感，他们对民主与自由坚持不懈的探寻与追求……所有这一切，都值得后人书写与铭记。这是对先辈的敬仰，也是对历史的尊重。

# 第一章　战火中的选择

## 一、卢沟桥事变——故园烽烟

　　1937年7月，即将进入初伏的北平城天气一下子变得热起来，动辄"华氏一百零三度"的高温，"含水量甚多"的空气，与北平城里已经弥漫了一段时间的，让人惴惴不安的某种气息相混合，让这个曾经处处透着"天下一切人等无足惧者"的倨傲已久的城市显现出了一种异于以往的别样氛围。

　　日本在夺取中国东北三省和热河后，又开始了侵吞华北的新行动，国民政府则继续采取妥协退让的政策。1933年5月中日签订的《塘沽协定》规定中国军队必须撤退到长城线以南，"不为一切挑战扰乱之举动"。1935年6月中日签订的"秦土协定"，使中国丧失了在察哈尔省的大部分主权。六七月间中日订立的"何梅协定"又规定撤退驻扎在河北的所有中国军队，停止一切反日活动。这一系列协定为日本入侵华北打开了方便之门。

　　日本在占领东北后，把华北作为自己发动全面侵华战争的突破口，并选择卢沟桥作为首要攻击目标，是经过深思熟虑的战略决策。华北地区交通便利，物产丰饶，日军若占领华北，既便于南下西进，又可就地补充战略储备，平津地区，又是华北政治、经济、军事中心。而卢沟桥自古以来就是华北军事重镇，是平汉、平绥、平通各支线总会之地，也是贯通北平西南公路交通的咽喉要道，中日两军开战，卢沟桥必将成为双方争夺的战略要地。时人曾这样评论："卢沟桥之得失，北平之存亡系之；北平之得失，华北之存亡系之；而西北，陇海线乃至长江流域，亦莫不受其威胁也。"[①]

------

　　① 《芦沟桥血战纪录》，东北图存出版社编印1937年版，第7页。

## 平津高校外迁

卢沟桥事变前，经过数年经营，日本在华北的渗透已见实效。其建立在天津的华北驻屯军司令部，除了军事占领外，实际上还担负了经济、贸易、政治、外交、财政等一个正式政府所应承担的职能。1935年11月，在土肥原贤二的推动下，汉奸殷汝耕发动"冀东事变"，在通县成立傀儡政权——冀东防共自治政府，策划华北各省的自治运动。殷汝耕的冀东防共自治政府成立后，更使日本俨然成为华北地区的实际统治者。

国土沦丧的阴霾笼罩着华北乃至全中国。

"吾和你抬头试望，东北何方？辽沈何乡？白山黑水，是谁的封疆？三千万同胞，强者何法抵抗？弱者更何忍而投降？地上森林农畜，地下金银煤铁是谁的宝藏？水面的舟梁，路上的铁道，空中的飞航，今后谁有而谁享？到如今，长城内外，是谁的国防？华北独立，华北自治，到处公开演讲，还公布着报章，得寸进寸，得尺进尺？充彼野心，何难席卷长江，囊括珠江？哀哉中华，其亡得亡！"[1]这是1935年10月10日，中华民国国庆节，著名教育家黄炎培面对家园被侵占时的悲叹："我从南方到了华北还不久，但这环境给我极大的苦楚。我有时烦闷得像胸口塞了一块重铅，有时悲愤得血管像要爆裂，但悲愤有什么用呢？""敌人更聪明了，竟不血刃的得了华北二省。他们得寸进尺的野心，固不足异，但我们政府的含垢忍辱，何以至于此？政府当局及学校当局屡次谆谆告诫，要学生安心读书，但是敌人的飞机尽在我们头上掠过，所谓野外演习的炮声震得教室的玻璃发抖，机关枪不断的响着在打靶。这一颗颗子弹，好像每颗都打在我们心上一样的难过。先生，我们能念书吗？"[2]这是一位到北方求学的学生的呐喊。"领土一省又一省地被人侵占，人民千万又千万地被人奴役，城村一处又一处地被人血洗，侨胞一批又一批地被人驱逐，一切内政外交处处被人干涉，这还能算什么国家?! 这还能算什么民族?!"[3]共产党人发出了这样的诘问。

① 黄炎培著，中国社会科学院近代史研究所整理:《黄炎培日记》第5卷（1934.12—1938.7），华文出版社2008年版，第88页。

② 《大众信箱》(四)，《大众生活》第1卷第6期，1935年12月。

③ 中共中央文献研究室、中央档案馆编:《建党以来重要文献选编（1921—1949）》第12册，中央文献出版社2011年版，第264页。

在中国亡国灭种的危殆形势下，1935年8月1日，经过长征抵达陕北的中国共产党发表《为抗日救国告全体同胞书》，号召国人在此千钧一发之时，"无论各党派间在过去和现在有任何政见和利害的不同，无论各界同胞间有任何意见上或利益上的差异，无论各军队间过去和现在有任何敌对行动，大家都应当有'兄弟阋墙外御其侮'的真诚觉悟，首先大家都应当停止内战，以便集中一切国力（人力、物力、财力、武力等）去为抗日救国的神圣事业而奋斗"①。1935年11月，在国民党第五次全国代表大会上，曾一再试图避战的蒋介石也终于意识到对日战争无可避免。他的演讲，第一次明确表达了捍卫国家领土与民族尊严的决心："苟国际演变不斩绝我国家生存民族复兴之路，吾人应以整个的国家与民族之利害为主要对象。一切枝节问题当为最大之忍耐，复以不侵犯主权为限度，谋各友邦之政治协调；以互惠平等为原则，谋各友邦之经济合作。否则即当听命党国下最后之决心。"②

紧张和焦灼的情绪笼罩着每一个有良知的中国人。1935年12月，深感"华北之大，已经安放不下一张平静的书桌"的6000多名北平学生冲出校门，拥上街头，一二·九运动爆发。平津学界的示威运动影响日益扩大，很快掀起了全国范围的救亡运动高潮。在这样的情势下，蒋介石的态度逐渐强硬。1936年7月10日召开的国民党五届二中全会上，蒋介石明确说明："中央对外交所抱的最低限度，就是保持领土主权的完整。任何国家要来侵扰我们领土主权，我们绝对不能容忍，我们绝对不订立任何侵害我们领土主权的协定，并绝对不容忍任何侵害我们领土主权的事实。再明白些说，假如有人强迫我们欲订承认伪国等损害领土主权的时候，就是我们不能容忍的时候，就是我们最后牺牲的时候。"这段话实际上也是对他在第五次全国代表大会上所讲的"和平未到完全绝望之时，决不放弃和平；牺牲未到最后关头，亦决不轻言牺牲"③的进一步阐释。

---

① 中共中央文献研究室、中央档案馆编：《建党以来重要文献选编（1921—1949）》第12册，中央文献出版社2011年版，第265页。
② 中国人民解放军政治学院党史教研室编：《中共党史参考资料》第7册，第417页。
③ 中国人民解放军政治学院党史教研室编：《中共党史参考资料》第7册，第417页。

## 平津高校外迁

　　1936年12月12日，面对蒋介石要求张学良继续剿共的威迫，东北军扣押了蒋介石，发生了震惊中外的西安事变。在各方政治势力特别是中国共产党人的努力下，西安事变终得和平解决。12月27日，在中共中央政治局会议上，毛泽东指出，西安事变是带有"革命性的"，"西安事变给国民党以大的刺激，成为它转变的关键，逼着它结束十年的错误政策，结束十年内战，而内战的结束也就是抗战的开始。西安事变促进了国共合作，是划时代的转变，是新阶段的开始"①。

　　而此时的日本，在德、意法西斯势力勃兴的国际大背景下，国内的军国主义势力受到极大鼓舞，加紧了侵华的部署和演练。1936年2月26日，日本国内少壮派军人发动政变，军队实际上控制了中央政府，广田弘毅内阁对军部唯命是从。4月17日，日本决定向华北增兵，将中国驻屯军兵力由1771人增加到5774人，并将驻屯军的一年交替制改为永驻制（1901年《辛丑条约》规定，八国在中国有驻兵权，日本当时驻兵最多，而且经常以各种借口增兵），其司令官改为由天皇钦命。1936年5月1日，日本新的《帝国国防方针》及《用兵纲领》修订完毕，6月3日，经裕仁天皇批准颁布。纲领确定，以中国为敌时，其"初期的目标是，占领华北要地和上海附近，保护帝国权益和日本侨民。为此，陆军在击溃华北方面之敌，占领京津地区的同时，应协同海军攻占青岛，并占领上海附近。海军在协同陆军攻占青岛的同时，协同陆军占领上海附近并控制扬子江流域"。值得注意的是，这个纲领不仅仅是针对中国的，它还规定了"以俄国为敌时""以美国为敌时""以英国为敌时""以俄美中英四国中两个以上为敌时"的作战纲领。②在法西斯主义的战车上，日本已经越走越远。

　　自1936年开始，驻扎在北京郊外西南部丰台、长辛店一带的华北驻屯军，就频繁进行作战演习。起初演习不过每月或半月一次，后来渐渐发展到三日或五日一次，刚开始还是虚弹射击，后来改为实弹射击，同时也从

---

①　中共中央文献研究室编:《毛泽东年谱（1893—1949）》修订本（上），中央文献出版社2013年版，第632页。

②　军事科学院军事历史研究部:《中国抗日战争史》(上)，解放军出版社2015年版，第451页。

之前的昼间演习变成夜间演习，其中数次演习竟要求穿宛平城而过。1936年6月，日军先后两次制造"丰台事件"，华北驻屯军赶走中国军队，进驻丰台。北平实际上已经陷入日军三面包围的险恶环境之中。

1937年，就是在这样紧张的气氛中到来的。

进入1937年以后，日本方面加紧了侵华军事准备。6月之后，日军的演习频次进一步增加。6月25日，华北驻屯军在丰台、唐山等地大操演三天，同时在卢沟桥进行实弹射击；6月26日，丰台日军700余人在宛平县境河套一带实弹演习，500余人在丰台附近南大寺演习。当天夜间，日军以演习为名向卢沟桥我方辖区进行实弹射击；7月6日清晨，一场大雨过后，日驻丰台部队不顾泥泞，携重炮到卢沟桥附近演习，还要求通过宛平县城到长辛店演习，遭到我方驻军拒绝后，双方相持10余小时，最终日军退回。其时，被日本人一再威逼胁迫要求"自治"，"精神苦闷已达极点"的二十九军军长宋哲元已经请假回籍，时任二十九军副军长、代理军长兼北平市市长的秦德纯，在宋离开后一直勉力维持，且在嗅到对方阵营中咄咄逼人的杀气时也做了一些备战准备。

生活在北平和天津的人们，那些年一直在惶恐中讨生活。1935年11月，《大众生活》曾经发表过沈沉写的《动荡中的华北一隅》，真实记录了当时人们的状态。文章说，几个月来，当地报纸上常常瞧见"×军于某日起在××一带演习×天"的消息。整队的所谓"友邦"的马兵、步兵、铁甲车、迫击炮，一连串地到达华界，又耀武扬威地向其目的地进发。天空中，每天总有几次"轧轧"的声音，日本人的飞机经常故意飞得低低的，人们仰起头来就可以瞧清楚翅膀上的标志。被这些景象惊扰的人们经常慌得饭都吃不下去，"没有一个人不感到一种威胁。于是许多人便担心着不知道还有几天安静饭可以吃？会不会明天后天便有一个'亡国奴'的荣衔加到自己头上？"于是，有钱的往租界跑，往外省逃，没钱的动不了，只能"拿生命做命运的投机"[1]。不过，剑虽然悬在头上，但既然没掉下来，日子也就只能这么一天天地过下去了。

---

[1]　沈沉：《动荡中的华北一隅》，载《大众生活》第1卷第3期，1935年11月30日。

## 平津高校外迁

1937年7月7日这一天,北平城里,三教九流,大家虽然被各种传言搅和得心里不免慌里慌张,但大部分人还是得按部就班地过着日子。达官显贵依然花天酒地,大街上霓虹闪烁,舞厅里俊男靓女,老百姓依然在忙活着柴米油盐,与往日看上去似乎没什么太大不同。暑期临近,正值各大中学校的招生季,也是商家大肆促销的好时机。这一天,出版于北平的国民党中央机关报——《华北日报》,一如既往地发布着北京大学、清华大学、国立北平师范大学、燕京大学以及北平其他大中学校的招生广告;位于王府井大街的吴鲁生公司北平支店、位于东城米市大街的华贸女子服装商行也在报纸上刊登广告,新进各式应季男女服装、时令皮包,"夏令外衣、披肩短衣、各色绸料","大批最时花样""应有尽有",以"惊人奇价"销售。7月7日这天的宛平县县城里,县政府的工作人员从一大清早起来就忙着国大代表选举,这天是正式投票日,监票人员已分赴各区乡。根据河北省府的规定,投票箱要原封不动地送至省府保定,而且要求必须当天送达。下午4时,各区乡镇投票箱收齐,为保证当天送到保定,同铁路局协商,请下午5时30分南下的火车在卢沟桥火车站临时停车一分钟,将十几个投票箱全部送上车,并派两人护送。这天下午,北平市长秦德纯邀请应蒋介石之邀即将赴庐山参加谈话会的北平教育文化界名流胡适、梅贻琦、傅斯年、张怀久等20余人开会,会议主题是对当时紧张局势的报告和分析,官方与文化界互相交换意见,讨论应对之策,直到晚10点会议才结束。

如此种种,似乎都在竭力营造着一种祥和、宁静的氛围,然而,在秦德纯召集的会议结束一个多小时之后,该来的还是来了。1937年7月7日晚,在卢沟桥附近演习的日本华北驻屯军步兵第1联队第3大队第8中队声称,当晚10时40分演习时听到枪声,在集合队伍时发现一名士兵失踪。虽然该士兵已于20分钟后归队,日军还是强调"放枪"系卢沟桥驻军,要求进入宛平城搜查。日本人的无理要求遭到中国驻军拒绝后,8日凌晨,日军从东、东南和东北三面包围了宛平城,4时20分,日军以机枪、大炮向卢沟桥、宛平城发起进攻,双方展开激战,卢沟桥事变爆发。那把剑既然是高悬在头上的,执剑的手又不是自己的,该掉下来的时候它还是会掉下来。

在那个"完全无风,天气晴朗而没有月亮,星空下面,仅仅可以看到远处若隐若现的卢沟桥的城墙，和旁边移动着的士兵的姿态"[①]的静悄悄的暗夜，日本人的进攻遭到了中国军队用步枪、机枪和手榴弹的顽强阻击，官兵们最后用大刀与日军进行白刃战。8日至9日两日间，双方死伤均为200余人，战况惨烈。

1937年7月，宛平城守军闻日军侵犯，紧急出城迎战
（杨克林、曹红编：《世界抗日战争图志　中》，上海画报出版社，2005年）

卢沟桥事变爆发后，中共反应迅速。7月8日，中共中央发出通电："平津危急！华北危急！中华民族危急！只有全民族实行抗战，才是我们的出路！"在这份通电中，中共提出了"全中国同胞，政府，与军队，团结起来，筑成民族统一战线的坚固长城，抵抗日寇的侵掠！""国共两党亲密合作抵抗日寇的新进攻！"的口号。同日，毛泽东、朱德等致电蒋介石，提出"红军将士，咸愿在委员长领导之下，为国效命，与敌周旋，以达保土卫国之目的"[②]。8日上午，正在庐山的蒋介石收到了宋哲元有关卢沟桥事变爆发、请示机宜的电报。这一次，蒋介石确实感觉到了全面战争的威胁，蒋介石的

---

① 《清水节郎笔记》，载陈益民编著：《七七事变真相》，江苏人民出版社2016年版，第4页。

② 中共中央文献研究室、中央档案馆编：《建党以来重要文献选编（1921—1949）》第14册，中央文献出版社2011年版，第356—358页。

回应是：希望和平而不是苟安，要应战而不求战。当天，他复电宋哲元："宛平城应固守勿退，并须全体动员，以备事态扩大。此间已准备随时增援。"① 此后几天，他采取了一系列应战措施。最初蒋介石也还曾心存幻想，试图将事变限制在地区性、局部性范围内。但是，通过外交途径"和平解决"的道路被11日日本方面做出的"增兵华北"的决策打碎。17日，蒋介石发表了著名的庐山谈话："我们希望和平，而不求苟安；准备应战，而决不求战。我们知道全国应战以后之局势，就只有牺牲到底，无丝毫侥幸求免之理。如果战端一开，那就是地无分南北，年无分老幼，无论何人，皆有守土抗战之责任，皆应抱定牺牲一切之决心。"②

卢沟桥战事初启之际，平津地区的老百姓在一夕数惊之后也就泰然处之。虽然事变发生一两天之后物价有所上涨，但随着"和平解决"消息的传出，物价也渐渐回落。北平城里的几大城门开放的时间少，关闭的时间多，偶尔前门火车站开一两列火车，车站里挤满了逃难的旅客。但大部分的市民，只能在无奈之余继续过着平日里习惯的生活，很多人尽管也曾惴惴不安，但他们知道害怕也是徒然无用，假如大战爆发，在北平也好，其他地方也一样，都会遭遇同样的命运，而且毕竟故土难离，祖宗留下来的土地和产业，上千百代地留下来的，是说离开就能离开的吗？但是，老百姓是不甘心自己的城市被蹂躏的，卢沟桥的这场事变，让国人压抑许久的怒火如火山爆发，喷涌而出。他们群情激愤，强烈期望二十九军奋勇杀敌，坚持到底。各界组成的慰问团、前线服务团，络绎不绝地赶往战事发生地进行慰问，市民自发捐款捐物，还有市民蒸馒头熬绿豆汤自发送给守城军民。"团结御侮"，这是这场事变发生后，不仅是北平城里，更是举国一致的呼声！

然而，尽管政府方面在为战争做着积极准备，尽管社会各界一再呼吁宋哲元，热望二十九军再显喜峰口大刀队的神威，但是，对于二十九军军长、曾经的"抗日英雄"、华北最高军政长官宋哲元来说，他应对的局面

---

① 《蒋介石致宋哲元电》，《中国现代史资料选辑》第5册（上），中国人民大学出版社1989年版，第47页。

② 李惠兰、明道广、潘荣主编：《七七事变前后——抹去灰尘的记忆》，中国档案出版社2007年版，第110页。

要复杂得多。国民政府在大陆统治时期，中央派系与地方军阀之间的矛盾、猜忌与倾轧，贯穿始终。宋哲元是冯玉祥西北军"五虎上将"之一，作战勇猛。中原大战西北军失利后，1931年1月，其残部被张学良收编，成为东北边防军第三军，宋哲元为军长，秦德纯为副军长，冯治安为三十七师师长，张自忠为三十八师师长。张学良给了宋哲元20万元安置费以后就撒手不管，二十九军当时驻扎在晋东南，这是阎锡山的地盘，寄人篱下的滋味不好受，士兵们缺衣少粮，衣衫褴褛，穷困潦倒。一年后，二十九军移防察哈尔，为防止被人当作土匪，不得不夜间行军。1932年8月，在张学良的大力举荐下，宋哲元担任察哈尔省主席，察哈尔虽地瘠民贫，但二十九军总算找到了一个立脚之地。然而，随着日本人的到来，好不容易安定下来的宋哲元又过上了受"夹板气"的日子。1934年以后，日本人在华北接连挑起"察东事件""河北事件""张北事件"，迫于压力，1935年六七月间，国民政府与日本签订"何梅协定"，其后则诿过于宋哲元。6月19日，南京以其"屡生事端"为由，撤掉其察哈尔省主席职务。愤懑至极的他公开指责蒋介石："谁再相信蒋介石抗战，谁就是傻瓜笨蛋。"但国民政府退出北平后，蒋介石手中已无可用之兵，不得不调二十九军防卫平、津，宋哲元算是因祸得福，梦寐以求的地盘终于到手了。他乘机扩充军队，其地盘囊括河北、察哈尔两省与平津两市，一时大权在握。但是，在夹板中求生存的宋哲元的日子并不好过。1933年喜峰口长城抗战时，宋率领的二十九军大刀队名满天下，他不愿意被人说成是汉奸、卖国贼，所以面对日本人"华北自治"的逼迫只能是虚与委蛇，能拖就拖，弄得神经紧张，七七事变前硬是想方设法躲回山东老家以图清净。但是，一旦蒋介石调兵遣将，要在他的地盘上开战，他又不能不顾忌蒋介石的暗算。他很清楚，自己不属于其嫡系，一旦发生战争，他来之不易、苦心经营之地或是被日本人占领或是被中央军辖制，二十九军可能瞬间就又无立锥之地了。

对于宋哲元的忧虑，日本人了然于胸。他们虽已是磨刀霍霍，但在其增援部队到达华北之前，一直对宋宣称战争"不扩大"，谋求"就地解决"。宋既害怕中央军北上，又为日本人的这些烟幕所惑，一直寄希望于日本人的这些承诺，盼望事件可以和平解决。9日凌晨，秦德纯与日方达成停战撤军的口头协议。宋哲元为表达对日军妥协之"真诚"，甚至于15日发表通电，婉拒全国各地和海外侨胞对二十九军的劳军捐款。19日，张自忠等代表二十九军，与日方签订停战协定。其内容除了"彻底弹压共产党的策动""取缔有排日色彩的职员""撤去在冀察的蓝衣社、CC团等排日团体""取缔排日言论及排日的宣传机关，以及学生、群众的排日运动""取缔冀察所属各部队、各学校的排日教育及排日运动"等外，还附有主动撤防北平城内的第三十七师等内容，但宋哲元并未将与日方谈判和签订协定的情况向中央政府报告。7月21日，宋哲元一意孤行，他不顾蒋介石一再要求其严守平津的指示，也不顾官兵反对，下令将三十七师主战的冯治安部调离前线，派主和的赵登禹部接防，卢沟桥前线则调华北保安队驻守。同时要求各部搁置战备计划，北平市内放弃一切警戒。宋还电令正在火速北上的中央军孙连仲、万福麟、庞炳勋等部，令其部队停止于河北南部，说怕大军北上，刺激日本人。直到7月24日日军进攻在即，宋哲元还致电蒋介石："刻下拟请钧座千忍万忍，暂时委曲求全，将北上各部稍为后退，以便缓和目前，俾得完成准备。"①大敌当前的北平就这样轻易变成了一座几乎不设防的城市，变成待宰的羔羊。而这个时候，日军部队、军火正源源不断进入平津。

7月25日，日军大批增援部队与华北驻屯军完成了对平津的包围和进攻的准备后，开始发起进攻平津的作战，此时的宋哲元才如梦方醒，27日，令所部准备应战，并向全国发出守土抗战的通电。

然而，为时晚矣！仓促应战的二十九军虽英勇顽强，竭力阻击日军进攻，奈何大势已去。7月27日，廊坊失守。与此同时，京郊南苑7000余名二十九军将士仓促上阵，与日军展开血战。两日内，官兵阵亡5000余人，时年44岁的副军长佟麟阁和39岁的总指挥赵登禹血洒沙场。29日凌晨，二十九军残部大部分撤出北平，北平陷落。那一天，北平城大雨滂沱。29日黄昏，天津守军经过一天的激战，无奈撤退，天津陷落。

天气依旧炎热，而全国的人心都凉了。"玉泉山的泉水还闲适的流着，

---

① 陈益民编著：《七七事变真相》，江苏人民出版社2016年版，第238页。

积水潭，后海，三海的绿荷还在吐放着清香；北面与西面的青山还在蓝而发亮的天光下面雄伟的立着；天坛公园中的苍松翠柏还伴着红墙金瓦构成最壮美的景色；可是北平的人已和北平失掉了往日的关系；北平已不是北平人的北平了。"[①]

卢沟桥事变两年后，在大后方的昆明，朱自清写下了《北平沦陷那一天》。文章写道：29日大清早，朋友打电话告诉他，宋哲元和秦德纯都走了，"北平的局面变了！就算归了敌人了！"但是，朋友又说，虽然我们现在像是从天顶上摔下来了，可是别灰心！看看大家昨天那么焦急地盼望胜利的消息，那么热烈地接受胜利的消息，可见北平的人心是不死的。只要人心不死，最后的胜利终究是咱们的！北平是不会平静下去的，总有那么一天，北平会更热闹的，那就是咱们得着决定的胜利的日子！这个日子不久就会到来的！他斩钉截铁地说："我相信我的朋友的话句句都不错！"[②]


> 大刀向鬼子们的头上砍去！
>
> 二十九军的弟兄们，
>
> 抗战的一天来到了！
>
> 抗战的一天来到了！
>
> 前面有东北的义勇军，
>
> 后面有全国的老百姓，
>
> 咱二十九军不是孤军，
>
> 看准那敌人，把它消灭！
>
> 把它消灭！冲啊！
>
> 大刀向鬼子们的头上砍去！杀！


1937年7月，被喜峰口抗战时二十九军大刀队的事迹感染，也为目前抗战局势揪心，作曲家麦新（原名孙培元）在上海创作的这首名为《大刀进

---

① 老舍：《四世同堂》，北京出版集团、北京十月文艺出版社2012年版，第41页。

② 朱自清：《北平沦陷那一天》，古耜著：《浴血的墨迹》，中国言实出版社2015年版，第241页。

行曲》、副题为"献给二十九军大刀队"的歌曲，不久就传遍了上海，很快又传遍了全中国。

朱自清和他朋友的话没有错，只要人心不死，最后的胜利终究是属于中国人民的！

# 二、平津沦陷——外迁选择

早在七七事变之前，北平学界已经感受到了华北面临的危局。1936年10月13日，北平104位大学教授，以"国防前线国民之立场"发表关于时局的宣言，宣言的前半部分历数北方日人入侵、祸患连绵之危局，并痛斥政府在此危殆之际，却未能"抗议一辞、增援一卒，大惧全国领土，无在不可断送于日人一声威吓之中"。宣言中还列举宋代史实大声疾呼，即便羸弱如宋，亦有抗敌入侵之举，而如今政府则将祖宗所遗、国命所系之广土众民，弃如敝屣，此为有史以来，"前所未闻之奇耻大辱"。宣言提出八项要求，希望国民政府"坚决进行，以孚民望而定国是"。第一，希望政府应立即集中全国力量，在不丧国土、不辱主权的原则下，对日交涉；第二，中日外交要绝对公开，政府应将交涉情形随时公布；第三，反对日人干涉中国内政，并反对其在华有非法军事行动与设置特务机关等情事；第四，反对日本在中国领土内以任何名义成立由外力策动之特殊行政组织；第五，根本反对日本在华北有任何所谓特殊地位；第六，反对以外力开发华北，侵夺国家处理资源之主权；第七，政府应立即以武力制止走私活动；第八，政府应立即出兵绥东，协助原驻防队，剿伐借外力以作乱之土匪。这104位教授中，顾颉刚、钱玄同、梅贻宝（清华大学校长梅贻琦的胞弟）、黎锦熙、钱穆、沈从文、梁思成、林徽因、金岳霖、朱自清等赫然在列。这篇宣言反映了北平高校知识分子心系民族大义，企盼救亡图存的心声。刊登这篇宣言的《国讯》编者认为："其言绝痛，不仅是一字一泪，直可谓一字一血。"①

---

① 《北平大学教授之重要宣言全文》，载《国讯》1936年第145期，第784页。

然而，尽管教授们泣血鼓呼，他们最不愿意看到的情况还是发生了。

1937年的夏天，注定和往常的暑期不一样。每个人都能亲身感受到战火的迫近。7月正值暑假，一部分学生已经离校，清华、北大以及其他各大学二年级的学生，还有高级中学的同学，则在西苑兵营接受集中军事训练。有人记述，日本浪人曾数次到学生训练的西苑门前进行挑衅，这些日本人有时佯装酒醉，丑态百出，更有甚者，欲乘乱闯入军营，在西苑受训的同学，目睹此情此景，有大好河山即将陷落之虞，参加操演极其认真。而一些没有机会到西苑参加体训的同学，为锻炼身体，也为备战考虑，纷纷自发赴乡间进行军事演习。暑期伊始，由清华、北大、中法、法商、中国五大学学生发起，聚集各校同学100余人组织夏令营，在西山温泉大觉寺露营。同学们每天4点半便起床，爬山、开会讨论、听名人演讲、做军事攻守的演习，晚间则唱歌演习，十分热闹。开会讨论的内容，包括时事问题，也有一些学术题目，夏令营还特设救护训练、电码训练之类的培训班，大家彼此切磋，兴致盎然。因为只有10个帐篷，所以学生们准备轮流受训，夏令营计划延长至秋季开学时结束。激情洋溢的年轻人努力准备着，要用自己的青春和热血为国家和民族尽一份力。

卢沟桥事变在人们预料之中，但也似乎在预料之外。事变爆发后，有市民已经在打点行囊，收拾细软，携妻带子开始逃难。也有不少学生迅速逃离，但还有相当一部分尚未返乡的学生主动留了下来，他们组织了慰劳团、宣传队、战地服务团，部分学生还秘密训练巷战技能，准备参加实际战斗。一位燕京大学的学生写道，他们曾冒险到长辛店宛平县去慰问吉星文团长和二十九军的士兵，"他们鼓励我们在后方工作，他们的勇气使我们兴奋，我们更不愿离开北平了！大家成天忙着学习救护，募捐，以及一切工作，准备着与北平共存亡"[1]。学生们爱国热情空前高涨，而信息更为灵通一些的教授则心情愈加沉重。7月14日，平津各大学教授联名致电蒋介石、汪精卫等："敌寇深入，华北垂危，民族危机已到最后关头，恳中央迅即发动全力，抗敌图存"，并希望在庐山的各大学校长教授"克日北返"，领导

---

[1]　燕京人:《流亡记》，载长江、小方等著:《沦亡的平津》，生活书店1938年版，第26页。

青年抗击日寇。[①]7月15日，北平师范大学校长李蒸、北平研究院副院长李书华等9位学者联名密电蒋梦麟、梅贻琦说："就同人观察，华北局面症结在地方最高当局对中央尚有疑虑，深恐地方对日决裂后中央反转妥协退（让），使地方进退失据。务请向介公进言，对地方作具体表示，俾祛除此种疑虑。"[②]16日，面对冀察当局和战不定的暧昧态度，李蒸、李书华、袁同礼、查良钊、罗隆基、郑天挺等21位教授再次联名致电庐山参加谈话会的政府要员说："抗战以来，全国振奋，士气激昂。几日来忽有天津谈判之举，敌人重兵深入腹地，城下之盟——求不丧权辱国，岂能幸免。务请一致主张贯彻守土抗敌之决心，在日军未退出以前绝对停止折冲，以维国权。不胜祷切。"[③]与此同时，平津教育界人士还专门赴天津面见宋哲元，探问宋的态度。宋慷慨激昂地表示，平津属于战略要地，不能轻起战端，但是万一敌人逼人太甚，忍无可忍，以二十九军之兵力，绝对可以解决日本在华北的军队，让大家放心。宋哲元的这番话让这些惴惴不安的知识分子稍稍安定了些许。

但是，厄运最终降临。燕京大学的一位学生回忆，7月28日早上，安静的燕园被一阵奇异的飞机声惊醒，三架飞机在西苑上空盘旋，并且开始投下炸弹。大家既害怕又兴奋，因为紧接着他们看到了一张张政府方面贴出的宣传单，"丰台收复""廊坊收复""获敌机二十架""中央飞机共十架来了"，令人振奋的好消息接踵传来，同学们又蹦又跳，大家仍和平日一样地玩，或者是比平日里更高兴。那一天，北平城里不少地方有人甚至放起了鞭炮。然而，一天之后，29日清晨一起床，人们发现形势急转直下。时任燕京大学校务长的司徒雷登回忆："那天清晨，我被日本人扔下的炸弹的隆隆声惊醒，他们在轰炸我们校园不远处的中国军营。这是我第一次经历空袭的威力，就吓得心惊胆战。整个学校都陷于一片恐慌中，谣言纷

　　① 《平津各大学教授请抗敌图存》，《中央日报》1937年7月16日。
　　② 《北平各大学负责人密电蒋梦麟、胡适、梅贻琦》，载清华大学校史研究室编：《清华大学史料选编》第3卷（上），清华大学出版社1994年版，第2—3页。
　　③ 《李书华等21教授密电庐山座谈会》，载清华大学校史研究室编：《清华大学史料选编》第3卷（上），清华大学出版社1994年版，第2—3页。

飞。"①二十九军突然撤退的消息让前一天还兴奋异常的人们如当头浇了一盆冷水，大家感到失去了依靠，不知所措。

"自沈阳之变，我国家之威权逐渐南移，惟以文化力量与日本争持于平津。"②九一八事变之后，抗日救亡运动在全国兴起。高校师生发表宣言、声明，积极参加反日示威游行，成为其中的中坚分子。日本军队及舆论普遍认为，中国学校"乃此种敌忾情绪之发源地"，因此，他们亟欲以"最迅速最周密之途径消灭中国之知识与文化生命"③。日本人非常清楚，要彻底击垮一个民族，光靠动用武力还不够，更重要的是精神上的摧毁。因此，高校和高校中的文化精英就成为其征服的重要目标。1932年，日本制造一·二八事变时，就定点炸毁上海商务印书馆与东方图书馆，造成印刷制造总厂、栈房及尚公小学全部被毁。炮火中，除移藏在银行保险库中的574种约5000册善本精品得以幸免外，其余包括大量善本在内的约46.3万册图书均化为灰烬。这次轰炸导致直接经济损失达16330504元，商务印书馆停业，遣散职工近4000人。日本驻上海特别陆战队司令盐泽幸一丧心病狂地说："烧毁闸北几条街，一年半年就可以恢复。只有把商务印书馆东方图书馆这个中国最重要的文化机关焚毁了，它则永远不能恢复。"④日本人以为，只要把中国的文化机构摧毁了，中国人精神上受到重创，便会俯首称臣甘当顺民。但他们没想到，商务印书馆人没有屈服，董事长张元济在致胡适的信中说："商务印书馆诚如来书，未必不可恢复。平地尚可为山，况所覆者犹不止一篑。设竟从此澌灭，未免太为日本人所轻。"⑤在商务人的艰苦努力下，经过5个月的停业整顿，8月1日，商务印书馆宣布复业，11月就又达到"日出

① ［美］司徒雷登著，陈丽颖译：《在华五十年：从传教士到大使——司徒雷登回忆录》，东方出版中心2012年版，第85页。

② 冯友兰：《国立西南联合大学纪念碑碑文》（1946年5月4日），载北京大学、清华大学、南开大学、云南师范大学编：《国立西南联合大学史料一 （总览卷）》，云南教育出版社1998年版，第283页。

③ 《教育部草拟中日战争中日军破坏中国教育机关之情形》，孟国祥编著：《抗战时期的中国文化教育与博物馆事业损失窥略》，中共党史出版社2017年版，第65—66页。

④ 张人凤：《为国难而牺牲，为文化而奋斗——抗日时期的商务印书馆》，《商务印书馆一百年 1897—1997》，商务印书馆1998年版，第509页。

⑤ 张元济：《张元济全集》第2卷，商务印书馆2007年版，第549页。

一书"的水平。平津被攻陷之后，日本人对平津大学的轰炸和劫掠与当年的心理如出一辙。

平津高校中，首遭涂炭的是南开大学。7月29日和30日，日本人攻陷天津之时，日机大肆轰炸南开。几位在日机轰炸当日冒险进入南开的学生记下了他们目睹的惨状："一颗炮弹击中了秀山堂的楼顶，轰然一声，一团团黑烟从楼顶出来，熊熊的火光也跟着冒上来。在我们的眼前，秀山堂的影子逐渐逐渐黯淡、模糊、消失了。""我们到达天津的英租界，敌人的飞机已经出动轰炸南大了。图书馆、经济研究所、芝琴楼（女生宿舍），都相继的中弹起火，一直到晚上，八里台的烟火还旺盛燃烧着。"第二天，日本人携带煤油、燃烧弹等冲进南开放火。所有科学馆、教职工和学生宿舍、图书馆、幼稚园都被焚烧殆尽。"'水木南开'已经只剩有'枯木焦土'，四百多亩的校址上也只是瓦砾一堆。在那废墟上，秀山堂的水泥钢骨还巍峨的峙立着，似乎这便是我们卓越坚忍精神的象征。"①南开大学，这所由著名教育家张伯苓等人创办，依靠各界人士赞助发展起来的当时中国最优秀的私立大学，在战火中变成一片焦土。南开被毁之后两个月，《教育杂志》撰文说，南开大学的被毁，是"我国文化中一个莫大的损失"，"该校的木斋图书馆庋藏颇丰，这次被毁，不知烧去了多少书籍（据1943年9月25日损失报告清册，其时中西文图书损毁达14.5万册，以及大批成套报刊，共计损失战前价值310万元）。该校的经济研究所，在全国可算是惟一的，其所发行之各种刊物及物价指数等，对于社会贡献颇大，在国内外经济学界，极有声誉。此次学校被毁，有许多珍贵的资料当然均付焚如了。该校附设化学试验所，对平、津化学工业界，有很大的帮助，成绩十分优良，此次同遭厄运，在我国北方工业的前途上，不能不算是一个大的损失"②。当时正在南京参加庐山座谈会的张伯苓闻此噩耗，老泪纵横。

日本人进入北平之后，迅速窜入清华大肆劫掠。据梅贻琦在《抗战中

---

① 《南开大学被焚记》，载莫青等著，华之国编：《陷落后的平津》，时代史料保存社1937年版，第79—80页。

② 《抗战开始后被敌摧毁之学府　南开大学》，《教育杂志》第27卷第9、10号合刊，1937年10月。

卢木斋捐款修建的南开大学图书馆（木斋图书馆），卢沟桥事变后被日军焚毁
（南开大学校史编写组编：《南开大学校史1919—1949》，南开大学出版社，1989年）

之清华》一文中所述，7月29日下午3点，即有敌军在校内穿行。9月12日，日本宪兵队到清华搜查，校长办公室、秘书处、庶务科、学生自治会会所及外籍教员住所，均在被搜查之列，之后封闭学生自治会会所及外籍教师葛邦福先生住宅。10月3日，日本特务机关人员将土木系的图书、气象台图书、仪器、打字机、计算机等，用大汽车装载拉走，自此"每日参观，每日攫取"。10月13日，日军将工学院，办公楼，工字厅，甲、乙、丙三所，女生宿舍，二院宿舍，大礼堂等处霸占用于驻军，自此开始入驻清华。1938年1月，日军又要求迁移科学馆、生物馆、化学馆等为驻军之用，至2月初强逼搬完。至1938年8月，驻扎在清华的日军达3000余人。校外住宅区亦被日本人占去，"于是清华园内，遂不复有我人之足迹矣"。1939年春，日本陆军野战医院152病院进驻清华，图书馆被用作手术室、治疗室，各系馆改为伤病员住房，新体育馆、生物馆用作马厩，新南院用作敌军俱乐部，梅贻琦说："各馆器物图书，取用之外，复携出变卖，有时且因搬移费手，则随意抛弃或付之一炬者。""夫敌人之蓄意摧残我文化机关，固到处如是，清华何能例外！"①

① 梅贻琦：《抗战中之清华》，载清华大学校史研究室编：《清华大学史料选编》第3卷（上），清华大学出版社1994年版，第18—19页。

## 平津高校外迁

北京大学一直被日本人视为反日运动的中心，占领北平后，日本人对北京大学同样进行了疯狂摧残，昔日的校园驻扎了日本军队。"日军厌恶'北大'至深……对于该校文物，摧残最甚，图书木器，俱作燃料；研究院考古学会室外之石刻、造像、汉砖等品，均作拴马之用，残碎支离，十无一完；室内玉器、铜器等珍品，不遭摧毁，即被盗卖，缪氏珍藏'艺风堂'古今金石文字拓本，于大雨倾盆中，为数日军抛弃户外，尤为痛心！"[1]蒋梦麟在其回忆录中写道，据他的一位学生说，北大文学院地下室成为恐怖的地牢。这位学生曾被送到北大文学院地下室去受"招待"，敌人把冷水灌到他鼻子里，终使他昏厥。他醒过来时，日本宪兵上村告诉他，北大应该对这场"使日本蒙受重大损害"的战争负责，所以他理应吃到这种苦头。上村说："没有什么客气的，犯什么罪就该受什么惩罚！"他曾经连续三天受到这种"招待"，每次都被灌得死去活来，他在那个地牢里还看到过其他种种酷刑，残酷程度简直不忍形诸笔墨。"女孩子的尖叫和男孩子的呻吟，已使中国历史最久的学府变为撒旦统治的地狱了。"[2]

北平城内的其他高校，除燕京、辅仁、中法等因教会背景而免于遭劫外，其他大学均不同程度遭遇劫难。北平大学、北平师范大学等成为日军驻地，校内物品也被洗劫一空。北平师范大学数十万卷（册）图书、档案、教学器具及所有校舍，均被侵占或损毁。当时北平师范大学给世界学生会《抗战中的大学》刊物提交的中英文稿件中写道，日本人闯入校园后，教职工和学生"纷纷逃避"，有校工在校门外观望，"竟至触怒寇军，立加逮捕绑缚，欲予枪毙，几经交涉，始得释放"。日本人对于校中什物任意破坏，"或升火为炊，或遗弃满地，并运走物理系无线电机"，即便是学生的私人书籍行李，亦被抢劫盗卖。[3]天津除了南开之外，北洋工学院、在天津的河北省立女子师范学院等同样惨遭荼毒。1937年10月，河北省立女子师范学院

---

[1] 柯灵：《焦土上的新芽》（1938年），载《中国新文学大系 1937—1949》编辑委员会编：《中国新文学大系 1937—1949》第42集杂文卷影印本，上海文艺出版社1990年版，第138页。

[2] 蒋梦麟：《蒋梦麟回忆录：西潮与新潮》，浙江大学出版社2019年版，第214—215页。

[3] 转引自刘基、王嘉毅、丁虎生主编：《西北师范大学校史（1902—2012）》，教育科学出版社2012年版，第69页。

院长齐国樑在南京中央广播电台发表的演讲中，控诉日军暴行：数日之内，除租界外，所有市内机关、学校，及商店、住户较大之建筑均被破坏无余。邻近东车站之一村，被日本人炮轰之后，将居民尽数屠杀。"学校中，破坏最甚者，为南开大学、女中，及小学（南开男中系留作日本军营），机炸、炮轰及火烧兼施并用惨不忍言。其次，为省立女师学院，于轰炸后，又驱使乱民入内行抢，所有残余书物，均被洗劫一空。其余，省立工业学院内之水工试验所则被完全炸毁，私立民德、觉民、究真等中学，亦被炸被抢甚惨。现工业学院及北洋工学院已被敌军占驻。此后，校内器物毁损至何种程度，更不得而知矣。"齐教授在演讲中指出："吾师张伯苓有云'敌人所破坏者，南开之物质，南开之精神，将因此愈加奋励'。吾人拟将张先生之言，扩而大之，即'敌人所毁坏者，中国之物质，中国人之精神，将因此而愈加奋励，益行团结'。今后将以全民族之力量，抵抗顽敌，期获最后胜利。未来之所得，必远过于以往之所失。"①

除了对高校的疯狂劫掠，高校中的师生也成为日本入侵者的眼中钉，他们认为，所有师生都是抗日分子，必欲除之而后快。"多数的学生从前向有'丘九'的绰号，在平津可算是气焰万丈，声声赫赫，殆敌人蹂躏平津以后，他们不得不低声平气，设法逃生，以免作无谓的牺牲。"②

中华民族的文化血脉危在旦夕。人心惶惶之中，平津高校的师生，到底该何去何从？

平津沦陷后，黄炎培著文指出："真教育不在形式而在精神。"平日里一般人会认为只有"巍巍大厦"，才是最高学府，黄炎培说，在此危难之际，正可以给人们以心理上的纠正。"有田一成，有众一旅，可以兴邦，有若干间茅屋，若干条板凳，何尝不可以聚集起来，讲论人类生活的意义，民族兴亡的真理，或者和真实的人生，真实的社会，实际的事物，反较亲切些。"他急切期望当局一定要想种种办法，把学校的教师和学生，"从危险地带里救护出来"。"战事发生，妇女和儿童应尽先救护，为是民族种子的关系

①《天津失陷之经过及现在之状况》，载《西安临大校刊》1937年第2期。
② 钟馗：《故都归客话"皇军"》，载长江、小方著：《沦亡的平津》，生活书店1938年版，第77—78页。

的缘故。教师和受过教育的青年，不是国家的文化种子吗？"①当时正在北大读书的马伯煌后来也回忆："当时大家也有这样一种看法：北平是个文化城，这些处于国防前线上的最高学府和广大师生，他们在危急存亡之秋的巍然存在，在敌机轰鸣之下能够坚持弦诵之声，这对于安定社会人心和振作士气来讲，其作用并不亚于几十万军队。"②

卢沟桥事变发生时，北京大学校长蒋梦麟、清华大学校长梅贻琦、南开校长张伯苓和不少教授名流正在庐山参加蒋介石召集的国是问题座谈会。在炮声中已经过了好几年的人们，对于卢沟桥传来的枪炮声，一开始并未意识到事态的严重。当时正在北平大学任教的曹靖华后来回忆，7月7日这天清晨，一大早，他就被沉重而连续不绝的隆隆声从梦中惊醒，仔细分辨，这是郊外传来的炮声，因为这些年来已经听习惯了这种声音，他丝毫没觉得惊疑，听了听以后就继续躺下睡觉，"这大概还是'友邦'在'演习'的"③。7月8日，北大中文系主任罗常培到米粮库4号拜访文学院院长胡适，询问其对时局的意见。胡适认为卢沟桥只是局部事件，不至于扩大，确定交通并未受阻后，所以还是按原定计划于当日下午离开北平南下赴庐山开会。7月10日，清华大学教务长潘光旦、秘书长沈履还电告梅贻琦校长："连日市民、学校均镇静。各方安，乞释念。"④胡适7月11日发给梅贻琦的电文中也说："清华平安，仅有日兵官来问有无军器，并欲购校马，并劝告校款勿外汇，以免谣传日军提取。"电文中还特别说明："职员出入无阻，携物者须检查，据云日军尚有礼貌，人心稍安。"⑤但很快，大家发现，日本人此次动作与往日不同，随着局势日紧，潘光旦等急电梅贻琦要求返京，其他各校也纷

① 黄炎培：《吊南开大学并急告教育当局》，载舒沛泉编：《新文选》第1册，前导书局1937年版，第2页。

② 马伯煌：《徒步三千 流亡万里》，载西南联合大学北京校友会校史编辑委员会编：《笳吹弦诵在春城——回忆西南联大》，云南人民出版社、北京大学出版社1986年版，第25—26页。

③ 曹靖华：《故都在烽烟里》，叶君主编：《我们生命中的"七七"》，北方文艺出版社2018年版，第20页。

④ 《潘光旦、沈履急电梅校长》，载清华大学校史研究室编：《清华大学史料选编》第3卷（上），清华大学出版社1994年版，第1页。

⑤ 《胡适密电梅贻琦》，载清华大学校史研究室编：《清华大学史料选编》第3卷（上），清华大学出版社1994年版，第1页。

纷去电要求几位校长返校应变，但因交通等诸方面原因，他们都未能北返。

7月27日，北平全城戒严。清华大学教授任之恭在这一天举行了婚礼。他后来回忆，他当时完全忽视了7月7日卢沟桥事变的影响，也没有预料到后来接踵而至的麻烦，选择这个日子实在是"太莽撞了"。婚礼结束后，西直门城门已经关了，新婚夫妇在清华校园内预备的新房也不能用了。7月29日，平津沦陷。沦陷之后的清华大学，据潘光旦记述，已是"全校精神解体，顿入混乱状态"，"一时戒备尽弛，园外莠民，乘机闯入"，他在日记中写下自己在7月29日下午冒险返回清华时之所见：学校西大门处于半闭状态，校警已经无心警卫，上身连制服都不穿，自大门至南院桥头，有闲人三三两两，"若有所觊觎"，学校同人则正忙于携家带口，向城内转移。进入校长办公楼，庶务科同人正"搬运什物，箱翻筐倒，秩序甚乱"①，一片萧索景象。因梅贻琦未归，清华大学代理校务的几位教授会商，由校秘书处事务科科长等5人组成"清华大学保管委员会"，保护校产。冯友兰回忆，留在学校护校时，他曾对图书馆工作人员说："中国一定会回来，要是等中国回来，这些书都散失了，那就不好。"只要他们在清华一天，就要保护一天。然而，"有一次，夜里我和吴有训（时任清华大学理学院院长）在学校里走，一轮皓月当空，四周一点声音都没有，吴有训说：'可怕，可怕，静得怕人！'"②但是，日本人进城了，"保护校产"已经没有任何意义，冯友兰等人只得离开。

北京大学当时留在校内的重要负责人只有理学院院长饶毓泰、秘书长郑天挺、教务长樊际昌数人。一开始学校正常工作还能基本维持。北大和清华联合招生的试题12000份，照常于7月10日在红楼地下室印刷，7月13日，又印制北大研究生院招生试题。但29日日军入城后，情况就变得十分危急。因为没有政府方面对学校安排的权威消息，大家对学校下一步将如何处理都不清楚，只能是临时应付。樊际昌等人不久也离开北平，作为秘书长的郑天挺只能不顾夫人新丧，子女年幼，强撑危局。郑天挺回忆："当

---

① 潘光旦著，潘乃穆、潘乃和编：《潘光旦日记》，群言出版社2014年版，第3页。
② 冯友兰：《冯友兰自述》，河南人民出版社2004年版，第98页。

时教职工到校者寥寥可数，多数同仁都想早离危城，但又无路费。"在艰难的情况下，他当时每天坚持到校办公，解决职工教授生活、安全、校产保护等问题。还没有走的教授如孟森、汤用彤、罗常培、邱椿、毛子水、陈雪屏等也多次开会，大家协力共同支撑、维持学校局面。多年之后，北大中文系罗常培教授还对郑天挺的尽心竭力念念不忘。他在文章中写道，北平沦陷后，"大家在凄凉惨痛的氛围中仍旧主张镇静应变，共维残局"，但实际上自从7月29日日军入城以后，大家的精神实际已经逐渐涣散了，随着同人纷纷离开北平南下，北大的重担几乎完全压在郑天挺一人身上。除了要应对敌寇汉奸不断地侵扰外，郑天挺还得筹划留在学校的师生员工的生活、校产的保管、教授们的安全。"他对于留平教授的集会每次都去参加，对于校产的保管也组织得很严密。""别人都替他担心焦急，他却始终指挥若定，沉着应变。一班老朋友戏比他为诸葛武侯，他虽逊谢不遑，实际上绝不是过分的推崇。由'七二九'到十月十八日他每天都到学校办公，并且绝不避地隐匿。"① 一直到10月18日，伪地方维持会把查封布告贴到二院门口，郑天挺才停止到校上班。

日本已入侵平津，平津高校该何去何从？

从1935年"何梅协定"签订之后，面临日益严峻的形势，很多高校已经在未雨绸缪，谋求易地发展。

1935年，南开大学校长张伯苓赴四川考察教育时，认为在四川办教育有发展前景，鉴于华北危局，为谋求南开事业的发展，并为谋教育工作不因时局而中断，决意在四川建立中学。他选择的地址是重庆沙坪坝，该地虽距城市较远，但交通便利。1936年秋，在各方人士勉力支持之下，占地400余亩的南开中学分校重庆南渝中学开学。1937年1月，在南开大学天津校友会上的演讲中，张伯苓雄心勃勃，展望南渝未来发展：沙坪坝虽然离城市很远，但理想中可"自成一村"。虽然学校教职员工和家眷初到该地时会感觉枯燥烦闷，但随着设施的进一步完备，条件会逐渐改善，起码现在就

---

① 罗常培：《七七事变后的北大残局》，载王均主编：《罗常培文集》第10卷，山东教育出版社2008年版，第322、326页。

可以清楚听到南京的广播了。张伯苓说："我想每星期六有个会，或是同乐会，能演电影更好，慢慢的把那块地方，造成新村。要想造新南开，应该在新的地方造起，这块地便可以造。今年那里有200余学生，明年可有600余人，后年可千人，到了第四年，可以有1300余人，男女学生既多，同人亦多，到那里，新村的生活，就可以实现。"①这个张伯苓梦想中的新村，在南开大学被日机轰炸之后成为南开人的避难所。因为它的存在，南开部分师生员工，在平津战争爆发时便辗转南下，老师们得以照常工作，学生也能继续求学，南开作为一个团体，得以维持不散，可谓不幸中之大幸。

国立北洋工学院院长李书田鉴于时局莫测，于1935年秋亲赴陕西勘定西京分院院址，并获得陕西省政府拨款建校的承诺，但因为教育部不允许而中辍（当时教育部正筹备将北洋工学院恢复为北洋大学）。

清华大学也于1935年果断停止了原先在清华园内修建文、法大楼的计划，开始准备在长沙建立分校，并在岳麓山投资建设新校舍，一部分图书、仪器也陆续运达武汉，准备一旦战事发生即运往长沙。当时准备等新校舍建成后，先迁几个研究所过去。然而，新校舍尚未竣工，战争已经爆发。

不过，这些毕竟是个别高校的自主行为。战事爆发，国民政府此时又做何决策呢？

1937年8月17日，国民政府国防最高会议参议会在南京汪精卫寓所召开，邀请张伯苓、蒋梦麟、黄炎培、沈钧儒、梁漱溟、傅斯年、毛泽东、马君武、晏阳初、胡适等16人参加。时在延安的毛泽东由周恩来代表出席。这次会议除军事以外，主要集中于对文化教育特别是迫在眉睫的平津教育问题的讨论。教育部此后发布《战区内学校处置办法》的密令，其中规定：各省市教育厅如其主管区域内辖有校区，"于战时发生或迫近时，量予迁移。其方式得以各校为单位，或混合各校各年级学生统筹支配暂时归并，或暂时附设于他校"②。国民政府教育部随即出台了设立临时大学的草案，宣布：

① 《我们要振作起来——1937年1月3日张伯苓校长在天津校友会上的讲演》，宋璞主编：《张伯苓在重庆》，重庆出版社2004年版，第41页。
② 《教育部检发〈战区内学校处置办法〉的密令》，中国第二历史档案馆编：《中华民国史档案资料汇编第5辑　第2编　教育》，江苏古籍出版社1997年版，第4页。

"政府为使抗战期中战区内优良师资不致无处效力，各校学生不致失学，并为非常时期训练各种专门人才以应国家需要起见"，[①]决定在合适地点设置一至三所临时大学，临时大学第一区设在长沙，第二区设在西安，第三区地址未定。政府并组织筹备委员会办理临时大学筹备事宜。

1937年8月28日，教育部任命张伯苓、梅贻琦、蒋梦麟为长沙临时大学筹备委员会常务委员，杨振声为长沙临时大学筹备委员会秘书部主任。9月2日，教育部发出聘函，组成由国民政府教育部部长王世杰为主席，国立北平研究院副院长、院长代表李书华，东北大学校长臧启芳，国立北洋工学院院长李书田，国立北平大学校长徐诵明，国立北平师范大学校长李蒸，国民参政会参政员、监察院晋陕监察区监察使童冠贤，陕西省教育厅厅长周伯敏，国立西北农林专科学校校长辛树帜等9人为委员的西安临时大学筹备委员会。1937年9月10日，国民政府教育部正式发出第16696号令，以北京大学、清华大学、南开大学和中央研究院的师资设备为基干，成立长沙临时大学。以北平大学、北平师范大学、北洋工学院和北平研究院（北平研究院最后并未加入西安临时大学，而是改迁昆明）等院校为基干，设立西安临时大学。9月8日，中英庚款委员会应教育部之邀，决定各拨款50万元作为两所临时大学开办费。

长沙临时大学选址与清华之前在长沙的安排有一定的关系。抗战初期，长沙一度处于抗日战场后方，水运、陆路交通便利，四通八达，而且物产丰饶、农业发达，在当时是湖南工业和对外贸易的中心，是重要的物资集散地、生产地和出口换汇地。加之抗战爆发初期，外省工商产业内迁，长沙在物资供应上有了更大保障。长沙教育也比较发达，是较为理想的迁徙之地。

而在西安设立临时大学，则与30年代以来教育界一直呼吁发展西北教育以及国民政府在西北的教育布局关系甚巨。

1937年9月大学西迁之前，整个西北地区仅有国立西北农林专科学校、九一八事变后客居西北的东北大学、甘肃学院和新疆学院4所高校，高等教育极为薄弱。而且其中几所已是日暮途穷，新疆学院一度仅剩土木工程系

---

① 姚远主编：《西北联大史料汇编》，西北大学出版社2012年版，第1页。

一年级5名学生，几乎难以为继。30年代初，要求改变西北教育落后状况、开发西北的呼声在社会上就日渐高涨，相继有人通过在报纸上著文呼吁、上书条陈等方式呼吁在西北建立国立大学。1935年，时任陕西省政府主席的邵力子就曾上书行政院，认为北平一地，就有4所国立大学，供过于求，建议将其中的北平大学，迁移入陕，易名西北大学。国立北洋工学院院长李书田因担心战争威胁，积极寻求战时校址，曾向邵力子求助，邵力子又一次上书呈请行政院，提议将国立北洋工学院西迁至西安。此议因当时教育部正筹备在北洋工学院基础上恢复建立北洋大学而未获通过。不过，九一八事变之后流亡北平的东北大学，于1936年二三月间，就将部分院系迁到西安，北平研究院也于1936年底，将植物学研究所的图书、标本及仪器迁往陕西武功。正因如此，选择在西安设立临时大学也就顺理成章了。

从抗战后的发展状况来看，在西安设立临时大学符合长远打算，但在长沙设立临时大学选址并非恰当，以致长沙临时大学在几个月后不得不再次大迁徙，造成了较大损失。但总的来看，战时临时大学的设置，确实是战时保存教育资源、收容沦陷区师生的有效举措。以长沙临时大学——西南联大收容南方教师和失学学生，以西安临时大学——西北联大收容北方教师和失学学生的空间布局，为战时师生就近入学创造了有利条件。

但也有高校做出了不迁移继续在华北办学的决定。北平中国大学是孙中山在1912年亲手创办的私立大学，旨在为国民革命培养人才，宋教仁、黄兴为该大学的第一、第二任校长。1936年，曾任民国首任北平市市长的何其巩被任命为中国大学的代理校长。北平沦陷后，征得冯玉祥同意，何其巩准备把中国大学迁往冯玉祥治下的山东泰安。但当时国民政府教育部密令中国大学继续留在北平办学，"作造就沦陷区青年遣往内地之枢纽，并作为掩护地下工作人员之机关"，中共也建议中国大学在北平继续办下去，希望何留在沦陷区，为人民做些工作。何表示"义不容辞"。国共双方在中国大学留平问题上意见一致。之后8年中，何其巩凭借自己的社会关系和高超的政治手腕，纵横捭阖，备尝艰辛，力匡危局，坚持做到"董事会及学校一切机构无变动；不受奴化支配，拒绝日伪分子，优待忠贞人士；学生自由讲习，并被运送抗日后方；学校证件，从未加盖过伪印；对参加抗日地下工作者，分别掩护"。①抗战胜利后，1945年10月1日，何其巩在"升堂节"上说："到今天来说，我们确实将中大'为教育而教育'的目的保持白璧无瑕。在这点上，俯仰无愧，亦可告慰本校创始人孙逸仙、黄克强、宋钝初诸先生的在天之灵。"②

北平的一些教会大学也做出了不外迁的决定。1935年底，司徒雷登到美国为燕京大学筹款之时与纽约托事部同人会商一旦战事爆发，北平沦陷，燕大的去留问题。1936年春，纽约燕大托事部举行全体会议，一致表示完全赞同燕京大学不南迁之决定，并提出今后将从各方面对燕大予以"完满之合作与扶助"。《燕京新闻》还专门刊发公开报道以稳定人心。报道说，从前一年华北时局嬗变之后，很多大学都有图谋易地发展之计划，"是以关于燕大将来之计划，也颇为一般校园内人士及与有关系者所注意"。经校务长司徒雷登与驻纽约托事部反复协商之后，决定燕大仍旧留在北平办学，"固非时局之翻覆所可左右也"。③但是，当日本人进占北平之后，在形势日益严酷的情况下，燕京大学的这一决定还是引起了争议，一部分师生不满甚至抵制学校的决定，通过各种方式离开北平。但司徒雷登最终还是决定燕大留平。他后来回忆，平津沦陷后，"对我来说第一个问题就是是否跟着其他学校一起匆匆忙忙撤离到其他没有被日本人占领的地方，或是留下来静观其变。没有人能够预见到日本人到底要干什么"。为了保护燕大不受日本人肆意侵凌，燕大旗杆上升起了美国国旗。④司徒雷登等人称，燕大所追求的最高理想是为中国人民谋福利，而不是单纯为某一个政治势力或某一种政府服务，所以燕大必须留在北平，为华北的年轻人提供受教育机会。美国人的旗帜暂时保护了燕京大学，许多由于各种原因无法离开华北的学生在沦陷期间进入燕京大学学习。直至1941年12月8日，太平洋战争爆发，燕京大

---

① 侯宏兴主编，北京市地方志编纂委员会办公室编：《志说北京：修志人眼中的北京》，文化艺术出版社2012年版，第118页。

② 关昕：《刺刀下的课桌：沦陷区时期的中国大学》，载《时代教育》（先锋国家历史）2008年第7期。

③ 转引自罗义贤著：《司徒雷登与燕京大学》，贵州人民出版社2005年版，第174页。

④ ［美］司徒雷登著，陈丽颖译：《在华五十年：从传教士到大使——司徒雷登回忆录》，东方出版中心2012年版，第85页。

学被日本人强行关闭。1942年10月10日，燕京大学在成都华西坝正式复课。

辅仁大学因为罗马教廷和天主教圣言会所在国德国与日本的同盟关系，校务活动未受太大影响。北平沦陷后，辅仁大学联络平津其他具有国际性的教育团体，共同遵守三原则：①行政独立；②学术自由；③不悬挂日伪旗帜，以示正义不屈。全面抗战爆发时已年近花甲的校长陈垣为了他亲手创建的辅仁大学，为了辅仁大学的师生，为了他热爱的教育事业，一直坚守在北平，没有离开辅仁半步。太平洋战争爆发后，一夜之间，同处北平坚持办学的燕京大学、协和医学院等具有美国背景的学校被日伪一律逼迫封闭停办，辅仁大学除少数未来得及撤走的美籍教师被拘禁于设在山东潍县的集中营外大体无伤，一直坚持在北平办学。

除了这些大学，日本人进占平津之后，备受劫掠蹂躏的其他各大学纷纷选择外迁。战火烽烟中，中国教育史上乃至世界教育史上一次最大规模的迁徙开始了。

# 三、留或者走——共赴国难

1937年11月，《宇宙风》第50期发表了老舍的一篇文章《友来话北平》，老舍在文章中写到了他所了解的当时在北平无法离开的一些朋友的处境。其中一位，"因为责任的关系不能轻易离平"，但是，"生计大成问题。假若老得不到外间的接济，他纵使忠于职守，可是没法避免饥寒"。另一位是个音韵学专家，"现在正领着几个学生埋首著作，大概在数月之中，能至少写出四五本书来。可是他自己与学生们都须吃饭，而外间的援助至今还没有一点可靠的消息"。第三位是很有些才干的人，如果能离开北平出来，很可以做一些"组织民众"的事务，"但是他既顾虑家庭的安全，又不知道外间的情形，最讨厌的还是连路费也找不出来"。老舍说，其他朋友的情形大概与这三位基本上是大同小异。[1]

---

① 老舍:《友来话北平》，载《宇宙风》第50期（1937年11月1日）。

## 平津高校外迁

战争爆发了，身处沦陷区的人们，无论是留还是走，都是一个两难的选择。对于高校师生来说，虽然临时大学的成立，让他们比其他沦陷区的人们似乎多了一些幸运，毕竟，他们有了一个较为明确的目的地。但是，举目四望，不仅华北战火硝烟四起，淞沪一带同样是炮火连天。长城内外，大江南北，战火四处蔓延，哪里是人们梦想的伊甸园？

"走"的师生中，一部分是自行出逃的。北平沦陷后，学生们很快得到了日本人马上就要开始清查户口的消息，清查户口的一个重要目的就是要辨别身份，寻找"抗日分子"，被日本人视为抗日中坚的学生属于重要清查对象，动辄被抓被杀。预感到处境危险的学生，尤其是大学生们开始想方设法尽快逃离。出逃就必须从北平到天津然后才能南下，而这段旅程却是最危险最惊心动魄的一段。日本人的检查非常严厉，穿黄裤子的就说是保安队，短发就说是兵士或受训的学生，见着有钱的就明抢。为了出逃，学生们一本书也不敢带，平日里心爱的物品、精心抄下来的读书笔记，很多人不得不全部丢弃。一位燕京大学的学生回忆："北平的学生要到天津去是不容易的，在入站时，有人看着旅客，像学生的就站在一旁，都走完了就把他们送到一间屋子去住，次日一个一个的请出来审问，用许多问题来探出你的思想，诸如'你爱国不爱国？'你怎样回答呢？中学生还好，大学生中尤其是清华、燕大、北大三校的同学都有被扣的危险，许多同学是失踪了，有几个燕京同学化装到了天津被人识破被打死了。"[1]他自己历时19天，从北平到天津，再乘船到烟台，再转到青岛、济南，备尝艰辛之后，终于逃到了南京，与他一起逃出的，还有几百名学生。

"仓慌奔走"，"情况均极狼狈"，"沿路情形极惨"，这是当时报刊上对匆匆逃离平津的学生状况最司空见惯的描写。出逃的学生有的回了老家，有的在逃离途中得到了各校复校的消息，就直接转道长沙或者西安了。

按照清华大学的规定，服务满5年的教授，可以有1年的学术休假，或者出国或者在国内考察研究。1937年6月，校方已经批准闻一多的休假申请。

---

[1] 燕京人:《流亡记》，载长江、小方著:《沦亡的平津》，生活书店1938年版，第31—38页。

闻一多准备回湖北老家从事《诗经字典》的编撰工作，妻子已经带了两个孩子先走一步，被留在北平家中的3个孩子折腾得不胜其烦的闻一多在卢沟桥事变发生后立即决定南下，于7月19日匆匆离开北平赴武昌。臧克家在车站与闻一多相遇，问他那些珍藏的书籍怎么办，闻一多当时感慨地说，国家的土地一大片一大片被丢掉，几本破书算得了什么。这次出逃，他只带了两本书：《三代吉金文存》和《殷虚书契前编》，还有一点其他重要资料，家中细软包括妻子的首饰全部扔在了清华园。谁能料到，这一去竟成永别。长沙临时大学开学后，因南下教授人数不多，难以开展正常教学，10月20日，清华大学校长梅贻琦致信闻一多，请先生暂延休假一年。先生接信后，立即放弃休假，于10月22日赶赴长沙。

北平大学法商学院政治系教授许德珩，亦于8月9日凌晨化装离开北平。他后来回忆，"我这一天，化装成商人模样，用便帽遮着前额，从早到晚坐在那里不吃不喝，一动也不动。此时如果遇见我的学生，喊我一声'许先生！'就可能有意外的事情发生"，好在虽然日本兵每到一站都上来搜查，总算平安到达天津。[①] 此后，许德珩辗转南京、武汉、南昌、重庆工作，再未能回到校园。当时在北平大学担任教授的曹靖华，也是在8月10日平津铁路刚一通车时，即刻携全家离开北平。当时本来准备由天津乘船去上海，船到烟台时，淞沪会战爆发，只能从潍县沿胶济铁路颠簸20余日才抵达位于罗山的岳母家。在得到西安临时大学成立的消息后，他只身奔赴西安，到西安临大任教。

在得到临时大学开办的消息后，一部分老师毅然决然离开北平随校外迁。清华大学的吴有训在护校工作结束后，于8月间告别了分娩不久的妻子和最大不满6岁的4个孩子，与冯友兰相伴南下，赶赴长沙，参加长沙临时大学的创建工作。南开大学的杨石先教授在南开被炸的7月29日，曾冒险与黄钰生及另外一位教员返回校内检查各处的损失，8月间，他与南开大学经济系教授方显廷化装从天津到塘沽，乘船南下至上海，再辗转至长沙。卢沟桥事变发生时正在广东考察的南开大学教授陈序经在知道长沙复校的

---

① 许德珩：《许德珩回忆录：为了民主与科学》，中国青年出版社2001年版，第185页。

消息后，也迅速经南京赶到长沙，参与复校筹备工作。

1937年8月7日，在平津试行通车、海道可以通航之后，北京大学的叶公超（外文系教授）、姚从吾（历史系教授）、梁实秋（外文系教授）等也马上决定早离危城，8月11日即离平南下。梁实秋女儿梁文蔷回忆，卢沟桥事变发生后，"爸爸认为天下兴亡，匹夫有责，以一介书生意想投笔从戎"。那些天，梁实秋经常和妻子彻夜长谈，如果他走后该如何安排一家人的生活。年幼的梁文蔷多年以后还能记起，"那是一个不眠之夜，我缩在被窝里，偷偷听爸爸和妈妈说话，那时我将十岁不太懂事，但看他们俩那副严肃的神情和低声滔滔不绝的商量事情，我心里也预感将要有什么大事发生"。不久以后，父亲就一个人毅然决然地走了。[①]此后因各种缘由，叶公超继续其教学工作，担任长沙临大和西南联大教授，梁实秋则应教育部次长张道藩之请，转赴重庆参加教育部"中小学教科用书编辑委员会"的工作。

时任国立北平师范大学校长的李蒸于8月7日逃到天津，一直住到9月初。在得到北平师大将迁至西安的消息后，他辗转经青岛、济南到南京与教育部接洽，其后即同北平大学校长徐诵明、教育部特派员陈剑翛等经徐州前往西安，开始西安临大的筹备工作。卢沟桥事变爆发时，正在北洋工学院电机系任教的刘锡瑛教授，因为正值暑期，当时在滦县老家休假，未能及时接到西迁通知。回到天津后，一时打听不到消息，只能在英租界的一家旅馆住下。9月初的一天，他在街上与老朋友、北平大学工学院机械系主任潘承孝相遇，潘承孝告诉他北平、北洋、北师大西迁合组西安临大的消息，两人随即相约前往西安。由于日寇占领平津后，从津浦铁路南下，直接去西安的道路已经不通，9月11日，两人告别家人，从塘沽乘车至青岛，下船从青岛至济南，复转向徐州，再从徐州折向郑州，经洛阳去西安，在胶济铁路中段，还经历了一次火车脱轨事故，险遭不测。平日里乘火车一天多的路程，他们俩乘车换船整整走了一个月，10月11日，二人终于到达西安，随即应聘为西安临大工学院教授。

但是对不少教授而言，抛家舍业外迁，不是一件小事，很多人瞻前顾

---

① 梁文蔷：《梁实秋与程季淑：我的父亲母亲》，百花文艺出版社2005年版，第221页。

后，思虑重重。朱自清1937年8月11日在日记中记载，去拜访俞平伯时，俞认为现在南去并不明智，南方局势亦不平静。匆匆出去，现在工作并不好找，甚至认为"北平在不久的将来将是最安全的"。9月7日，再一次与师友商量去向时，多数人还是"宁愿留此"[1]。尽管日本人已经进入北平，但南去也确实是危险重重，到处硝烟弥漫，离开北平，又要到哪里寻安身处呢？很多人都在踌躇观望。

30年代初，平津的一些著名高校，教授们的生活条件是比较优裕的。从法国留学归来任清华大学副教授的王力曾说："抗战以前，常听人说大学教授是清高的。'高'字有三种意义，第一是品格高，第二是地位高，第三是薪金高。"王力说，关于品格高，不能一概而论。关于地位高，"我们应该感谢达官贵人的尊贤礼士，使一个寒儒也常能与方面之权要乃至更高的官员分庭抗礼"。关于薪金高呢？正薪400元至600元，比国府委员的薪金只差200元，比各省厅长的薪金高出一二百元不等，比中学教员的薪金高出5倍至10倍，比小学教员的薪金高出20倍至30倍。虽然住惯了外国的人对于区区每月四五百元的收入不觉得多，但是，"像我们这些'知足'的人看来，每日有人送菜上门，每周有人送米上门，每月有人送煤上门，每隔一二十天有书贾送书上门，每逢春天有花匠送各种花卉上门，也就可以踌躇满志的了"[2]。

1936年的清华大学校园
（《清华年报》1936年）

① 朱自清:《朱自清日记》(上)，石油工业出版社2019年版，第38、44页。
② 王力:《清苦》,《龙虫并雕斋琐语》，北京联合出版公司2012年版，第86页。

## 平津高校外迁

1937年，作为清华大学历史、中文两系合聘教授的陈寅恪，已是名满京城。吴宓称其为"全中国最博学之人"。1937年上半年，陈寅恪的月薪已达480元，为清华教授中最高。其父陈三立先生也从南京迁入北平城内，子孙团圆。

叶公超时任北大外文系专任教授，赵萝蕤（陈梦家之妻，燕大宗教学院院长赵紫宸之女）多年后曾回忆自己去位于前铁匠营的叶家拜访时的感受。她说，他们的生活是令人羡慕的，一所开间宽阔的平房，那摆设证明两位主人是深具中西两种文化素养的。书是最显著的装饰品，生活也安定舒适，浅浅的牛奶调在咖啡里的颜色，几个朴素、舒适的沙发，桌椅，台灯，窗帘，令人觉得无比和谐；吃起饭来，不多不少，两三个菜，一碗汤，精致，可又不像有些地道的苏州人那样考究，而是色味齐备，却又普普通通。[①]

当时的南开大学，虽然教师薪金比北京的那些高校要低一些，但是由于校长张伯苓的苦心孤诣治校，他手下的几位干将亦恪尽职守，使得学校学术气氛浓厚。校园风景优美，建筑宏伟适用，教职工每家都有自己独立的住宅，学校从不拖欠薪金，大家可以安心做学问。

然而，卢沟桥炮声响起，平津高校教师的安逸祥和的生活立刻被搅得粉碎。

《吴宓日记》载，1937年7月6日晚七八点钟，他与陈寅恪二人还在清华园足球场"观晚霞，至美"，悠然自得。没想到一天之后，卢沟桥畔，炮声隆隆。此后二人即常处于惴惴不安之中，经常见面或通过电话互通消息，了解时局发展，善卦的吴宓不时占卜以问吉凶。7月29日，随着战事日益激烈，在听说日军已经入驻清华园火车站，不久将来校接收的传言后，陈寅恪言："入城可免受辱"，二人匆忙雇车入城避祸。然而，福无双至，祸不单行，住在城内的陈寅恪的父亲、85岁高龄的陈三立老人本已重病在身，听说卢沟桥事变以及平津失陷的消息后，老人忧愤不已，情绪低沉，后不再服药进食，欲以死明志。延至9月14日溘然长逝。9月23日，吴宓赴陈宅吊

---

① 赵萝蕤：《怀念叶公超老师》，叶崇德主编：《回忆叶公超》，学林出版社1993年版，第70页。

唁，此时政府已决定在长沙设立临时大学，急招还在北平的教授赴长沙集合。在议及将来出路时，吴宓表示不愿离开，欲在北平隐居读书，陈寅恪当时对吴宓的选择也表示赞同，但是，他又谈及，日本人曾在上半年邀请其赴使馆赴宴，如果留在北平，可能会再遭逼迫，"为全节概而免祸累"，说自己不得不离开北平，并劝说吴宓离开。① 此时的陈寅恪，在国愁家难的双重打击下，视网膜剥离，从身体状况来说应该马上入院治疗，但陈寅恪最终还是决定不做手术，立即奔赴长沙临时大学。其女陈流求回忆："父亲是决不会在沦陷区教书的，记得那天晚上祖父灵前亲友离去后，父亲仍久久斜卧在走廊的藤躺椅上，表情严峻，一言不发。"② 11月3日一早，陈寅恪即隐瞒教授身份，化装成商人，靠着他的左眼，携妻带女逃离北平，一路辗转，奔赴长沙。

在朱自清、陈寅恪、吴宓诸人徘徊犹豫的同时，其他教授也同样在去与留的抉择中难做取舍。

1938年11月，《申报·自由谈》发表了一篇杂感《遗民今昔》。作者周黎庵从历史上的伯夷、叔齐说起，一直讲到明清之际"遗民"情况，转而笔锋直指"今日的学者之流"，"当举国尚在一致抗争中，胜负之数未可预卜，他们早已准备亡国后的事业，先把'遗民'的招牌挂出了。不信，有'七七事变'后六十有二天胡适博士致平友书为证"③。文中所说"胡适博士致平友书"，即1937年9月9日胡适受命赴美从事对外宣传工作，临行前写给北大留平教授的一封信。为防止被日本人发现，信是用隐语写给北京大学秘书长郑天挺的，并请他转致还留在北平的诸教授。胡适除了告诉同人，自己与钱端升等即将"往国外经营商业。明知时势不利，姑尽人事而已"的去向外，胡适听说郑天挺、罗常培、魏建功诸人皆决心居留北平，认为这是最可佩服的一件事。胡适希望同人能够利用这段沉寂下来的时间，"埋头闭

①　吴宓著，吴学昭整理注释：《吴宓日记（1936—1938）》第6册，生活·读书·新知三联书店1998年版，第163、181、219页。

②　陈流求：《回忆我家逃难前后》，载张杰、杨燕丽选编：《追忆陈寅恪》，社会科学文献出版社1999年版，第412页。

③　周黎庵：《遗民今昔》，载孔令境等著：《横眉集》，世界书局1939年版，第214页。

户"进行学术研究，他认为若果真如此，"将来居者之成绩，必远过于行者，可断言也"①。罗常培回忆，这封信"使同人都振奋起来，在幽居沉闷的当儿，得到无限安慰和鼓励"！得到胡适这样的首肯之后，更坚定了他们留平的意愿。于是，还在北平的诸教授遂公推魏建功执笔致信北大校长蒋梦麟，表达了愿意留在北平的决心："总期四十年辛苦经营之学校，不致成为无人顾视之堕甑，三十余坐以待旦之同人，不致终虚卫校存学之初愿。"②

胡适信中提倡的闭门著述，被《遗民今昔》作者视为抗战时期所谓"遗民"的生存策略。1938年9月1日，《宇宙风》第74期一篇文章中曾历数北平沦陷后留在北平的各校教授在两个月中的研究成就"账单"：孟心史（孟森，北京大学教授）著有《香妃考实》及《海宁陈家》两篇；罗莘田（罗常培，北京大学教授）的《临川音系》；郑天挺（北京大学教授）的《十六国春秋笺注》；周作人（北京大学教授）翻译希腊文学；魏建功（北京大学教授）校录《十韵汇编》中各校韵的异同；毛子水（北京大学教授）重译《几何原本》。还有陈垣（辅仁大学教授）完成《旧五代史辑本发覆》3卷；余季豫（辅仁大学教授，兼任北京大学讲师）完成《四库提要辨证》子、史两部12卷。《宇宙风》的这篇文章盛赞这些学者在那种形势一日数变、谣言满天飞、惶惶不可终日的情况下，反而能够"安然著作"，认为"这是真正的修养"，显示其"人格之伟大"③。但《遗民今昔》的作者周黎庵看到这些成绩时，其观感则完全不同，他认为，所谓"遗民"，除了不做官是"故示清高"之外，其余一无所取。实际上最后一定会成为服服帖帖的"顺民"。如果更进一步，再结交官府，化为"山长"，将来"便成为奴才了"。周黎庵的观点是，"'遗民'是要不得的，在全面抗战中的今日更要不得，凡为被侵略国家的人民，不为'逆民'，便为'顺民'，舍此并无第三条路"④。

周黎庵对所谓"遗民"的嘲讽，正说明胡适提倡的"闭门著述"面临

---

① 耿云志：《胡适年谱（1891—1962）》，福建教育出版社2012年版，第215—216页。
② 罗常培：《七七事变后的北大残局》，载王均主编：《罗常培文集》第10卷，山东教育出版社2008年版，第324—325页。
③ 程健：《敌人蹂躏下的北京大学》，载《宇宙风》第74期（1938年9月1日）。
④ 周黎庵：《遗民今昔》，载孔令境等著：《横眉集》，世界书局1939年版，第215页。

着的士林内部的道义压力，某种程度上可以左右其去留。以罗常培著《临川音系》为例。这项罗常培从1933年就已经着手进行的研究，由于日常事务工作的纷扰导致时常被搁置。卢沟桥事变之后，学校不开学了，罗常培反而有了空余时间，于是在"悲愤中只好借辛勤工作来遣日"。从1937年7月16日起，除去为维持学校残局去开会，以及晚间听中央广播电台了解战况消息外，每天总能有5个小时的时间用于写作。罗常培后来回忆，在那段时间，在紧张工作之时，自己心境却异常难过。故都沦陷之后，是否应该每天关在屋里还埋头伏案地去做这种纯粹学术研究？多年以后，他还是说，"这件事的是非功罪颇不容易回答"。"可是我当时想，我既不能立刻投笔从戎，效命疆场；也没机会杀身成仁，以死报国；那么，与其成天楚囚对泣，一筹莫展，何如努力从事自己未完成的工作，借以镇压激昂慷慨的悲怀？假如在危城中奋勉写成几本著作，以无负国家若干年养士的厚惠，那么，即使敌人把刀放在脖子上，也会含笑而逝，自觉对得起自己！对得起学校！对得起国家！"罗常培说："无论如何，我这本小书总算是胡先生1937年9月9日在九江轮船上所发的那封信的一个共鸣；我将拿它酬谢我在苦厄里所得到的一点儿同情和鼓励！"① 罗常培这段自白，既是回应外界的质疑，亦流露出"遗民"身份导致的道德焦虑。熬到11月，留在北平的教授们更切实地感到，战乱之中，根本无法维持同人们的日常生活，生活不下去说不定就真得"附逆"，这显然不是他们所愿意的。罗常培与郑天挺、魏建功等原本"决心居留"的北大教授还是结伴南下，终究辜负了胡适对留平同人的期待。

吴宓当时并无家累，但正恋着一位清华女生，更依恋北平安适生活的他在是否离开的问题上同样愁肠百结，思虑重重。8月2日，从报纸上得到清华即将在长沙建立临时大学的消息后，吴宓当时的想法是："不欲往，但又不能不往。……百感丛生。后此未知如何。前此之生活似已告结束矣！"8月中，日军尚未进驻清华，感觉到似乎没那么危险后，吴宓甚至返回清华

---

① 罗常培：《临川音系跋》，载罗常培著，《罗常培文集》编委会编：《罗常培文集》第1卷，山东教育出版社1999年版，第635—639页。

园住了几晚。这段时间的日记中，吴宓多次写及清华园，青天白云绿树金瓦红墙石路之北平风景，对故都的依恋之情跃然笔端。9月初，已是教授身份的吴宓甚至分别致信燕京大学和辅仁大学，谋求讲师职位，即便燕京大学和辅仁大学先后回函，因"经费奇绌"而不能聘用，吴宓仍不改初衷，一直声言要"留居北平，养静读书"。但是，此时吴宓内心是极为痛苦的，时常因思虑去或是留，久久难以入眠。而如何面对"遗民"的身份，确是吴宓不得不面对的中心问题。

1937年7月14日，吴宓在日记中曾写道："知战局危迫，大祸降临。"他开始设想此后的结局：或则华北沦亡，身为奴辱；或则战争破坏，玉石俱焚。要之，求如前此安乐静适丰舒高贵之生活，必不可得。他在悲伤中断言："一生之盛时佳期，今已全毕。"既然清华园之安乐生活已不可得，"今后或自杀，或为僧，或抗节，或就义，无论若何结果，终留无穷之悔恨"。吴宓列出的这几个选项，几乎包括了朝代更替之时士人所能采取的所有行为模式。吴宓对自己的认知是——"不能为文天祥、顾亭林，且亦无力为吴梅村"。文天祥无疑是"杀身成仁，轰轰烈烈为节义死"的化身。顾亭林则亲身参与反清复国，一生坚强不屈。而吴梅村虽身历亡国之痛，却又不得不屈节出仕异族，背负污名草间偷活。吴宓自认"不能"为文、顾，又"无力"为吴，必然是无限纠结。7月16日开始，10天左右的时间，吴宓又一直在阅读《顾亭林诗集》，其内心之波澜壮阔可想而知。随着诸同事，包括与吴宓交往甚密的陈寅恪、萧公权等师友都最终决定南下，在大家一再劝告下，10月6日，吴宓在日记中无可奈何地写道："宓虽欲留平，而苦无名义及理由，以告世俗之人。今似欲留而不可，故决不久南下，先事整理书物，以为行事预备。"此时的吴宓，必是满怀感慨："人生诚苦哉！"[1] 11月7日，吴宓最终离开北平。

周黎庵认为一旦成了"遗民"，则必然会成为"顺民"，却也有一棍子打死所有人之嫌。留在北平的师生们，都有各自的苦衷，有人拖家带口，

---

[1] 吴宓著，吴学昭整理注释：《吴宓日记（1936—1938）》第6册，生活·读书·新知三联书店1998年版，第168—227页。

有人体弱多病，种种缘由使其无法随校外迁，然而，被迫成为"遗民"的他们，虽也有一些人在物质生活的困境和生活的艰难中不得不"归化"成为"顺民"，但是，也有相当一部分人"富贵不能淫，威武不能屈"，在困境中坚守气节，矢志不渝。

罗常培回忆："留平的诸人中有一老一少最值得怀念：年老的是孟心史先生，年少的是缪金源同学。"孟心史（孟森）是著名明清史学大家。他无意中发现了绘制于清宣统三年（1911）、由清朝库伦办事大臣三多派人经过实地调查勘测绘制而成、对勘定中国北部边境线极具价值的《宣统三年调查之俄蒙界线图》，并著有多篇文章对其进行研究。嗅觉敏锐的日本人意识到了这幅地图的价值，北平沦陷后不久，就专门派人到北大要求阅看这幅地图。孟森没有想到，日本人不仅要求他详细介绍解释，而且将地图打包带走，扬长而去，此后这幅地图即不知所终。孟森"气愤至极，步行回家，祭拜先灵并写下'白发孤儿辞先灵'诗句后即卧床不起"[1]。经协和医院医生诊察，确诊为胃癌，不得不住院治疗，无法离平。治疗期间，一度与孟森交好、曾出任伪满洲帝国国务总理大臣的郑孝胥也前来探望，孟作了三首诗讽刺郑孝胥以表明心迹。并托罗常培带给南去的同人，"以见我心境的一斑"。其中一首写道：

> 城郭人民旧乡国，令威归来一叹息。
>
> 事变何须岁月深，潮流只觉年时激。
>
> 天生磊落人中豪，意气上薄青云高。
>
> 纲常大义一手绾，天地杀机只目蒿。
>
> 乾旋坤转我何有，进退绰然仍敛手。
>
> 天道难堪只侮亡，人生长策惟邱首。
>
> 呜呼！
>
> 郏鄏灵长鼎旋迁，宅京最久是幽燕，

---

[1]　吴相湘：《马神庙·译学馆·汉花园》，载李权之主编：《北大老照片》，中国对外经济贸易出版社1998年版。

即论人海藏家世，规矩高曾越百处。

君不见贵由赵孟何如贱，况有《春秋》夷夏辨！

一世犹难与俗论，万流何况由天演。

弃我去者锁国年中旧是非，逼我来者横流日后新知见。

噫吁嘻！

锁国原无大是非，横流自有真知见！


1938年1月14日，一代大师含恨而去。

北大教授缪金源性格耿介孤僻，落落寡合。北平沦陷后，他始终抱定"誓饿死不失节"的气骨。当同人纷纷南下时，缪金源因体弱累重，无法离开北平。北大迁离后，他"隐居却聘，食贫自守"，直到1938年秋才到辅仁大学哲学系和司铎书院教书，每月130元，后来因其观点得罪天主教神父，第二年未能续聘。抗战前，缪金源生活丰裕，"每食非鱼肉不饱"，但在辅仁教书时因为入不敷出已经减到每天一粥一饭。离开辅仁，生活更加困难。最苦的时候全家只能"日食一粥"。这样一个"傲骨嶙峋，临大节而不可夺"的人，不久即在饥寒交迫中被折磨而死，其夫人也在几个月后追随其于九泉之下。①

北京大学国文系主任、国学大师马裕藻因其年迈体弱，无法转徙内地，属于北大承认的留平教授之一。北平沦陷后，日本人曾数次命令马裕藻的旧交、已经附逆的周作人上门邀请其出山任教，马多次将其拒于门外。周来的次数多了，最后他让儿子告诉周说：我父亲说，不认识周作人这个人，从此周未敢再登门。滞留北平时，马裕藻的一位学生曾请他题字以作纪念。他回答说："现在国土沦陷，我忍辱偷生，绝不能写什么，将来国土光复，我一定报答你，叫我写什么我就写什么，叫我写多少我写多少。"马的学生张中行说："马裕藻爱国，有时爱到有近于宗教的感情。他相信中国最终一定胜利，而且时间不会很久。"1945年初，日夜期盼抗战胜利的马裕藻已是

---

① 罗常培：《七七事变后的北大残局》，载王均主编：《罗常培文集》第10卷，山东教育出版社2008年版，第326—328页。

病入膏肓，还经常在病榻上低语："天快亮了，天快亮了。"可惜，马裕藻未能等到抗战胜利的消息，当年4月，抱憾长眠。

钱玄同先生当时在北平师范大学任教，师大要迁往西安，但先生已经患高血压多年，加之腿脚不灵便，无法远走。魏建功（时任北京大学教授）在《回忆敬爱的老师钱玄同先生》一文中写道：在宋哲元的部队退出北平的第二天一早，钱玄同先生就拄着拐杖到他家拜访。师徒两人相对无言。好大一会儿，先生才开口说："我们都是'南人'，只有回南方去了。""他的声音有些哑了似的。从此我们在郁闷的空气中住着，不断用电话互相通问。"在魏建功即将赴长沙临时大学之际，钱先生要求魏建功替他刻一方图章，上刻"钱夏玄同"4个字。这是钱玄同从事反清革命时的名字，以此"表示一个新的民族分野"。[①]钱玄同的侄子钱稻孙笃信一旦抗日，中国必败，于是甘心附逆，出任伪北大校长及文学院院长，并再三邀请其叔钱玄同出任伪北大教授，遭到钱玄同的严词痛斥。徐炳昶（曾任北京大学教务长、北平师范大学校长，1936年任北平研究院史学研究所所长）后来也回忆，在沦陷区，有一些附从日伪的北平师大旧同事，时常上门劝钱玄同到日伪所办学校教书，他从来不以自己身体不好相推托，而是忾然答曰："你所办的学校，对我毫无关系！"有一些朋友南迁前去拜访他，问他对于南来旧友可有什么话说，他回答说："只有一句话，告诉他们说钱玄同绝不做汉奸就好了！"[②]处于沦陷区的恶劣环境，本来就体弱多病的钱玄同身心受到更大创伤，一身傲骨的钱玄同先生终致血管破裂，于1939年1月17日溘然长逝，享年52岁。

抗战时期，担任辅仁大学校长的陈垣也留在了北平。对于陈垣先生的"去"与"留"，他的学生柴德赓回忆：北平沦陷之后，很多朋友都千方百计准备离开北京，陈先生对此很支持。说应该走，但他自己虽然想走，却又觉得自己是个读书人，一天也离不开书，抛下书库出走，就不能做学问

① 魏建功：《回忆敬爱的老师钱玄同先生》，载曹述敬著：《钱玄同年谱》，齐鲁书社1986年版，第208页。

② 徐炳昶：《我所认识的钱玄同先生》，载曹述敬著：《钱玄同年谱》，齐鲁书社1986年版，第206—207页。

了。陈垣先生始终相信中国是个大国，历史如此悠久，绝不会亡，一定能恢复。由于这两个原因，陈先生没有离开北平，而是留了下来。在北平沦陷期间，陈垣先生"闭门谢客，不见生人"，不仕敌伪。他所主掌的辅仁大学利用其有利之国际关系，与其他平津国际性教育团体联合，坚持行政独立、学术自由、不悬伪旗三个基本原则，坚决表明了民族立场。即便在40年代以后，局势更加危急，陈垣先生依然不改初衷，在沦陷区苦撑待变。1943年底，因获悉汉奸曹汝霖将出任辅仁大学董事长，柴德赓曾计划帮助陈垣离开北平南下，但此事被当时辅仁校务长雷冕神父察觉，雷冕接连数晚与陈垣恳谈，请求他留在北平，并说这样反而有利于辅仁，有利于师生，因为如果陈垣一走，学校很可能难以维持，很快就会被日伪当局接收或关闭，陈垣最终放弃南下计划。辅仁大学校友周国亭在1944年1月亦曾冒险突破敌伪防线，进入北平，去看望陈垣先生，见其处境危厄，也劝他南归后方，愿伴送之。陈垣说，如果我只身南下逃走了，辅仁大学数千青年，"有何人能代余教育之？沦陷区正气有何人能代余支持倡导，且余之图书，又不能全部都带去，只身南逃，尤属不宜"①。在民族危亡的关键时刻，陈垣先生留在沦陷区，目的是传播民族"正气"，使中华民族文化能够绵延不中辍。陈垣先生的另一名学生，后来的书法大师启功先生也回忆，抗战期间，陈垣先生虽身处沦陷区，与抗日大后方完全隔绝，但是这位手无寸铁的老学者，"发奋以教导学生为职志"。即便环境日渐恶劣，生活日渐艰难，老师和几位志同道合的老先生著书、教书越发勤奋。学校当时由于经费不足，《辅仁学志》将要停刊，陈垣先生与几位老先生相约在《辅仁学志》上发表文章，不收稿费。这时期他们发表的文章比收稿费时还要多。多年以后，启功还清晰记得老师说过的话："从来敌人消灭一个民族，必从消灭它的民族历史文化着手。中华民族文化不被消灭，也是抗敌根本措施之一。"②从30年代末40年代初开始，陈垣先生的文风也发生了巨大变化。他所出版的《明季滇黔佛教考》等著作充分表明了爱国主义立场。而对于是否留在沦陷

---

① 周国亭：《北平沦陷期间探险记》，《正义报》（开封），1946年12月22日、23日。

② 启功：《夫子循循然善诱人——陈垣先生诞生百年纪念》，载启功著：《浮光掠影看平生》，陕西师范大学出版社2008年版，第19页。

区即为"投降""叛变"，陈垣先生也著文表达了自己的观点。1940年12月底，陈垣先生在《辅仁学志》第9卷第2期发表了《清初僧诤记》，文章提出，在沦陷区受屈辱的事情很多，如打手印、领良民证等，但这些都是被迫的，不能算是投降。陈垣的观点是，凡是在敌伪大学教书，为敌伪机关工作的，那

1935年9月陈垣率辅仁大学部分教师慰问二十九军
（张荣芳、曾庆瑛：《陈垣》，金城出版社，2008年）

就是汉奸。柴德赓认为，陈垣先生的《清初僧诤记》，"不仅解决了历史上的问题，而且也解决了现实中的问题"，划清了汉奸与非汉奸的界限。①

"闭户隐居，深居简出"，"不与敌伪合作"，这是当时相当一部分留平知识分子在无奈中的坚守。更值得称道的是，当时在私立中国大学教书的蓝公武先生，他上有年迈老母，下有7个孩子，因家累过重无力南迁，但依旧秉持气节，在大学课堂上公开宣传抗日，大讲日本帝国主义必败，中国必胜的道理。消息传出后，1940年夏，蓝公武和他的两个孩子被抓进日本宪兵队，这次被抓，蓝公武被关押9个月零20天，受尽酷刑，伤痕累累，但他依然初衷不改。当然，坚持铮铮铁骨的大有人在，弯腰屈膝者亦不乏其人。周作人在抗战爆发后留住北平，并很快附逆事敌，曾经的新文化旗手成为中华民族的罪人，引得时人扼腕不已。卢沟桥事变爆发后，面对社会各界纷纷请其南下的呼吁，周作人以"舍间人多，又实无地可避"相搪塞，又语人"请勿视留北诸人为李陵，却当作苏武看为宜"②。然而，周并未

---

　　①　柴德赓：《陈垣先生的学识》，载白寿彝等著：《励耘书屋问学记》，生活·读书·新知三联书店1982年版，第48—49页。
　　②　亢德：《知堂在北平》，载《宇宙风》第50期（1937年11月1日）。

做苏武。周作人变节投敌有其思想上的根源，他一开始对中国抗战前途的预测就是非常悲观的。早在1933年1月14日致曹聚仁的信中，他就说：北方战事突起，平津骚动，人们纷纷逃难，但是自己觉得无处可逃，只能居留于此。在周作人看来，中国之所以有此大难，是因为"上下虚骄之气太甚"，他认为，如果中国人能够自我反省，知道自己的缺点何在，还是有复兴的希望的。"中国如亡，其原因当然很多，而其一则断然为此国粹的狂信与八股的言论，可无疑也。"但是"此刻现在，何处可找理性哉！"周作人说只能是"且坐看洪水——来或不来，此或亦虚无主义之一支配！"[1]郑振铎也回忆他在卢沟桥事变前即将离开北平时与周作人的一次谈话，郑劝其必要的时候应该离开北平，但周的看法是中国必败，无法与日本作战。郑问他，并不是我们去侵略日本，但是如果日本人一步步地逼迫而来，难道我们一点也不加抵抗吗？周当时未做任何回应。郑振铎评价"他是恋恋于北平的生活，舍不得八道湾的舒适异常的起居，所以不肯搬动"。"'必败论'使他太不相信中国的前途，而太相信日本的海陆军力量的巨大。成败利钝之念横梗于心中，便不能不有所背，有所从了。同时，安土重迁和贪惯舒服的惰性，又使他设想着种种危险和迫害，自己欺骗着自己，压迫着自己，令他不能不选择一条舒服而'安全'的路走了。"[2]周作人是短视的，他没有想到，我们这个民族在最严峻的时刻表现出了坚忍和凝聚力，14年抗战，中华民族取得了伟大胜利。事实证明，他的这条路选错了。

国难当头，去留两难。人们做出了各自的选择。辞别五朝宫阙，在凄风苦雨中，选择离去南下的平津师生们踏上了前途未卜的旅程。何日能"驱除仇寇复神京，还燕碣"？这必定是当年在仓皇中逃离平津的师生们的共同夙愿。

---

[1] 周作人：《致曹聚仁》，载周作人著，陈子善、张铁荣编：《周作人集外文》下册，海南国际新闻出版中心1995年版，第397—398页。

[2] 郑振铎：《惜周作人》，载杨扬主编，徐从辉编：《周作人研究资料》（下），天津人民出版社2014年版，第336页。

# 第二章　漫漫迁徙路

## 一、湘水茫茫滇山碧——西南3500里

万里长征，

辞却了五朝宫阙。

暂驻足，

衡山湘水，

又成离别。

绝徼移栽桢干质，

九州遍洒黎元血。

尽笳吹弦诵在山城，

情弥切。

千秋耻，终当雪；

中兴业，须人杰。

便一成三户，壮怀难折。

多难殷忧新国运，

动心忍性希前哲。

待驱除仇寇复神京，

还燕碣。

1939年7月24日，国立西南联合大学发布公告，确定这首歌为西南联合大学的校歌。这首始叹迁徙流离之辛苦，中颂师生不屈之壮志，终寄对于胜利之最后期望的校歌，与西南联大"刚毅坚卓"的校训可谓相得益彰，

完美契合。

1937年9月10日，教育部确定在长沙建立临时大学后，指派张伯苓（南开大学校长）、蒋梦麟（北京大学校长）、梅贻琦（清华大学校长）、杨振声（教育部代表）、胡适（北京大学文学院院长）、何廉（南开大学教授）、周炳琳（教育部次长）、傅斯年（北京大学教授）、朱经农（湖南省教育厅厅长）、顾毓琇（清华大学教授）为筹备委员（实际上胡适、何廉、周炳琳、顾毓琇4人未能参加筹备工作）。并指定张、蒋、梅三人为常委，杨为秘书部主任。筹备委员会主席由时任教育部部长王世杰担任。长沙临时大学的行政组织，由筹备委员会的常务委员三人、秘书主任一人组成常务委员会，商决一切行政方针。筹备会及常务委员会紧锣密鼓，开展了建校的各项工作。

9月28日，长沙临时大学关防正式启用。10月2日，常委会第四次会议通过决议，根据教育部院系相同者合并设置的精神，将原北大、清华、南开院系进行合并，共设立文学院、理学院、工学院、法商学院4个学院17个系，师资之遴聘则根据学生人数与课程需要以确定人数，凡预计必须聘请之教授都事先通知或者设法延请来校。为便于合作，各系均设置教授会议，其主席由常委会从各校教授中推选。截至10月底，全校共到校教师148人，其中北大55人，清华73人，南开20人。除教授会议外，为分别办理各项事务，长沙临时大学还陆续设立了由教授参加主持的各种委员会，如课程委员会（负责各院系课程设置）、图书委员会（筹划各院系所需之图书）、理工设备设计委员会（筹划理工科所需教学仪器设备）、教室宿舍设备委员会（筹划购置教室宿舍有关设备）、国防工作介绍委员会（介绍学生参加国防服务）、贷金委员会（负责贫困学生救济及贷金发放事宜）等。

长沙临时大学招收学生主要以北大、清华、南开三校学生为主。三校奉命在长沙合组长沙临时大学，并决定于10月18日开始报到、11月1日正式开课的消息，很快通过电报、报纸广告、通信广播以及个人信件等多种形式通知了各地师生。滞留在平津，或者因暑假而散处全国各地的三校师生陆续到长沙会合。蒋梦麟回忆，有的学生是从天津搭英国轮船先到香港，然后再搭飞机或经粤汉铁路坐火车来的，有的则由北平经平汉铁路坐火车先到汉口，然后转粤汉铁路到长沙。几星期之内，大概有200名教授和1000多名学生齐集长沙圣经学校。《南开大学校史》也记述，一部分学生先辗转到达南京，当时先是由教育部在南京一中接待登记，以后由三校联合办事处负责发给学生船票，再由带队人安排乘船至武汉，转乘火车到长沙。学生们从全国各地云集南京或长沙，"一路上交通阻隔，忍饥挨饿，备尝辛苦"①。马伯煌（当时为北京大学学生）后来在《徒步三千　流亡万里》一文中回顾这段艰辛的逃亡历程，说当时自己疟疾未愈，身体虚弱，大家"吃着硬而不熟的冷饭，啃着咸菜头，男女挤在一起，互无猜忌，互相照顾"②。正由于同学们患难与共，相互扶持，大家才得以平安度过颠沛病苦的生活，顺利南下。

至11月20日止，旧生报到者为1120人，其中北大342人，清华631人，南开147人。此外，又遵照教育部规定，招收若干借读生。凡在教育部立案，性质相当，而现已停办之学校，其学生皆可来临大借读，共招收218人。另外还有北大和清华在武昌联合招收的新生和南开中学毕业后直升大学的新生114人，当时学生总数为1400多人。因各种原因阻在平津或阻在半途的学生，限于11月底到齐。到1938年1月，新旧学生注册人数达1500多人。

滞留平津的老师们也陆续南下。自北平失陷后到最终离开的一个半月中，潘光旦心情虽恶劣，但书本生活始终未辍。这段时间，他除了因公私事务进城10余次，在城内住宿10日之外，一直坚守在清华园。一个半月中，他将近年所撰写的优生文稿编订为20余万字的《优生闲话》，交付商务印书馆出版；将《笔记小说大观》一书中剪贴资料汇集20余册；同时将该书再度快速浏览一遍；此外还继续其他研究，一直到9月16日，与沈履（萧斋）一起离开北平赴天津。这段出北平最危险的旅程对潘、沈二人来说还算平顺，没有遇到日本人盘问，若此时被查出，被"截留"或者"押解"

---

① 南开大学校史编写组编：《南开大学校史：一九一九—一九四九》，南开大学出版社1989年版，第234页。

② 马伯煌：《徒步三千　流亡万里》，载西南联合大学北京校友会校史编辑委员会编：《笳吹弦诵在春城——回忆西南联大》，云南人民出版社、北京大学出版社1986年版，第28页。

回北平，再想南下，就难上加难了。朱自清于9月22日也抛下妻女，赶赴长沙。萧公权于10月9日，穿着预备出国的新制西服，拿着皮包，踏上了从北平开往天津的火车，这一身行头被车站的军警认为是伪组织的"新贵"或者是日军随从，沿途甚至向他敬礼，礼遇有加，于是将错就错，萧公权一家畅通无阻到达天津，然后南下。而在出发前写下"乌鹊南飞群未散，河山北顾泪常俱"的吴宓，也最终不得不在"凄寒迷雾"中于11月初踏上了南行的征途。11月9日，陈达终于将自己的《南洋华侨与粤闽社会》一书排版后的初稿审阅了一遍，第二天，11月10日，他便马不停蹄地登上了南下的列车。

虽然与和平时代里舒适的旅行体验相差不啻千里万里，但是潘光旦、朱自清、吴宓等人取道北平、天津、青岛、济南、徐州、汉口，总算有惊无险，先后平安抵达长沙，用时约十二三天。潘光旦说，这10余天的时间，比后面再来者，已经算是相当顺利了。潘称其为"过三关"。第一关是从北平到天津，害怕遭敌人截留。第二关是在船上时，害怕"水火之厄"。船工贪图小利，在船上厨房外还私自搭建锅灶做饭售卖，而灶旁满堆着客人的行李，万一失火，全船人谁都难逃一死。第三关为乘火车自青岛至长沙，路上遇到敌机袭击。但这三关均安然渡过，"诚平安矣，诚幸运矣"。[1]朱自清抵达长沙后，写下《离北平记》，文章记录了他离开北平赴天津的经历：第一关是检查。脚行将行李送上检查柜时，若是行李拥挤，敌兵会直接将其摔下来，常常把箱子摔破了。进站之后盘查也非常严格，"得让敌兵挨个儿来，忙点儿，他会一鸭子把你的东西踢开去"。检查完之后，进月台候车也相当不容易，买完月台票，正向月台走，刚三两步就听见一声怪叫，"拿着枪的敌兵横身拦住去路，那叫声像野兽，从来没有听见过，除非在有声的野兽片子里，我们只得退回"。好容易挨到了天津，总算是平安出站了，就在等汽车的一会儿时间，就听说出站口已经扣了三四十人，"据闻每天总扣几十人，这是敌人宪兵的例行公事"。"历来被扣的有老有少，有村气的，有老辣的，有西装的，有中装的，毫无标准，只是他们一时看着不顺眼罢

---

① 潘光旦著，潘乃穆、潘乃和编：《潘光旦日记》，群言出版社2014年版，第26页。

了。"这些人如果被扣留在检查所，运气还算不差，但如果有时敌人认为"嫌疑"较重，被送到日租界工部局的话，更麻烦，有学生被关了26天，莫名其妙被放出来了，但也有同学从此就不见踪影。①

后来者的路走得更艰难。11月17日出发的郑天挺等人，原计划由胶济线转陇海线到平汉铁路，因胶济线已断，只好一直乘船南下至香港，再乘船至梧州，取道桂县、柳州、桂林、衡阳跋涉而达长沙。从11月17日至12月14日，他们的旅程历时近一个月。郑天挺等人到天津后，时任清华大学教授，后出任伪北京大学校长的钱稻孙还追赶到天津，劝他不要走，被郑天挺严词拒绝。钱稻孙因其"仕伪"而声名狼藉。

7月正值暑假，南开大学教授柳无忌当时因妻子即将分娩，在上海父母家度假。南开被炸的消息传来，其在南开的住宅及内中物品，均毁于战火。孩子出生后不久，10月初，柳无忌接到南开即将在长沙复课的通知。10月24日，柳无忌离别父母妻子和刚刚出生1个月的女儿，只身首途，经南京、汉口，10月底抵达长沙。柳无忌的好友，南开大学的罗皑岚也于同一天抵达长沙。卢沟桥事变发生之初，南开大学算学系教授姜立夫也因为妻子即将分娩无法立即随校南下，其后，因北平混乱，姜立夫一家移居上海。1938年11月，姜立夫抛下妻子和两个年幼的孩子，只身前往西南联大（这时学校已从长沙迁至昆明）。此一别，直至抗战胜利以后全家才得以团聚。

1937年11月1日，国立长沙临时大学正式开学。这在三校历史上是一个有纪念意义的日子，后来，这一天被定为西南联合大学的校庆日。

长沙临时大学虽然已经开课，却是困难重重。原先计划的由中英庚款董事会提供的50万元开办费，由于该会一时无法筹足这些款项，实际拨付20万元，主要供理工基本设备和图书购置之用。由于经费拮据，校常务委员会决议，教职员薪金一律按七折支付。学生很多来自沦陷区，生活无着，学校又从办学经费中省出5000元，作为贷金救济困难学生。学校校址最初

① 朱自清:《离北平记》，载朱自清著:《丰子恺插图朱自清散文全集》（下），春风文艺出版社2013年版，第419—421页。

先租赁长沙韭菜园圣经学校办学，该校仅有三层正楼一座，宿舍三座，正楼利用为教室、实验室，理学院、工学院、法商学院、土木工程系在该处上课。宿舍一部分作为办公室，另一部分供单身教职工住宿。又借用陆军第四十九标营房三座，用作男生宿舍，在涵德女校借用一座楼房作为女生宿舍。因长沙教室不敷使用，又勘定衡山南岳山麓之圣经学校为分校校舍，文学院迁入。分校于11月16日开学。

长沙临时大学不仅教学用房紧张，而且图书仪器奇缺。北大南迁时，未能带出任何仪器设备，清华抢运出的图书仪器也因战火尚未能运抵长沙，南开抢救出的仪器仍大部分存在天津的租界，因此，大部分理工院系教学设备严重不足，只能设法进行校外合作。工学院电机系和机械系学生全部寄宿在岳麓山下的湖南大学，借用该校设备和教室上课。机械系航空工程研究班在南昌航空机械学校借读，实际上由清华大学航空研究院教授讲课。化学工程系学生则在重庆大学寄读，长沙临时大学派部分教授前去授课。为应付教学急需，临大与国立北平图书馆合作，各出资4万元，购置图书杂志，专供教学研究使用。教师们的教科书和讲义，很多在沦陷区未能带出，大都只能凭记忆授课。英籍教师燕卜荪也随学校南下，在讲授莎士比亚时，他凭借记忆把莎翁的作品打印出来分发给学生用作教材，令学生惊叹不已。

由于不少教师还没能到达长沙，有些课还无法开，学校特别安排了社会各界名流到学校演讲。来学校演讲过的包括时任湖南省政府主席张治中，国民党高级将领陈诚、白崇禧，《大公报》总编张季鸾，中共早期主要领导人陈独秀。八路军驻长沙办事处负责人徐特立也曾三次到学校演讲。从演讲者身份来说，党、政、军、学，各有代表性，从演讲内容而言，国内国外、敌我双方、全国形势、未来发展都包括在内。既反映出三校兼容并包、学术自由的传统学风，也彰显了科学与民主的现代精神。

文学院迁至南岳，会集了冯友兰、闻一多、钱穆、吴宓、朱自清、叶公超、沈有鼎、金岳霖、柳无忌等众多教授名家。虽然身在异乡，战争初起时心理时有波动，但很快也就习惯了这种生活。

由于夜晚菜油灯太过微弱无法读书，学生们只能在宿舍漫谈国际国内形势，不少教授也来参加。大家各抒己见，关系融洽，颇有古代书院之风。

即便条件如此艰苦，但老师学生都非常认真。教师们热心教学，学生们也珍惜这来之不易的机会，专心学习。三校学生合班上课，在简陋的校舍里，学生们凭着一支钢笔、几个笔记本努力掌握所学的各门课程。"新的形势，新的境遇，新的师生组合，焕发了人们一种新的气质和效率。"①

南岳地处偏僻，附近有白龙潭、水帘洞、祝融峰、王船山读书处等名胜，听不到枪炮声，也闻不到硝烟味，报纸也是两三天之后才能看到。在长沙临时大学学习的马伯煌后来忆及当年的南岳生活时说，除上课学习外，大家时常三三两两漫步，浏览名胜古迹，星期天去爬磨镜台，临眺白龙潭，也去过天柱峰、藏经殿。钱穆回忆，自己当时"以游山为首务"。或结对出行，或独自一人在山中游逛，经常流连忘返。除游山以外，每逢周日，必然去山下南岳市图书馆借书，"专借宋明各家集，为余前所未见者，借归阅读，皆有笔记"，直至"所归借阅者已尽"。②闻一多后来也说："世界注意不到我们，我们也渐渐不大注意世界了，于是在有规则性的上课与逛山的日程中，大家的生活又慢慢安定下来。"③

学生们潜心读书，老师们在教课之余依然坚持著述和研究。冯友兰埋头写作《新理学》，汤用彤撰写《中国佛教史》，闻一多继续改订《诗经》和《楚辞》，朱自清忙着剪辑有关宋词的材料、去南岳图书馆收集资料，一刻不停。钱穆亲见吴宓当时备课时抄笔记写纲要，"逐条书中，又有合并，有增加，写成则于逐条下加以红笔勾勒"，第二天清晨又独自出门，"出其昨夜所写各条，反复循诵"，直到同住的闻一多、吴有鼎起床后才返回室中。钱穆叹道："雨僧（吴宓）在清华教书已逾十年，在此流寓中上课，其严谨不苟有如此。"吴宓因其平日言行特立独行颇为旁人侧目，但钱穆说至此"乃始深识其人，诚有卓绝处"④。外面战火绵延，但在南岳却有这样一段

① 南开大学校史编写组编：《南开大学校史：一九一九——一九四九》，南开大学出版社1989年版，第238页。
② 钱穆：《钱宾四先生全集》（第51册·八十忆双亲　师友杂忆），台湾联经出版事业公司1998年版，第216页。
③ 西南联大《除夕副刊》主编：《联大八年》，新星出版社2019年版，第15—16页。
④ 钱穆：《钱宾四先生全集》（第51册·八十忆双亲　师友杂忆），台湾联经出版事业公司1998年版，第218—219页。

"采菊东篱下，悠然见南山"的生活，闻一多后来回忆当年那段时光，说事后想起，总有一种"恍如隔世"之感。

然而，"桃花源"外，战火依旧蔓延，而且愈燃愈烈。11月24日，日军飞机第一次轰炸长沙。吴宓在日记中写道："当时，远闻轰击之声，楼壁微震，街众喧哗。"[1]朱自清那天的日记一如既往的简洁："敌投炸弹于长沙车站。"[2]而正从南岳衡山采集归来的吴征镒，当时正和同事在圣经书院大楼上整理标本，日本重型轰炸机的金属声轰鸣而来，炸弹就在500米外爆炸，事后得知，正在附近旅馆举行婚礼的一家亲友多人被炸死。12月13日，南京沦陷，日本侵略者制造南京大屠杀惨案，持续月余。侵华日军继续南下，武汉危急，长沙也不断受到日机轰炸，南岳也受波及。柳无忌在12月22日这天上午9点多正在给戏剧班学生上课，"忽闻机声轧轧甚近"，教室外已经有学生在匆忙跑动，四散躲避，"听讲者面呈不安色"。柳无忌自己继续上课，告诉学生说如果感到害怕，可以自由离开教室躲避，但"无人出去，结果仍维持至九时五十五分散课。安然无事"。[3]虽然老师勉力授课，学生也不改初衷，认真学习，但此情此境，长沙临时大学确实已经难以为继。为此，临大常委会经过反复磋商，决定迁往云南昆明。一则昆明地处西南，距前线较远；二则云南有滇越铁路可通海外，采购图书设备相对方便，经与教育部商讨，又经蒋介石同意，1938年1月，最高当局最终决定长沙临时大学西迁昆明。

1938年1月，第一学期考试结束后，长沙临时大学发布学校将迁至昆明的布告，如果学生愿意继续专心求学，只要成绩合格，可以随迁新址，或者也有学生不愿意去昆明，想尽力报效国家，学校也会介绍其前往国防机关工作，并且为其保留学籍。借读生凡成绩优良，操行勤谨者，本校将予录取，并准其随迁，以后待遇将视同本校学生。此后，全校上下便开始为组织师生西迁做准备。

---

① 吴宓著，吴学昭整理注释：《吴宓日记（1936—1938）》第6册，生活·读书·新知三联书店1998年版，第261页。

② 朱自清：《朱自清日记（1937—1941）》（上），石油工业出版社2019年版，第62页。

③ 柳无忌：《柳无忌散文选——古稀话旧》，中国友谊出版公司1984年版，第104页。

1938年2月前后，长沙临时大学师生分三路入滇。一路沿粤汉铁路经广州、香港，过越南坐滇越铁路入云南；一路沿湘桂公路经桂林、柳州、南宁，过安南入云南；一路组成"湘黔滇旅行团"徒步横跨湘黔滇入昆明。

对于那些选择乘车西迁的教授和学生来说，这次旅行虽是迫不得已，但逐渐远离战火，还算能够在苦涩中微尝长途旅行的乐趣。从桂林至阳朔，郑天挺惊叹："车行山道中，万峰环拱，若展画屏，岑峦重叠，竞怪炫奇，使人目不暇接"，自北江经明江至宁明，"数十里间，盘山而行，倚崖凭江，一坡数曲。其上则竹木参天，葱郁苍翠；其下则细流激石，澄澈疾清"。郑称奇曰："阳朔山峰无此峻美也。"自河内入中国界，"车开，穿行群山中，依山势以盘桓，深涧疾滩当其下，风林茂草临其上，峰岭雄奇，峦谷峻邃。车行蜿蜒，乍左乍右，时高时低，而景色随之变异，真大观也"①。然而，被迫走上这条迁徙之路，心境自然五味杂陈。朱自清说，在西迁途中会突然"想起在忧患中之同胞兄弟，想到祖国的未来与我们自己的命运"，②时不时心怀感伤。冒险返回沦陷区上海携眷西行的柳无忌感受更为深刻。这条经香港、赴越南，在海防上岸，乘火车赴昆明的路，"虽无步行的艰辛，却也长途跋涉，冒着相当危险"，耀武扬威的日本人雪亮的刺刀，法国人在殖民地的狰狞面目，都让人忧心忡忡，"不知何日能光复失土"。③更让老师们无比心痛的是，在这样的辗转迁徙中，他们视为珍宝的书籍及其他资料的散失。由长沙至香港、安南赴滇时，陈寅恪把自己随身携带的文稿、拓本、照片、古代东方书籍，以及批注多年的多册《蒙古源流》《世说新语》《新五代史》等，连同部分文献资料，装入两只木箱交付铁路公司托运——这些是他几十年心血凝聚并视为生命的珍贵财富。然而，等陈寅恪到蒙自开箱时才发现，箱中只有砖头数块，书籍等物踪迹全无，陈寅恪见此情形，虽悲愤交加，然而，又能如何？刘文典于1938年初独自一人化装离开北平，数日后，其妻带着孩子，并将刘文典精心挑选的四大箱图书资料也历尽艰难带出。在香港停留时，其妻将箱子托付刘文典的一位学生保管，准备待一

① 郑天挺：《郑天挺西南联大日记》（上），中华书局2018年版，第26、28、30页。
② 朱自清：《朱自清日记（1937—1941）》（上），石油工业出版社2019年版，第87页。
③ 柳无忌：《柳无忌散文选——古稀话旧》，中国友谊出版公司1984年版，第110页。

家落脚地确定之后再行托运。结果这4箱资料于1941年香港沦陷时被日寇掳去，不知所终，成为刘文典终生遗憾。绵延战火中，丢失的又何止是这几箱书？

在这次西迁中，最值得大书特书的是选择参加"湘黔滇旅行团"步行入滇的300余名师生。1938年2月4日，长沙临时大学发布迁校通告，西迁师生中，选择"体格健好"者组成步行团，"借以多习民情，考察风土，采集标本，锻炼体魄"，"务使迁移之举本身即是教育"。为这次步行迁移，学校成立湘黔滇旅行团指导委员会，对各项工作进行了周密的计划和准备。应临时大学请求，为保证师生沿途安全，国民政府军事委员会和湖南省政府特指派驻湘中将参议黄师岳为旅行团团长、军事教官上校毛鸿任参谋长。同时，本校的部分教职员工也组成辅导团与学生同行。学生队分为两个大队，每大队下面又分三个中队，每中队下面又设若干小队（相当于班），每大队有一个伙食班，由学校派一名炊事员和五六名学生组成，并且规定，参加步行的学生，采用军事化管理，其沿途食宿费用由学校负担；学生的书籍、被褥及洗漱物品，由学校随队运输，其他物品出发前交学校代运，抵达昆明后领回；沿途考察成果做成旅行报告书，成绩佳者学校予以奖励。行前，学校也大致拟订了步行计划：自长沙至常德193公里，步行；常德至芷江361公里，乘民船；芷江至晃县65公里，步行；晃县至贵阳390公里，乘汽车；贵阳至永宁193公里，步行；永宁至平彝232公里，乘汽车；平彝至昆明237公里，步行。全程1671公里，其中步行688公里。

最终，经学校核准参加步行旅行团的学生有240余人，11位随队教师组成辅导团，由原南开大学教授黄钰生领导，成员包括闻一多、许维通、李嘉言（三人为中文系）、李继侗、吴征镒、毛应斗、郭海峰、王钟山（生物、地理）、曾昭抡、袁复礼等人。

1938年2月19日（有回忆说是20日），这支身穿由湖南省政府赠送的土黄色崭新制服，穿了布袜草鞋，裹着绑腿，外加一件黑棉大衣，背着干粮袋、水壶、雨伞，带了纸笔、洋蜡的队伍出发了。在临行前集合宣誓时，团长黄师岳将这次行军与历史上的张骞通西域、玄奘游天竺、郑和下西洋相比拟，给全体师生以极大鼓舞。这支队伍一路经湘西穿贵州，翻山越岭，栉风沐雨，历时68天，除了车船代步外，实际步行40天，行程1663.6公里，平均每天步行30公里（最多时达45~50公里），超过原计划几近一倍。4月28日，旅行团师生满身风尘，抵达昆明东郊贤园。西南联大常委蒋梦麟、梅贻琦，南开大学的杨石先，清华大学教授潘光旦、马约翰，还有已经先到的部分师生以及当地民众，于道路两侧伫立，热烈欢迎风尘仆仆的徒步大军。欢迎的人群还为这支队伍献歌一曲，是著名语言学家兼音乐家赵元任为欢迎师生，根据英国民歌 *It's a Long Way to Tipperary* 连夜写成的：

> 遥遥长路，到联合大学，
>
> 遥遥长路，徒步。
>
> 遥遥长路，到联合大学，
>
> 不怕危险和辛苦。
>
> 再见岳麓山下，
>
> 再会贵阳城。
>
> 遥遥长路走罢三千余里，
>
> 今天到了昆明。

歌声响起，曲调慷慨悲壮。背井离乡的凄凉、旅途的艰辛、抗战必胜的信念，此时此刻，万般情绪交织汇聚，师生和在场的群众不禁热泪盈眶。

前来迎接的《云南日报》记者写道："他们的脸孔是一样的焦黑，服装是一样的颜色，头发和胡髭都长长了，而且还黏附着一些尘芥。每一个学生的身上都斜挂着一柄油纸伞及水壶、干粮袋之类的家伙，粗布袜的外面套着草鞋，有些甚至是赤足套上草鞋的。他们四个一列地前进着……态度是从容的，步伐是整齐的，充满在他们队伍之间的是战士的情调，是征人的作风！在陌生人的心目中，很会怀疑他们是远道从戎的兵士，或者新由台儿庄战胜归来的弟兄。"①

---

① 本报特写：《联大旅行团长征抵省印象记——英勇精神赛军队　热情流露动人心》，《云南日报》1938年4月29日。

1938年4月28日，湘黔滇旅行团到达昆明
（西南联合大学北京校友会编：《国立西南联合大学校史1937至
1946年的北大、清华、南开》，北京大学出版社，2006年）

　　"读万卷书，行万里路"，这是中国久已流传的古训。然而，这次3000多里长征，其悲壮之色彩，却是中国教育史上绝无仅有的。梅贻琦在迎接师生们时做了简短训话："诸位从长沙起程68天，今天到达目的地了，沿途辛苦。风雨不曾欺凌了你们，土匪也不敢侵犯你们，完全是你们的精诚感召所致。记得你们都是翩翩年少，今日相逢却怎么都'于思于思'，长出了胡须？""你们所走的程途，全都是中国的大好山河，所遇的人们，全都是我们的同胞。所谓'险阻艰难，备尝之矣，民之情伪，尽知之矣'。这对你们将来的责任和事业，是有如何伟大的帮助啊！"[①]1938年8月，朱自清在蒙自为清华第十级毕业生题词说，以前人们批评清华的毕业生太稚气，太娇气，但是这一年不同了，诸位同学走了那么多的路，"更多地认识了我们的内地，我们的农村，我们的国家。诸君一定会不负所学，各尽所能，来报效我们的国家，来完成抗战建国的大业的"[②]。1946年，胡适在联大复员返回北平、纪念联大9周年的校庆日上，又专门讲到这次徒步旅行的重大意义，他说：

　　① 云南民国日报记者：《记联大学生步行团抵滇》，《云南日报》1938年4月29日。
　　② 朱自清：《赠言》，载朱自清著：《春晖如画》，延边人民出版社1996年版，第254页。

"临大决迁昆明，当时有最悲壮的一件事引起我很感动与注意：师生徒步，历六十八天之久，经整整一千里之旅程。后来把照片放大，散布全美。这段光荣的历史，不仅联大值得纪念，在世界教育史上也值得纪念。"①

这是一段艰苦的旅程。闻一多在出发6天后给父母的信中写道：出发第一日至第三日各行60里，第四日85里，第五日行60里，第六日行20余里。至第四日最为疲乏，"此后则渐成习惯，不觉其难矣"。至于"途中饮食起居，尤多此生从未尝过之滋味"，每天早上6点天还未亮时就得起床，但实际上是无床可起，草草洗漱就吃早餐，即使食物粗糙，但也必须硬吞掉干饭两碗，因为直到晚7点之前终日无饭，仅仅在中午时吃点干粮补充体力，出发前5天均在农家地上铺稻草，与鸡鸭猪狗"同堂而卧"②。向长清（长沙临时大学学生，来自北京大学）回忆，3000多里的行程中，师生们大多只能在民房、学校，以及破旧的古庙宿营，"在这里是不能讲究许多了"，"有时候你的床位边也许会陈列得有一口褐色的棺材，有时候也许有猪陪着你睡，发出阵阵难闻的腥臭气；然而过惯了，也就都并不在乎。不论白天怎样感觉到那地方的肮脏，一到晚上稻草铺平之后，你就会觉得这是天堂，放倒头去做你那甜蜜的幻梦。过度疲乏的人是有些'饥不择食'的"。近70天的风餐露宿也让青年学生们"过惯了兵爷们所过的生活，无论草地或者公路上，只要自己发懒，就一屁股坐下，没有谁还会顾及到会沾上一大块难看的印渍的"。③蔡孝敏（长沙临时大学学生，来自清华大学）回忆，路过贵州时，第一分队住在庙宇的后殿，除了四壁供着泥雕木塑的神鬼像外，殿外还停放着一具灵柩，全队整夜都难以入睡，平日里大家谈笑风生，那一晚均三缄其口，"偶闻一人咳嗽声，则此起彼和，久久不止"。④杨式德（长沙临时大学学生，来自清华大学）在日记里也多次描写行路之艰难："路极滑，又有上下坡，下面悬崖连着河水。""经过两个山头，每次都是满头大

① 《三校昨纪念联大校庆》，《益世报》（北平）1946年11月2日。
② 闻一多、浦江清：《回忆与感想·西行日记》，石油工业出版社2018年版，第6页。
③ 向长清：《横过湘黔滇的旅行》，载张寄谦编：《联大长征》，新星出版社2010年版，第24页。
④ 蔡孝敏：《旧来行处好追寻——湘黔滇步行杂忆》，载张寄谦编：《中国教育史上的一次创举——西南联合大学湘黔滇旅行团记实》，北京大学出版社1999年版，第217页。

汗，腿软头晕，疲倦极了。""昨晚下雨，雨从破窗吹进来，落在面上。我们拥挤着睡在地上，身体直直的，非常难堪。"[1]

这也是一段可以让久困书斋里不闻世事的大学生深入了解自己的国家，了解国情，了解民生疾苦的旅程。闻一多执意要和学生们一起步行，当学生们问他为啥要和年轻人一起受这个罪的时候，闻一多说："国难期间，走几千里路算不了受罪。"他说因为自己一直在读书，出国留学，回来后在城市教书，和广大的农村已经隔绝了，对于祖国的大西南到底是什么样子，对于中国社会和中国人民是什么样子，知道得很少，因此，"国难当头，应该认识认识祖国了！"[2]

是啊，国难当头，该认识认识自己的祖国了。很多人的日记里记下了所过之处的美景与风土人情。由于路途相当遥远，真正出发以后，旅行团并未规定学生一定如部队行军，整齐划一，只要在当天能够到达指定地点即可。于是学生们三五成群，结伴而行，何时出发，何处休息，自己灵活掌握。途中遇到名胜古迹，学生们必定前往参观。桃花源、贵阳的花溪、沿途的钟乳石洞、火牛洞、黄果树大瀑布，这些风景，在同学们的笔下，美丽而灵动。军山铺"是一个跨在山坡上的乡村，沿公路有几家杂货铺，几家客店。背后是蛇形似的山，前面是层层的水田。上田的水不绝地流注下田，水声潺潺；日光下，不绝流动的金黄色的水面，一丛丛深绿的茶树（榨茶油的茶树）夹着满山的菜花，丰盛、富庶，充满了山谷平地"。黄果树大瀑布在一个村庄的后面，"水流巨声，如雷，如吼，如万马奔腾，全村可闻。大瀑布高40余米，宽20余米，水自上下堕入潭，水花四溅，数十米内点滴如雨，阳光投射在'匹练'上，曲折反射，大雾顿成了美丽的虹光，七色的弧线跨在溪水上，如天堂的浮桥"[3]。而水牛洞里，"石笋无数，星罗棋布，

---

① 杨式德：《湘黔滇旅行日记》，载张寄谦编：《联大长征》，新星出版社2010年版，第237—238页。

② 刘兆吉：《闻一多先生和学生一起步行三千里》，载西南联合大学北京校友会校史编辑委员会编：《笳吹弦诵在春城——回忆西南联大》，云南人民出版社、北京大学出版社1986年版，第43页。

③ 钱能欣：《西南三千五百里》，载张寄谦编：《联大长征》，新星出版社2010年版，第37—38、80页。

或如童子拜观音，或如牧童跨牛背；或似禽兽鳞介，或似竹木花树，千奇百怪，不一而足。猛一抬头，所见光景，更令人目瞪口呆。竟有万千大小粗细不同之石钟乳，高悬半空，参差不齐，长者盈尺，小者指许"。地上石笋"光滑白洁如凝脂"。①

作为护校队员参加这次旅行团的穆旦（本名查良铮，诗人。长沙临时大学学生，来自清华大学外文系，1940年从西南联大毕业后留校担任助教）把城市比作"渔网"，"那以窒息的、干燥的、空虚的格子，不断地捞我们到绝望去的城市啊"！对于这次艰苦的旅行，他似乎并未觉得苦，反而自觉格外"欢欣"：

> 我们走在热爱的祖先走过的道路上，
> 多少年来都是一样的无际的原野，
> （噢！蓝色的海，橙黄的海，棕赤的海……）
> 多少年来都澎湃着丰盛收获的原野呵，
> 如今是你，展开了同样的诱惑的图案
> 等待着我们的野力来翻滚。所以我们走着
> 我们怎能抗拒呢？噢！我们不能抗拒
> 那曾在无数代祖先心中燃烧着的希望。②

祖国大西南的大好河山，让师生们在流连美景之际，更因山河破碎，内心悲愤异常。

一路欣赏美景的同时，3000里步行，在深度的接触中，同学们更深入地了解了中国。

这一路上，学生们体验到了底层人民所遭受的苦难。向长清的《横过湘黔滇的旅行》中写到，他们经过的那些矮旧的木造屋子全都紧闭着，屋

---

① 蔡孝敏：《旧来行处好追寻——湘黔滇步行杂忆》，载张寄谦编：《中国教育史上的一次创举——西南联合大学湘黔滇旅行团记实》，北京大学出版社1999年版，第219页。
② 穆旦：《原野上走路——三千里步行之二》，《穆旦诗文集》，人民文学出版社2018年版，第216页。

檐下挂着一层层的蛛网，狗的叫声格外凄惨。到夜间，匪患的传闻让师生们辗转反侧，彻夜难眠。当问及当地老人匪患为啥如此猖獗，老人们归结于政府三天两头抽壮丁。向长清对这个问题的思考是，一方面，群众确实对抗战没有深刻认识；另一方面，确实是群众被"整恼火了"，要不然为什么大多数人抛弃了自己安乐的家，甘愿跑到深山中风餐露宿受苦？"3000多里是走完了，在我的心头留下了一些美丽或者惨痛的印象。恐怖的山谷，罂粟花，苗族的同胞和瘦弱的人们，使我觉得如同经历了几个国度。"① 林蒲（长沙临时大学学生，来自北京大学）在日记里，记下了载他们渡河的两位艄公，年长一些的哥哥曾在外国人的船上当过小头目，曾经在洞庭湖里做过"强人"，弟弟是退伍兵，参加过护法战争、北伐战争、喜峰口战役、一·二八淞沪抗战，这么一位历经征战的退伍军人现在却无声无息，只能跟着哥哥在船上讨生活。然而，政府压在他们头上的苛捐杂税太多了，他们的"一切都被剥削了"，只有一天天在无边的苦闷中苦熬。② 在沅陵，余道南（长沙临时大学学生，来自北京大学）看到了成群的青年妇女扛着三四百斤的盐包健步如飞，她们赤脚缠头，面色黝黑，体格健壮，动作十分利索，很多重体力劳动如码头搬运工之类的工作她们都能胜任，而她们的丈夫或者衣冠整齐，终日无所事事，或者在家烧饭、带孩子，但是，尽管如此，妇女们的家庭地位仍然很低，男尊女卑的现象并没有任何改变，余道南说，"这种特殊的社会现象很值得社会学者的调查研究"。余道南也了解到，由常德到沅陵的公路已经通车数年，修路所占用的土地，不仅政府应付地价分文未给，田赋却照旧缴纳，老百姓畏官如虎，不敢申诉，"可见中国老百姓的驯善与吏治的腐败"。他也观察到了贵阳当地政府一边禁烟一边卖烟的状况，慨叹鸦片之祸从1840年以来，至今未已，"不知何时才能彻底杜绝！"③

---

① 向长清:《横过湘黔滇的旅行》，载张寄谦编:《联大长征》，新星出版社2010年版，第24页。

② 林蒲:《湘黔滇三千里徒步旅行日记二则》，载张寄谦编:《联大长征》，新星出版社2010年版，第8页。

③ 余道南:《三校西迁日记》，载张寄谦编:《联大长征》，新星出版社2010年版，第151—170页。

穆旦用他的诗描摹了中国人民的苦难，也显示了中国人无比的坚忍：

> 在军山铺，孩子们坐在阴暗的高门槛上
>
> 晒着太阳，从来不想起他们的命运……
>
> 在太子庙，枯瘦的黄牛翻起泥土和粪香，
>
> 背上飞过双蝴蝶躲进了开花的菜田……
>
> 在石门桥，在桃源，在郑家驿，在毛家溪……
>
> 我们宿营地里住着广大的中国的人民，
>
> 在一个节日里，他们流着汗挣扎，繁殖！ [①]

这同时也是一次让师生们意志得到锻炼，收获满满的旅行。穆旦在旅行前购买英文小字典一本，步行途中，边走边读，背熟后陆续撕掉，待走到昆明，一本字典已经撕光，被同学视为楷模。

向长清说，行军开始时，大家双腿酸痛，脚上起了一个个大水疱，想起遥远的昆明，有一种"远莫致之"的感觉，但到了第十天之后，哪怕是最差劲的人，也能毫不费力走四五十里，"脚板皮老了，即使赤着脚穿上粗糙的草鞋，担保不会再磨起水泡，腿也再不会感觉得疼痛"。"的确我们全是年纪轻轻的"。[②] 走到昆明的闻一多乐观地回顾，途中虽然苦，但是并不像最初想象的那么苦，物价便宜，4毛钱的伙食，也能吃得不差，打地铺睡觉，虽然臭虫、跳蚤、虱子实在是不少，也能挺过来，每天走60里，甚至100里，也能走到。身体经过锻炼之后更好了，"满面红光，能吃能睡，走起路来，举步如飞"，更让闻一多开心的是"沿途所看到的风景之美丽、奇险，各种的花草鸟兽，各种样式的房屋器皿和各种装束的人，真是叫我从何说起！"[③]

因发现和主持参与发掘仰韶文化遗址而名扬天下的地质学家袁复礼随

---

① 穆旦：《原野上走路——三千里步行之二》，《穆旦诗文集》，人民文学出版社2018年版，第215页。

② 向长清：《横过湘黔滇的旅行》，载张寄谦编：《联大长征》，新星出版社2010年版，第22页。

③ 闻一多、浦江清：《回忆与感想·西行日记》，石油工业出版社2018年版，第9页。

队走完了这次旅行的全程。时年45岁的他精力充沛，一路拿着地质锤敲敲打打，每天都要画一张地质线路图，让学生们叹为观止。地质系的同学们在袁复礼的带领下，沿途敲打了所有时代的地质剖面，找到了不少化石，湘西的板溪群和红层、黔东的寒武纪、滇东的志留—泥盆纪、黔西的二叠—三叠纪、喀斯特地貌和溶洞、盘江峡谷，都给学生们留下了深刻的印象。到昆明后，学生们把沿途所绘制的标本、速写，以及日记、照片、记录本都陈列出来，办了一次展览，见证了中外教育史上一次空前的"长征"。

在这个200余人的旅行团中，还有一位身材不高、操着浓重山东口音的大学生。他怀揣一个笔记本，经常离开行军队伍，或者走乡串户，或者走到田间地头，他走到哪里，就有粗犷的山歌声传来。每天，他几乎都是那个被落在队伍最后面的人，到了夜晚，当疲惫不堪的同学们早已呼呼大睡的时候，他还在用心整理着收集来的歌谣。他就是长沙临时大学学生，来自南开大学哲学教育系的刘兆吉。两个月之后，当这支队伍抵达目的地时，刘兆吉以一己之力，收集了2000多首歌谣，平均每天30多首。1946年，商务印书馆出版了这部《西南采风录》，里面精选了他采风而来的771首湘黔滇民谣。旅行团领队、南开大学教授黄珏生在序言中记下了他目睹的刘兆吉采风时的情景："一群人，围着一个异乡的青年，有时面面相觑，有时哄然大笑。是笑言语不通，手指脚划，面面相觑，是要窥测真意。本来，一个穿黄制服的外乡人，既不是兵，又不一定是学生，跑来问长问短，是希有的事，是可疑的事，希有，所以舍不得让他就走，可疑，所以对他又不肯说话。""刘君用力之勤，工作之难，可以想见。"他说刘兆吉的歌谣集"是一本有意义的民俗的记录"，语言学者，可以研究方言，社会学者，可以研究文化，文学家可以研究民歌的格局和情调。朱自清则高度评价刘兆吉"以一个人的力量来作采风工作，可以说是前无古人"。闻一多在盛赞刘兆吉的毅力的同时，更从他采集的民歌中寻找到了中华民族不屈的意志。闻一多在为《西南采风录》所作的序言中写道："你说这是原始，是野蛮。对了，如今我们需要的正是它。我们文明得太久了，如今人家逼得我们没有路走，我们该拿出人性中最后，最神圣的一张牌来，让我们那在人性的幽暗角落里蛰伏了数千年的兽性跳出来反噬它一口。打仗本不是一种文明姿态，当不起什么'正义感''自尊心''为国家争人格'一类的奉承。干脆的是人家要我们的命，我们是豁出去了，是困兽犹斗。""我们能战，我们渴望一战而以得到一战为至上的愉快。"①

3000里行路中，闻一多蓄起长髯，并以此明志，日本人一日不被赶出中国，他的胡子一日不剃。

在民族危亡的紧要关头，为了在中国找到一张安静的课桌，三校师生艰难跋涉，终于在昆明找到了自己的落脚地。步行3000里入滇，是联大精神的一个象征，不仅影响了旅行团成员，而且影响了西南联大，影响了这所大学的品格。

## 二、过渭河　越秦岭——千里跋涉

1937年8月，教育部开会讨论华北高校内迁事宜时，本计划以北平大学、北洋工学院和北平研究院迁至西安建立西安临时大学。但后来因为各种原因北平研究院南迁入滇，而北平师范大学则"宁为鸡首，不为牛后"，自愿分到西安一组，此后河北女子师范学院也加入了西安临大。因此，西安临大即主要由北平大学、北平师范大学、北洋工学院、河北女子师范学院4校组建。

1927年，张作霖进占北京后，于1927年8月将北京国立9校，即北京大学、师范大学、女子师范大学、工业大学、农业大学、法政大学、医科大学、女子大学、艺术专科学校合并，称国立京师大学校。1928年，国民革命军攻克北京后，改北京为"北平"，并拟试行大学区制。7月，国民政府决议北平国立各校合组为国立中华大学，后改成北平大学，为全国4个大学区（北平、江苏、浙江、广州）之一，覆盖北平、天津、河北、热河所有高校，面积超15万平方公里，学生逾百万人，但此举遭多方强烈反对。北京大学学生发起护校运动。1929年7月，国民政府决议停止试行大学区制。

---

① 刘兆吉编：《西南采风录》，上海商务印书馆1946年版，第1页。

1929年8月起，"北大学院"（即由原国立北京大学改组的国立北平大学第一院）改为国立北京大学；第一师范学院改为国立北平师范大学；国立北平大学研究院改为国立北平研究院；国立北平大学艺术学院改为国立北平艺术专科学校。此后，北平大学即包括女子文理学院、法商学院、工学院、农学院、医学院，是一个极为松散的联合体。1932年起，徐诵明担任国立北平大学校长，教学和行政步入正轨。

北平师范大学最早可溯源至京师大学堂优级师范科，中华民国成立后，1912年5月，京师优级师范学院改为北京高等师范学校，1923年，改成国立北京师范大学。国民政府试行大学区制时，将原北京师范大学改为北平大学第一师范学院，原北京女子师范大学改为北京大学第二师范学院。大学区制停止试行后，1929年恢复为北平师范大学。1931年2月，北平师范大学和北平大学第二师范学院合组为国立北平师范大学。1932年起，李蒸担任校长。

国立北洋工学院始建于1895年10月2日，初名天津北洋西学学堂，盛宣怀为首任督办。1896年更名为北洋大学堂。1913年，该校改名为国立北洋大学。1917年，国民政府教育部对北洋大学和北京大学进行院校调整，北洋大学专办工科，北京大学工科移并北洋大学，法科移并北京大学。1928年因试行大学区制，北洋大学改名北平大学第二工学院，1929年大学区制废止试行，因北洋大学只剩工科，改称国立北洋工学院。1932年，李书田任院长。

国民政府教育部发出的设立西安临时大学电令中，并未包括河北女子师范学院，但事实上该校成为西安临时大学的一员。该校源自1906年在天津创建的北洋女师范学堂，1912年改称北洋女师范学校，1913年5月改为省立，更名直隶女子师范学校。1916年改为直隶女子第一师范学校，1928年，直隶省改称河北省，校名改为河北省立第一女子师范学校。1929年，在校长齐国樑的积极倡议下，在第一女师内增设河北省立女子师范学院。1937年7月30日，"河北省立女子师范学院因遭敌机轰炸、炮击，及敌军率领乱民抢劫，员生当即死伤，财产损失共值六十五万元"，学校器物被毁，院务陷于停顿。[①] 在形势极其严峻的时刻，齐国樑四处商洽，河北女师的附属师范及中学、小学被天津其他私立学校收容，而学院本部学生则因其他私立高校没有相应系科设置，无法安置。经教育部核准，同意河北女师用中英庚款补助并迁址。在齐国樑率领下，部分师生迁入西安，与另外三所大学合并组成西安临时大学。齐国樑后任西安临大教育系家政系主任。

与西南联大的迁徙一样，前往西安的道路同样曲折而艰难。1937年底，北平师范大学建校35周年的校庆纪念活动在西安举行，一位北平师大的学生撰文回忆自己逃离时的情景：从北平前往天津的车厢里，水泄不通地挤满了逃难的人们，但即便汗臭味逼人，只要能逃出去，大家都觉得比北平市内的空气还是要新鲜很多。一路上，经历了日本人一次次的反复盘查，"极尽了鬼子们的丑态，使我何时会把他忘掉"？乘船漂泊在大海上，"一群归宿不定的孩子们，被脆弱的朝晖，导引上茫茫的征途，频频地翘首回顾，心弦上发出了颤动的微声：再会吧，平津"[②]。对于这一群十七八岁的孩子来说，这是怎样一段孤苦无助的经历！

1937年7月底的那个清晨，北平大学教师王耀东与往常一样，准备去北平大学女子文理学院指导田径队练习，按原定计划，北平市大中学校田径运动会即将举行，他必须加紧训练。走在街上才发现，大街上行人稀少，很多人面露惊恐之色，一打听才知道守卫北平的宋哲元部队头天夜里已经撤离，日本侵略者正在进城。第二天，王耀东就目睹了荷枪实弹、全副武装的日本军队在北平城内耀武扬威。得知政府在西安成立临时大学的消息后，王耀东与北平大学体育主任谢似颜一起，于10月间离开北平，前往西安。这段凶险的旅程中，他们连闯四关。第一关，化装成商人的两人，在布满日本军队的北平火车站，用行李遮挡脸面，在持木棒列队的日本兵夹道中上了火车，上车以后王耀东才发现自己的钱包丢了，好在钱不多，车票还在。第二关，到天津以后，要硬着头皮去车站取行李，看见行李摆在站台上，两位迂夫子还呆呆地等着日本人来检查，幸亏旁人提醒，要他们

---

① 姚远：《国黉播迁：西北联大通史》（上），陕西新华出版传媒集团、陕西人民出版社2021年版，第133—134页。

② 赵继三：《黎明之影》，载《国立北平师范大学三十五周年纪念专刊》1937年。

趁日本人还没来赶紧拿上行李走，两人这才躲过了第二关。第三关，因为津浦铁路不通，两人乘船前往青岛。在天津港，日军盘查极严，两人乔装成商人上船，总算逃离虎口。第四关，从青岛换乘火车到徐州，在站台上遇到日本飞机低空扫射，站台上有人被子弹射中，两人侥幸躲过。一路奔波之后，10月下旬，他们终于到达了西安。

当时正任北平大学校长的徐诵明是留学日本的博士，日本人三番五次上门劝说其留下为他们工作。不甘附逆的徐诵明化装只身逃出北平，赴西安筹备复校事宜。国立北洋工学院院长李书田也躲过日军搜查，率领少数教职员工，从青岛转至西安，与其余各校合组西安临时大学。

与前述诸人相比，当时在国立北平师范大学担任助教的汪堃仁的西迁之路更加曲折而漫长。1937年夏，汪堃仁正被推荐到北平协和医学院生理系实习深造，由于协和医学院一直由美国人控制，最初还能继续进行一些研究。但随着形势日益紧张，汪堃仁觉得实在无法在北平待下去了，1939年5月，他带着妻子和两个女儿（长女两岁，次女才6个月）开始了西北之行。当时由于日机频繁轰炸，他们只能取道海上，一家人从塘沽登船，经香港抵越南海防，换乘火车到昆明，再由昆明乘卡车穿过云贵高原，7月间终于到达重庆。在重庆期间，考虑到内地教学很需要生理仪器，汪堃仁联系中央大学医学院的教学仪器厂，用自己的钱买了几套生理实验仪器，以备教学之用。当时四川还没有铁路，他带着妻子和两个年幼的孩子，背着行李和仪器，由重庆溯江而上，经泸州、成都、剑阁、广元到陕西，途中多次更换交通工具，时不时还得步行，终于在1939年9月到达陕西城固。"此行历时四个多月，行程万余里，受尽长途跋涉之劳，饱尝蜀道难行之苦。"①

直至抗战结束前，这条西迁之路上一直有人在前赴后继。1941年，一位名叫纪佩的学生和他的同伴从北平启程，踏上了前往城固（此时西安临大已迁至城固，建立西北联合大学）求学的旅程。他们于8月10日一早，

---

① 汪堃仁:《难忘抗战年代的艰苦教学》，载中国科学院院士工作局编:《科学的道路》（上），上海教育出版社2005年版，第692页。

经北平前门车站上车，沿津浦线至济南，再南行至徐州，然后转陇海线西行，至商丘。在商丘停留一夜后，次日晨4时，他们开始徒步出发，计划由亳县到界首，经漯河、叶县至洛阳。第三天，步行七八十里露宿在十字河镇，第四天到双沟，从双沟又走了一天半，到了界首，由界首西行三天至漯河，再用两天时间从漯河到叶县。8月18日，终于安抵洛阳。洛阳已是国民党军队的防区，旅程算是告一段落了。这一路南行，他们经受了各种"详细盘问和检查"，但与之前已经西迁的师生们的记述有所不同的是，他们所经历的盘查不仅有来自日伪的，还有来自国军的所谓"稽查队"的，以为"来到了祖国的天地"，"恢复了真正的自由"的他们几次被稽查队诬指为"汉奸"，但只要花些钱就可以脱身，继续前行。这些经历让出发时"只有快慰，只有兴奋"，认为从此就"从萎靡的与现实脱节的生活里爬出，奔到一个战斗的走入现实的新生"的学生们倍感惶惑，这是他们理想的目的地吗？在界首镇，他们看到有武装商人，一群一群押着大批的烟货，拒绝检查。他们还听说，沿途检查货物的军队，有时还会护送没有武力的商人"过关"。在洛阳，他们看到一群群不甘忍受敌人蹂躏奴化的青年聚集于此，这些青年和他们一样，满怀希望，一路辛苦奔波至国统区，等待政府能够给予救济，请求解决出路问题。但政府却对青年们的诉求推诿拖延，漫长而看不到出路、"像囚徒等待徒刑期满"一样的等待让其中一些人"有的精神失常，有的萎靡不振，意志消沉，有的意志不坚，索性顺着原路，跑回华北，重做顺民"！纪侗他们是幸运的，虽然旅途纪事只写到洛阳，但文章的题目说明他们最终还是抵达了目的地，尽管与他们曾经的对国统区的想象有不小的差别，但纪侗他们依然满怀期望，他们把路上经历的这些不愉快的经历看作因为"旧社会的腐臭还没有被战火燃尽"，自己须"不灰心，不懊丧"，力争做新的改革势力的一员，"为延续民族的整个生命下最大的决心"！① 毫无疑问，这一定是当时那些不畏艰险，奔向国统区的人们共同的愿望吧！然而，当年的国民政府，能当得起他们的期许吗？

1937年9月13日，西安临时大学筹备委员会委员抵达西安。按照教育

①　纪侗：《从北平到城固》，载《城固青年》1942年第2—3期合刊。

国立西安临时大学筹备委员会关防（1937年9月启用）和西安临时大学筹备委员会常务委员名章（从上至下为李书田、陈剑翛、徐诵明、李蒸，1937年10月9日启用）
（陕西省档案局编：《国立西北联合大学档案史料选编》，西北大学出版社，2018年）

部安排，西安临时大学不设校长，而以筹备委员会代行校长职权。筹委会主席由教育部部长王世杰兼任，李书华、徐诵明、李蒸、李书田等9人为筹备委员会委员。随后又指定徐诵明、李蒸、陈剑翛为常务委员，校务由常务会议商决。西安临时大学筹委会议决，招收北平大学、北平师范大学、北洋工学院学生840人，借读生、新生140人。河北女子师范学校家政系整编迁入，并维持独立建系，其他各系学生分别转入西安临时大学各系。因经费有限，西安临时大学聘用教师，以绝对必要为原则，教授讲师每系不超过5人，助教每系不超过2人。

战时西安建立的临时大学吸引了来自全国各地的学生。截至1937年12月10日统计，西安临大在校学生总数为1472人（含借读生152人），其中311人为在西安两次招收录取的新生，其余为平津三院校原有的学生或者其他学校的转校生。

仓促创建的西安临时大学被安置在三个地方，分为三院，第一院在靠近西安西城门的城隍庙后街公字4号警备司令部旧址，安置了校本部、国文系、外语系、历史系和家政系。第二院在小南门外东北大学新建校舍内，安置了工学院、数学系、物理系、化学系和体育系。第三院在靠近西安城北门的北大街通济坊，安置了法商学院、农学院、医学院和教育系、生物系、地理系等。

由于战时匆忙迁校，加之地处内地的西安，物质条件本身就远逊于相对富庶的长沙，"一切物质建设均赖自力创造"。临大几乎没有能用于上课的稍微高大一些的房屋，加之经费不足，教学仪器设备、图书奇缺，很多教师因"敌人于南来教育界人士检查甚严"，一些人或者阻在半途，或者留在平津观望，要开学上课困难重重。到西安的师生生活也极为艰难。临时借住的宿舍均系大通间，上下铺架子床，晚上每8人仅有一支蜡烛照明。流亡学生很多孤身来校，衣被皆无，学校不得不从有限的经费中挤出一些钱给学生发棉大衣一件、制服一套，伙食每月发给"贷金"法币6元，勉强维持。老师们也只能自找民居散住各处，不少教师为了上课得步行十几里路。不过，在当地政府协助之下，西安临大还是于1937年11月15日正式开学上课。各院系的课程，基本按照原来组成的各院校的旧课目"酌为修改，以适应时势之需要，其性质相同者，则酌量合并，其性质特殊者，则予以保留"。①

在战乱中觅得一方读书之地的师生们，非常珍惜这来之不易的学习机会。1938年1月8日，西安临时大学发表布告，说明迁校缘由、当前局势、学校办学目标等。布告中说，临大开学之后，虽设备极其简陋，环境亦远不如往日宁静，但"尚能保存若干学术研究精神，弦歌未断，黉舍宛然，特殊训练之外，不忘正常教学，埋头苦干，鼓励刻苦攻读之勇气，冀成学风，一以坚抗敌之壁垒，一以奠复兴之始基"。②1937年12月，原北平师范大学师生在西安举行了北平师范大学建校35周年纪念活动，在活动期间，李蒸校长撰文勉励师生："在长期抗战的过程中，我们要有最高的情绪，但尤要有实实在在的求知欲与努力奋发的进取精神"，大家要觉悟到自身的欠缺，"然后加速度地向前努力，国难与校难自然得到解除"。③在纪念专刊中，有人在文章中写道："为着国土的沦亡，使我们原在北平的母校，迁到西安来了。今天又迫着我们不得不在西安来纪念北平母校的校庆。这一桩国破校散的悲惨事变，给予我们的刺激是太大了！我们如果还不能燃烧起火一般的热情，努力抗战工作，保卫祖国，恢复母校，那简直不配做时代的青

① 《西安临时大学概况》，载《教育杂志》第28卷第3号（1938年3月10日）。
② 《国立西安临时大学布告》，载王建领编：《国立西北联合大学档案史料选编》，西北大学出版社2018年版，第369页。
③ 李蒸：《序》，《国立北平师范大学三十五周年纪念专刊》1937年。

年！那简直不配来纪念母校的校庆！"[①]

西安临大教学的一个重要特点就是实施战时管理。为配合战时需要，除了日常上课外，西安临大对在校学生不分年级，集中展开军事训练，实施军事化管理。1937年12月，西安临大第十次常委会公布《西安临时大学军事管理办法》，将全体学生编为"国立西安临时大学军事训练队"，设队长一人（由学校常委担任），队副若干人（由大学生活指导委员会主席、军事主任教官及其他有关教官兼任），下辖若干中队，中队辖若干区队，区队辖若干分队，每分队由学生10余人组成，1938年1月，即开始集训。临大常委李蒸要求参加军训的学生，"应当维持纪律化的生活习惯，终身不懈。在学校要重视军训课业，加强抵抗侵略的意识，必须能切实身受'文武合一'的教育，然后方能时时有投笔从戎之准备。国家民族真是到了最后关头，时急势迫，人人都要赴战场杀敌。本校同学站在领导民众的地位，更应当特别重视军训，以备尽国民应尽的天职"[②]。在中华民族生死存亡的危急关头，大学生们对军训格外认真。

临大还非常注重社会调查与实践，在课外组织军事、政治、救护、技术4种训练队，并由教授指导学生组队下乡进行宣传。西安临大常务委员会在关于组织宣传队的决定中要求"本校学生均有下乡宣传之义务"，"下乡宣传之目的，为唤起民众及灌输抗战知识，以期民众之组织化，及发挥自卫能力"。学生下乡宣传，分期进行，以两到三周为限，宣传队以20人至30人为一队，教职员1人至3人为指导。宣传队下乡宣传，作为专业成绩的一部分。1937年12月，西安临大组织抗日宣传队，共80余人，赴陕南进行抗战宣传，并辅助地方开展民众教育。1938年1月，陕西省建设厅委托西安临大代为调查陕南金矿，并代为设计开采计划，矿冶系主任魏寿昆、张伯声等教授，率领学生前往安康地区，进行矿区调查研究活动。考察历时两个多月，他们的勘矿活动尚未结束，西安临时大学已开始又一次迁移，于是他们自安康乘船经汉水逆流而上，过紫阳抵达石泉，再乘汽车到达城固。

---

① 薛贻源:《在西安纪念北平师大的校庆》,《国立北平师范大学三十五周年纪念专刊》1937年。

② 李蒸:《集训的功用》,载《西北联大校刊》第12期（1939年3月1日）。

此外还有畜牧学教授李正谊率领校农学系畜牧组学生，前往西安小雁塔东的西京牧场参观考察；1938年3月，临大派李书田、袁敦礼、李汉文三人赴甘肃、青海两省进行社会文化和自然资源考察；等等。

古城西安随着这些青春洋溢的年轻人的到来，顿时"呈现出活泼蓬勃的新气象"。街头和巷尾，"当每个大的节日来到的时候，到处活跃着这些大学生的面影"。大学生们做通俗讲演，大众歌咏，演出街头剧。"他们更把工作的路线由城市投向农村；时常顶着火热的六月太阳，或者喝着尖峭的十二月的寒风，用脚板走五六十里，把抗敌救亡的种子普遍地撒掷在每一个幽僻的小村镇里……白天在上课以外，用工作和学习打发着每一刻的闲暇——于是奢靡、浪漫从这个小群体里消失了。在这里流荡着的是一种严肃的新气息，紧张、工作、努力，这是抗战的熔炉中锻炼成的中国进步的一个面影。无疑地，这种进步的新气象在古城中产出了好的效果。"①这当然是带有文学夸张的写作手法，大学生们在西安，并没有经过火热的6月，但是，这些大学生却实实在在给西安这座古城带来了新变化。正如当年的西安临大学生，后来的材料及冶金学家傅恒志院士说的那样，"西安一下子变了样，街上到处是演讲、活报剧、墙报、标语、募捐……""无穷的爱国心、无穷的救亡图存的思想，这就是思想，就是精神。"②

然而，西安也并不是那么安稳的大后方。1937年11月9日，太原失守，1938年2月18日，晋西重镇临汾失守，山西主要城市和交通干线被日军占领。3月，日军侵占山西风陵渡，关中门户潼关告急。日机自1937年9月以来又频繁在西安活动，"敌机无日不骚扰，亦辄一日三次警报，确实上不成课了"。③随着战事迫近，西安的再次迁徙也就成为定局。

1938年3月2日，按照国民政府要求，西安临大再迁汉中。这次迁校，学校采取徒步行军的方式。当时从宝鸡到汉中盆地，唯一的通道是川陕公

————————

①　紫纹：《抗战期中的西北大学》，载王觉源编：《战时全国各大学鸟瞰》，独立出版社1941年版，第18—19页。

②　李家俊：《西北联大与"兴学强国"精神》，载《光明日报》2013年1月9日。

③　赵慈庚：《西安临大南迁琐记》，载李溪桥主编：《李蒸纪念文集》，中国社会科学出版社1996年版，第255页。

路。蜀道之难，难于上青天。川陕公路穿越于崇山峻岭之中，基本是沿古蜀道修建的。从宝鸡至汉中这条路属川陕公路北段，要翻越秦岭山区，途经双石铺、凤县、褒城到汉中。秦岭峭壁耸立，公路弯道多，坡度大，公路虽然可以通车但并未完全建成。路上行驶的只有极少数"客车"，烧的是木炭，既无车篷，也无座位，经常有车翻人亡的事故发生。而且，即使路上不发生故障，也要3天才能到达目的地。千余人的大队徒步行军，虽然费时较长，但却是最安全最经济的办法。

1938年3月16日，当"春天开始用翠绿的笔刷着荒漠的世界"，临大1400余名师生，虽不免凄然，但还是井然有序地"离别了刻画着他们浅浅履痕的西北古都"，[①]开始了他们的集体徒步迁徙之旅。

为保证迁移顺利进行，临大提前做了周密的计划和准备。在正式迁移前一个月，学校已经组织体育系十几个人，徒步往返了一次，探勘路上的食宿条件，同时也评估一般人体力能否支撑，大家觉得一天走几十里不成问题，才最终下定决心搬迁。3月初，临大成立了以徐诵明为首的"准备迁移委员会"，下设布置、运输、膳食三个委员会，之后又公布迁移行军办法，要求迁移途中完全按照军事化管理，并制定了严格的行军纪律，凡行进中不受管理不听指挥的学生，"得由大队部或中队部停止其行进中之优待权利"，情节较重者，"由大队部请本大学常务委员会停止其在校之权利一时的或永久的一部或全部"，情节重大的，"由本大学予以开除学籍处分"。[②]

这次行军，按照军训时原有编制，大队下分三个中队，每中队约五六百人，中队设中队部，为行军单位，下设区队、分队、运输组（给养班行李班）、设营组（前站班炊事班）、纠察组（秩序班收容班）、交通组（传达班值察班）、医务组（内科班外科班）、察卫组（白日班黑夜班）等。中队设中队长一人，副中队长两人。区队、分队各设队长一人。无论中队、区队，还是分队，都用白布制作角旗一面，各组制作白布方旗多面，写明

① 紫纹:《抗战期中的西北大学》，载王觉源编:《战时全国各大学鸟瞰》，独立出版社1941年版，第19页。

② 《国立西安临时大学全体学生由西安至汉中行军办法》，载《西北联大校刊》1938年第1期。

番号。大队长由徐诵明担任，总理全大队事宜，军训主任教官李在冰为副大队长，协助大队长办理一切事宜。常委李蒸为参谋长。大队部聘请各院长、系主任、学生生活指导委员会常委校常务委员，以及膳食运输布置各委员会召集人等组成参谋团，以值周委员为参谋团长。

兵马未动，粮草先行，这么多人行军，供应膳食是一大问题。因为锅饼不易腐坏，最适宜用作行军干粮。膳食委员会使尽全部力量，在全西安搜罗购买，共买得锅饼317袋共8676斤，咸菜（腌萝卜）3000余斤，几乎把西安各大酱园所存腌萝卜购买一空。最终膳食委员会雇用胶皮轮大车6辆，运送的炊具膳食包括："咸菜十七袋，盐二袋，秤一个，行军锅二十三口，炉二十三份，铁锹九个，提灯十八个，镐六个，铁勺九十九个，洋灯六箱，小桶四十二个，木盖十八个，刀二十九把，火剪三个，面盆三个，面板四个，菜墩三个，煤油三桶，水壶三个，扁担一个，水勺二十八份，小铁锅十七个。"还向本校厨房及校外餐馆招募伙夫33人。[①]

出发时，行军顺序按中队次序，逐日出发一个中队，每中队行列按设营组—侦察班—中队队伍—医务组—运输组—收容班的顺序前进。从宝鸡到汉中，共分10站，每中队拨给胶皮轮大车15辆，作为运载粮食及随身行李之用。给养由膳食委员会在各站预为布置。

迁移的第一段，从西安到宝鸡是乘火车。当时还是一年级新生的尹雪曼回忆，开往宝鸡的车厢里，堆满了学生们的箱笼和行李，大家趴在行李卷上，有说有笑，稀里糊涂地到了宝鸡。第二天，大部队即按计划开始徒步行军。3月17日，徒步行军第一天，第一中队入驻大湾铺，第二中队驻扎于宝鸡南面15里的益门镇，第三中队驻扎宝鸡。以后按日分站顺序递进。"每早，摸黑地爬起来，把干粮袋搭在肩头上，用手杖支撑着，把一个个的脚印烙在古栈道上。晚间，在土炕上或是阴湿的泥土上酣甜地入梦。半夜醒来，满鼻子氤氲着牲口粪味。"夜间休息时，学生们能看到角落里，那些驴夫佝偻着腰，烟袋里的光一明一暗地在暗夜里闪烁，他们用沙哑的嗓音

---

① 佟学海：《膳食委员会报告》，载西北大学西北联大研究所编，姚远主编：《西北联大史料汇编》，西北大学出版社2012年版，第89页。

谈着天，声音浊重，"叫人觉得生活又倒退了几个世纪"。[①]这样的颠沛流离，即使最容易乐观的年轻人也不免会有凄凉之感，不过，这个时候的他们，内心涌动的更有还我河山的激情。西安临大学生朱兰训回忆，"下车后住进泥土造的房子，睡在那铺满草的土炕时，已泪流满面，当时虽然年轻，但心中却铭记一句名言'国家兴亡，匹夫有责'，所以也就化眼泪为悲愤"。[②]另一位临大学生刘艺民也回忆说，想家的时候，千头万绪，有些大哥哥大姐姐也会找个山野僻静之处流一会儿泪，"但决不让人看见，怕人说不配做抗日青年"。"我们从北平到青岛，再西折入陕西，再南迁汉中，真是游子走上了征途。假如没有日寇侵略，做梦也想不到晓行夜宿在荒山僻野里。每当午夜梦回的时候，想起苍发的母亲，和每一个家人时，就不禁泪洒莹然，感觉到国破家亡的心酸，'云横秦岭家何在，雪拥蓝关马不前'。假设真有再大的雪，也阻碍不了我们的前进，因为我有目的，抱着最后胜利的决心！"[③]

秦岭山高险峻，路途难行。刚出发时，"同学嗟怨之声，不绝于耳，交通之不便，运输之艰难，诚令人浩叹！"[④]第一天行军确实倍感辛苦，但毕竟大家都还年轻，在逐渐适应之后，慢慢就感觉轻松了许多，精神上的快乐逐渐压过了内心的悲愁和行路的艰难。大队穿行在峡谷中，一路有河水做伴，时而滂沱雷鸣，时而湛平如镜。赵慈庚（原为北平师大附中北校教员，抗战爆发后，随校迁西安）所在的第一大队，由临大全体女生、教职工和临大附中高中部师生组成。为给大家打气，每天一出发，大家就唱起《义勇军进行曲》，每天不知要唱多少遍，其他像"枪在我们的肩膀，血在我们的胸膛……""大刀向鬼子们的头上砍去……""工农兵学商，一起来救亡……"，都是师生们经常唱的歌曲。还未完全修好的川陕公路上，汽车很少，隔几里地就可以看见十几个工人坐在路边砸石头，为铺路面准备石子。

---

① 紫纹：《抗战期中的西北大学》，载王觉源编：《战时全国各大学鸟瞰》，独立出版社1941年版，第19页。

② 朱兰训：《秦岭行军》，载李溪桥主编：《李蒸纪念文集》，中国社会科学出版社1996年版，第25页。

③ 刘艺民：《秦岭道上的泪和爱》，载西北大学西北联大研究所编，姚远主编：《西北联大史料汇编》，西北大学出版社2012年版，第673页。

④ 刘德润：《第二中队迁移行军纪要》，载《西北联大校刊》第4期（1938年11月1日）。

1938年3月，国立西安临时大学翻越秦岭南迁途中的第一中队（包括220名女生）
（陕西省档案局编：《国立西北联合大学档案史料选编》，西北大学出版社，2018年）

"歌声、水声、筑路工的锤声，交织成沸腾的声浪，在山谷中回荡。宛然是雄赳赳赴敌之兵，撼震着寂无人烟的山峦。歌声停了，话声来了。山上的一石一木也会引起理论，不然就从张子房烧栈道说到诸葛亮出祁山。沉寂下来便只听到脚步声与远处的流水声。"怕沉寂下来行军久了会产生疲劳感，在老师的鼓动下，同学们的歌声再一次响彻秦岭山谷。①

　　行军途中，每日三餐，早餐出发前是稀米粥及馍，中午是自带的干粮（多为锅饼）加咸菜，到达宿营地后可以吃一顿干饭及汤菜。由于所经之处多为山区，蔬菜本来就少，每晚所到城镇，青菜、豆芽、豆腐、粉条，几乎被购买一空。年轻人本来就食欲旺盛，旅途辛劳，师生食欲益增，每次开饭前，饭还没熟，很多职教员工和学生已经迫不及待地拿着碗筷在锅旁环立等候，只要伙夫说一声饭熟了，立刻狼吞虎咽，分而食之。在刘艺民的记忆里，行军途中的伙食还是不错的，因为山里不缺猪肉，所以每天差不多都有萝卜条煮肥肉片，有时候如果路过的村镇有豆腐卖还能吃到豆腐，

---

　　①　赵慈庚：《西安临大南迁琐记》，载李溪桥主编：《李蒸纪念文集》，中国社会科学出版社1996年版，第258页。

不过蔬菜很少。鸡蛋到处都有，但是据说鸡蛋里有麻风菌，谁也不敢吃，一直到了汉中，经过医学院化验证明，当地鸡蛋中麻风菌成分微小，对身体无害，大家才敢大快朵颐。李慈庚所在的第二中队因为有一位善于烹饪的同学，在抵达黄牛铺之后，因天色尚早，有时间给大家做了红烧肉，其所在中队得以大快朵颐。谷景耀所在的第三中队到达襄城后，头天晚上因为所指定的休息场所文庙空闲日久，到处都是跳蚤，经人清扫后才好不容易搬入休息一夜。第二天一早，因为负责警戒的同学在晨雾朦胧中误杀一头黄牛，经过与主人协商赔偿后，整头牛赠予本队，同学们酣畅淋漓，饕餮一顿。不过，蜀道之难还是让同学们吃到了苦头。第一中队行军至第七日时，就遇到了麻烦。因为秦岭路险，行军第三日起汽车即无法通过，只能改黄牛车运输，前几日还能勉强应付，这天运输车未及时赶来，又累又乏的一队人到南星后，米粮炊具皆无，幸亏当地小学教员帮忙，向当地各家零星凑齐所用之米，让学生自用量杯领取，学生们又设法向各家借用炊具、柴火以及水，自己做饭解决，烦累不已。

10余天的行军，每日步行十几公里，最多时能达到30余公里，抵达居住点后，即使已经疲惫不堪，通信组的同学还是坚持收听广播并于次日书写张贴，不仅同学们可以随时了解国事要闻，当地居民也从中受益，了解国家大事。活力充沛的年轻人在适应了这种节奏之后，逐渐把迁徙之苦转化为旅行之乐。朱兰训回忆，每日清晨背了锅饼，跟在荷枪的领队后面边走边唱，"行过南星镇，山势陡峭，景色绝佳，白云从身边脚下飘过，仿佛到了神仙境界。路旁有万丈深的山涧，潺潺流水声，不知名的鸟儿婉转歌唱，数不尽的珍花异草，有种类似塑胶花朵，形似雏菊，红色、黄色、艳丽宜人"[1]。刘艺民也说，"等真正到了秦岭深处，并不感怎样的崇山峻岭了"。"有时天气不大晴朗的时候，在我们脚占（站）的山头下，云雾环绕阻碍了我们向下的视野；当走到两边峭壁，下临无底深涧，潺潺的水声，就不断地传来美妙的音乐；仰头一望，只见一线青天，宛似条彩带，随山环

---

① 朱兰训：《秦岭行军》，载李溪桥主编：《李蒸纪念文集》，中国社会科学出版社1996年版，第258页。

曲折而逶迤，颇富诗意。"到褒城停留时，教授、学生闲来无事，还到处凭吊古迹，寻找诸葛武侯之栈道，游览山水名胜。[①]第三中队的谷景耀他们在饱餐一顿后，因天气晴好，烟景阳春，同学们也有的去河边田野，有的去桃花林，大家三三两两，漫步清歌，尽情玩乐。国难中的被迫迁徙反而历练了意志，让师生们更加达观，更加坚毅。

十几天的长途跋涉就这样熬过去了。"数着自己一个接一个的脚印，一个转弯，头上的天逐渐大起来，用着一种迫切的心情冲出山口，遥远的绿的原野上笑着一派红艳的桃花，心里像拾到一种宝物样的跳动。"[②]鉴于校址尚未完全确定，临大师生先是至褒城待命，不久即抵达这次迁移的终点——城固。

行军大队出发前两周，1938年3月2日，西安临大即派遣总务处徐世度等前往汉中寻觅校舍。长达月余的寻访之后，鉴于汉中没有一个县能够接纳整所学校，最终决定将学校安置在以城固为中心的3个县的6个地方——城固、南郑、沔县，古路坝、上元观、小西关。选择城固为中心，与其地理位置、历史文化与经济条件有很大关系。城固位于汉中盆地中部，南临汉江，东有胥水，气候湿润温和，土壤肥沃，物产丰富，经济条件相对较好，1937年全县人口有229991人，约有1万人从事酿酒、纺织建材、粮食加工、淘金等手工业。1938年县城有商户294户，其中以杂货、绸布、盐业、中药为最盛。教育也比较发达，古路坝还是陕南天主教总舵所在地，拥有天主教汉中教区历数十年建成的，包括房屋505间的西北地区最大的天主教建筑群，这些房子后来被用作西北联大校舍。

学生们的到来让汉中盆地这个被认为弥漫着"中古式的气息"的小城很快就变了模样。壁报、漫画、救亡刊物，贴满了街头巷尾，走不到十几步就可找到一家书店，充塞着各种新旧杂志和书籍。饭馆、浴室、新式照相馆、电影院陆续开张。此后数年间，这座古老的小城满溢着的是青春的

---

① 刘艺民：《秦岭道上的泪和爱》，载西北大学西北联大研究所编，姚远主编：《西北联大史料汇编》，西北大学出版社2012年版，第672页。

② 紫纹：《抗战期中的西北大学》，载王觉源编：《战时全国各大学鸟瞰》，独立出版社1941年版，第19页。

气息。

1938年4月2日，教育部令国立西安临时大学改名为国立西北联合大学。从此，这座汉中小城一跃成为西北教育中心。

## 三、冲破险阻　间关万里——华西坝复校

1937年4月17日，出版于杭州的一本杂志《学校新闻》中有一篇介绍燕京大学的文章，文章不仅详尽介绍了这座被时人称为"人间乐园"学校的湖光山色、现代化设施设备，也介绍了燕京大学的知名教授、教学状况、学生的衣食住行、丰富多彩的课外活动等。文章说："单讲燕园内的电话，就有百数十架，其他如抽水马桶、暖气灯等样样全备，呵！燕园内还有一大特色呢！无论何时你在燕园内四处走走，你总不会看到那不整齐地横在半空的电线，燕园内有的是一座座美丽的灯塔，电线皆埋藏于地下，有人说过燕大的地下产（电线、水管等）比地上产还贵重呢！"文章讲到燕大的功课，"燕大是不允许有偷懒的学生的，教授们每天多有指定的功课，假如不预先准备，就不容易对付"，"英文好的，可便宜不少，他们或她们都会长长的用英语会话一大套"；文章还说，"燕大的课外活动是最生机勃勃的，天气渐渐的暖和了，打网球又风行于燕园"……总之，燕大"是一个学术空气非常浓厚的学校"，"是一个理想的"，"值得介绍的学校"。[1]这是一篇文采飞扬的招生广告，也是我们了解卢沟桥事变前燕京大学情况的绝佳材料。

大多数中国人是从毛泽东的《别了，司徒雷登》一文中知道司徒雷登的名字的，他被作为美国在中国侵略政策失败的象征，以"茕茕孑立，形影相吊"，挟起皮包落荒而逃的形象出现于中国人的普遍认知当中。但少有人注意到这篇文章中毛泽东说的另外一段话，司徒雷登在中国"办过多年的教会学校，在抗日时期坐过日本人的监狱"。20世纪前半叶，司徒雷登在中国的声名远播是因为他所创办的这所教会学校——燕京大学。这所大学，

---

① 北平特约通讯:《燕京大学介绍》，载《学校新闻》第56期（1937年4月17日）。

在司徒雷登的一力促成之下，特别是1926年6月从北平城内盔甲厂迁至海淀新址，至1937年卢沟桥事变爆发的11年中，以其美轮美奂的校园风景、极具现代化特征的设施设备、各项管理制度的日臻完善，以及较高的学术和教学水平，丰富多彩的课余活动等特色在北平高校中声誉日隆。顾颉刚、冰心、吴文藻、周作人……一大批名家教授云集于此，成为可与清华、北大一争高下之名校。

冰心于1926年燕京大学迁址时进入燕大当助教。60年后，她曾撰文回忆当年的燕大，"校舍是中国式的建筑，翠瓦红门"，"进门是小桥流

燕京大学理文科院
（北京大学校史馆供图）

水，真是美轮美奂！""这一年住进新校舍里的新教师、新学生……大家都感到兴高采烈，朝气蓬勃，一切都显得新鲜、美丽、愉快。""种种活动也比较多，如歌咏团、戏剧团等等，真是热闹得很。"① 当时还不满26岁的冰心很快和那些十七八岁、有着"红扑扑稚气未退的脸"的大学生打成一片，"我们常常在未名湖上划船，在水中央的岛边石舫上开各种讨论会，或者作个别谈话"。② 1929年，冰心和吴文藻的婚礼就在燕大临湖轩举行，司徒雷登是主婚人，这是一段多么温暖、多么令人眷恋的时光啊！

然而，卢沟桥事变爆发了，一切都变了！"北平死去了！"它在"不挣扎不抵抗之后，断续呻吟了几声"，"一个女神王后般美丽尊严的城市，在蹂躏

---

① 冰心：《我回国后的头三年》，载卓如编：《冰心全集》第7册，海峡文艺出版社2012年版，第105—106页。

② 冰心：《当教师的快乐》，载卓如编：《冰心全集》第6册，海峡文艺出版社2012年版，第475—476页。

侮辱之下，恍然地死去了！"①北平沦陷的那天清晨，日本人在西苑扔下了炸弹，被炸弹的轰隆声惊醒的司徒雷登生平第一次近距离体验了炸弹的威力，吓得胆战心惊。学校里也是人心惶惶，谣言纷飞。在最初的紧张和纷乱过后，燕大校方还是决定留在北平，因为燕大所追求的是为中国人民谋福利，并不是为某一个政治机构或某一个政府服务，他们应该留在北平，为华北青年提供受教育的机会。除此以外，据冰心回忆，燕大留在北平也与国民政府希望燕大作为美国教会办的学校能在北平继续办学，以便为华北青年提供一片求学净土有关。司徒雷登曾告诉冰心，他去武汉时曾面见国民政府教育部部长陈立夫，陈立夫一再谆嘱他说，燕大一定要坚持在北平办下去。②

从此，燕京大学校门口，原先在旗杆上升起的中华民国国旗和燕京大学校旗换成了美国国旗，司徒雷登也重新担任了燕京大学校长。美国人的旗帜暂时还能给燕大以庇护。"非常时期"的燕京大学，虽然过得也很艰难，但是由于当时日本尚无力与美国对抗，作为美国教会办的学校，加上司徒雷登等人从中斡旋，它还能基本维持相对正常的教学活动，为中国学生免受日本奴化教育提供了一片宝贵的绿洲。著名红学家周汝昌先生曾回忆，1937年，他正在南开中学读书。战争爆发后，天津所有的教育部门都被日本控制，但是他想上大学，最后他选择了燕京大学。因为燕京大学不受日伪控制，"爱国在我们那一代的青年来说不是一个空洞的口号，对于一个爱国的青年来说，是宁死也不进敌伪学校的"。③据《燕京新闻》报道，燕京大学学生的注册人数在经历了1937年的下降以后，之后几年逐年增加。1937年秋，为499人，至1938年底，达945名，1939年秋为978人，1940年9月，突破千人大关，达1085人，1941年秋，1157人。从1937年秋直至1941年12月8日燕京大学被日本封闭，4年多的时间里，燕京大学"抵抗着日本的侵略，维持着这片小小的自由的绿洲，也巩固了学校的办学宗旨"，

---

① 冰心：《默庐试笔》，载卓如编：《冰心全集》第2册，海峡文艺出版社2012年版，第487—489页。

② 冰心：《七七事变后留平一年的回忆》，载卓如编：《冰心全集》第7册，海峡文艺出版社2012年版，第96页。

③ 陈远：《燕京大学1919—1952》，浙江人民出版社2013年版，第154页。

如司徒雷登所说，"这四年我们的生活虽然经历了艰难困苦，但是还是保持了振奋的精神"[1]。

1939年入学的王佩玉后来回忆，学校的教学"涉及面广，内涵丰富，方法科学"，学校实行"淘汰制"，要求非常严格，"无论新老同学，都是课堂上全神听课，答问、记笔记，课下忙于预习、复习。图书馆里，阅览参考资料者白天多，晚上更多。宿舍里，尽管准时熄灯，而坚持继续学习'开夜车'者不少！"在紧张的学习之余，学校的课余活动亦是丰富多彩。未名湖畔经常有音乐会，学生们在石舫上，在月光下，载歌载舞。贝公楼的大礼堂里，燕剧社的话剧，国剧社的国剧，音乐系同学的钢琴独奏、男声女声独唱等，活动一个接着一个。中秋节颐和园内的月下野餐，每周四的圣诗合唱，体育馆内的球赛，独具风格的体操、艺术表演……所有这一切都让人可以暂时忘记战争，沉醉其中。王佩玉说："非常时期在燕园学习，真是庆幸'求学得所'啊！平时，日伪不敢进校骚扰，偶有个别迈进西校门者，也不越过石桥，稍一驻足即返身离去，燕园校车通过西直门时，在那儿值岗检查出入城门的行人、车辆的日、伪官兵，只当校车暂停的刹那向车里看看就放行，不会让车里人下车挨检查、受刁难。"[2]

但是，没有人能够忘记侵略者的暴行。看似波澜不惊的校园里，进步思潮一直在涌动。卢沟桥事变以前的燕京大学师生，就一直关注时代变迁，二三十年代中国的爱国民主运动中一直有他们的深度参与。北平沦陷时期，"因真理得自由以服务"的燕大精神也一直影响着学校师生。王佩玉回忆，在课堂上，教师们依据个人政见，大讲着"中国往何处去"。有不少同学在课余进行地下抗战活动，也有不少人先后投笔从戎。"在同学之间的接触中，我参加过'地下党'开展的'四一'读书会活动，有时能知道某些人在隐蔽着聚会，她（他）们也曾给我一些进步书刊，让我偷着看。"[3]当时正在燕

① ［美］司徒雷登著，陈丽颖译：《在华五十年：从传教士到大使——司徒雷登回忆录》，东方出版中心2012年版，第92页。

② 王佩玉：《燕京·光采》，载燕大文史资料编委会编：《燕大文史资料》第3辑，北京大学出版社1990年版，第405页。

③ 王佩玉：《燕京·光采》，载燕大文史资料编委会编：《燕大文史资料》第3辑，北京大学出版社1990年版，第405页。

京大学教育系附属诚孚师范学校读书的白冰如也回忆说，沦陷时期学校教学思想的中心环节是爱国教育。老师要求学生们不但自己要学好文化，还要走出学校做小先生，教穷苦小孩子们学文化，用导生传习办法，把文化知识撒向穷苦的民众。学校里有许多思想进步的老师，白冰如的语文老师是毕业于南开大学经济系的苏徵祥，他读过《资本论》，"多次谈到社会发展规律问题，认为不论在中国还是在全世界，未来都将是实现共产主义"。去过延安的杜迪之老师给学生们多次演讲延安军民抗日的情况。[①]这样思想进步的老师在燕京大学里面有不少。赵承信教授每晚都到燕大办公楼去阅读外国通讯社的电讯，或去外国友人家收听国外和延安、重庆的广播，他经过综合分析之后，认为延安广播最为真实可信。当时燕京大学的几个地下党外围组织和进步学生组织，也常常组织一些读书会或报告会的活动，邀请爱国进步教授参加，共议时事。赵承信是这类活动的常客，每次演讲他都以充分事实根据指明中国的光明前景，深信日本必败，中国必胜，大大鼓舞了听众的信心。

然而，无论燕京大学尽了多少努力试图给那些在北平的师生以庇护，也一直设法维持正常教学秩序，沦亡的境遇还是使许多师生难以忍受在北平的"亡国奴"生活。从北平沦陷开始，燕京大学就一直有不少师生想方设法逃亡。1936年考入燕京大学的孙以芳回忆，1937年秋季开学以后，他发现，原先在文法学院参加抗日民族先锋队的很多队员都不见了，后来听说他们到了解放区。他们还曾经为一名叫方焯的社会学系学生送行，当时他准备去解放区参加工作。冰心在《七七事变后留平一年的回忆》一文中也曾忆及，北平沦陷后，吴文藻的两个学生私下找他商量想让老师想办法送他们到解放区，是司徒雷登用自己的私人小汽车把这两个学生送到西郊的联络点，其中一个就是方焯，可惜新中国成立后得知这两个同学半路被国民党鹿钟麟的军队拦截杀害了。对于这些因为各种原因不断逃亡的老师和学生，无论是去国统区还是去解放区，司徒雷登都想办法予以帮助，包

---

① 白冰如：《回忆我的母校——燕大教育系附属诚孚师范学校》，载燕大文史资料编委会编：《燕大文史资料》第1辑，北京大学出版社1988年版，第162—163页。

括协助学生制定逃亡路线，借助燕京大学校友在逃亡路上予以关照，提供资金支持等，燕京大学的夏仁德等教授也出力甚多。1940年刚刚研究生毕业担任助教的侯仁之，入职之初就被选派担任燕京大学"学生生活辅导委员会"副主席，主席是夏仁德教授。侯仁之其中一项工作是，如果有学生要求学校帮助离开沦陷区，不是为了转学，而是为了参与抗日有关的工作，学校应该支持，并由辅导委员会办理。侯仁之就曾帮助过多批学生离开沦陷区。侯仁之写道，"当时，司徒雷登作为校长曾明确向我说过，凡是自愿离开沦陷区的学生，无论是要去大后方，还是要去解放区，都由他们自己决定，无论是去哪里，凡有经济困难的，都可由学校予以资助。此外，凡是要走的学生，临行前他都要在临湖轩设宴送行"。其中的一次送行宴会上，司徒雷登说，"希望燕京大学的学生，无论是到大后方，还是到解放区，都要在国民党和共产党之间起到桥梁作用，以加强合作，共同抗日"。①

　　北平沦陷之初，冰心夫妇之所以未能马上离开，是因为小女儿吴青即将于11月出生，没办法长途迁徙。1938年秋，夫妇俩不顾司徒雷登一再挽留，带着年幼的孩子，踏上了南迁之路。他们取海道由天津经上海，然后经香港从越南海关坐小火车到达云南昆明。"这一路，旅途的困顿曲折，心绪的恶劣悲愤，就不能细说了。记得到达昆明旅店的那夜，我们都累得抬不起头来，我怀抱里的不过八个月的小女儿吴青忽然咯咯地拍掌笑了起来，我们才抬起倦眼惊喜地看到座边圆桌上摆的那一大盆猩红的杜鹃花！"②抗战结束之后，冰心曾发表一篇文章《丢不掉的珍宝》，忆及当年离开北平时的不舍。夫妇俩都是特别喜欢买书，喜欢收藏的人。结婚以后，"小小的新房子里，客厅和书斋，真是'满壁琳琅'。墙上也都是相当名贵的字画""十年以后，书籍越来越多了，自己买的，朋友送的，平均每月总有十本左右，杂志和各种学术刊物还不在内。我们客厅内，半圆雕花的红木桌上的新书，差不多每星期便换过一次。朋友和学生们来的时候，总是先跑到这半圆桌

　　① 侯仁之：《燕京大学被封前后的片段回忆》，载燕大文史资料编委会编：《燕大文史资料》第3辑，北京大学出版社1990年版，第127页。
　　② 冰心：《我的老伴吴文藻（二）》，载卓如编：《冰心全集》第6册，海峡文艺出版社2012年版，第310页。

前面，站立翻阅。""十年之中我们也旅行了不少地方，照了许多有艺术性的相片，买了许多古董名画，以及其他纪念品。我们在自己和朋友们赞叹赏玩之后，便珍重的将这些名贵的东西，择起挂起或是收起。"①准备离开北平的时候，夫妻俩把家具、很多物品都送人了，但是还有十几箱东西，舍不得送人，里面有多年旅行的照片、善本书、字画、夫妻俩多年的通信、夫妇俩的笔记教材、有价值的纪念品等，都将其寄存在学校里。然而，等抗战结束再回去看，所有这些他们视为珍宝的东西都早已荡然无存。作为文学家的冰心对真善美总是有着执着的追求，就像在困顿的旅途中她能注意到那盆"猩红的杜鹃花"一样，在这篇文章中，冰心同样满怀企盼地写道："人类是进步的，高尚的，他会从无数的错误歪曲的小路上，慢慢的走回康庄平坦的大道上来。总会有一天，全世界的学校里，又住满了健康活泼的学生，教授们的书室里，又垒着满满的书，他们攻读，他们研究，为全人类谋福利。"②这样的生活，一定是饱尝战乱艰辛的所有人对未来的由衷企盼吧！

　　1936年到燕京大学数学系任教的英国人赖朴吾，也是在司徒雷登支持下，于1939年与同事林迈可、赵查理（明）、萧田等人徒步至妙峰山中共游击区，历经千辛万苦逃出北平的。这一路中，他们受到过萧克将军的热情款待，在晋东南八路军总部，还见过朱德、彭德怀和聂荣臻，遇到过白求恩大夫。他后来说，"当我们开始旅行的时候，曾认为自己是勇敢的青年探险家，当我旅行结束的时候，觉得自己简直没有什么了不起。普通农民的坚强意志远远地超过了我们，游击战士战胜敌人精良装备的能力，以及他们忍受饥饿、疲劳与疾病的毅力，使我们深深地敬佩。那些受过教育的青年男女们，放弃了自己的特权与城市的舒适生活，冒着生命危险，备尝艰辛地在山区作战的爱国精神，让我们明白了我们所从事的冒险和斗争实在是太肤浅了，对我们来说，这次旅行只是一个令人兴奋的插曲，但对他

---

① 冰心：《丢不掉的珍宝》，载卓如编：《冰心全集》第3册，海峡文艺出版社2012年版，第81—82页。

② 冰心：《丢不掉的珍宝》，载卓如编：《冰心全集》第3册，海峡文艺出版社2012年版，第84—85页。

们来说，游击队的存在就是生活"。[①] 3个月后，赖教授到达西北，参加了路易·艾黎举办的"工业合作运动"，他们用大量有说服力的统计资料，供给国际宣传和为"工合"募捐，为中国人民的抗战做出了有益贡献。

1940年冬，得知自己的名字上了日伪"黑名单"的杨富森，和同样名字在黑名单上的几个同学化装逃出了北平。大家装扮成商人的样子，从来不喜欢戴帽子的杨富森找了一顶破毡帽戴在头上，一向注重边幅的他，一星期不梳头不刮脸，终于逃出北平。路过上海时，他们去见了当时正在上海的司徒雷登。刚刚见面，司徒雷登一句"我对你们这次的离校出走，非常同情，非常鼓励"的话，让这些不辞而别的学生惴惴不安的心情安定了下来。司徒雷登告诉学生们，局势已经在酝酿巨变，美国的旗帜恐怕不能久悬于燕园上空，燕大可能将来也得效法清华、北大，到后方去准备长久抗战，乘此机会，司徒雷登希望同学们能够帮忙踏出一条能把燕京大学1000多学生转移到后方去的"最安全、最妥善，而且最经济的道路"，为将来燕大迁校做准备。学生们按照司徒雷登说的这条道路走了一遍，上海—徐州—开封，经历了一个星期噩梦般的旅程后，学生们终于到达了西安。但显然，司徒雷登听人介绍的这条路既不安全，又不妥善，也不经济。实际上，后来南迁同学的经历表明，每一条从沦陷区通往抗战大后方的路都充满坎坷。

日本人对于燕京大学试图保留的这片自由"净土"，一直耿耿于怀。他们一再要求学校招聘日本教授，招收日本籍学生，企图干涉学校教学，燕京大学则一直以各种原因拖延婉拒。其间，各种交涉摩擦不断。但最终，司徒雷登勉力维持的这片"和平"绿洲，还是随着珍珠港事件的爆发而被彻底摧毁。1941年12月8日晨，珍珠港事件发生后不到半个小时，日本人就把燕京大学包围了。随即，日本人逮捕了正在天津的司徒雷登，也逮捕了校园内所有美籍和英籍教员，一部分中国籍燕京大学教师及十几名学生也同时被捕，燕京大学被日本人强行关闭解散。

---

① ［英］赖朴吾:《1939年逃出北平记》，载燕大文史资料编委会编:《燕大文史资料》第3辑，北京大学出版社1990年版，第91页。

## 平津高校外迁

当时任燕京大学法学院代理院长的吴其玉曾撰文回忆燕大被封闭后的情形。最开始他们都被软禁在燕东园的家里，有日本人日夜看守，不能出家门一步，很长时间之后因为一些事情被允许到学校里一趟，"那真是满目凄凉，看了不禁泪下。因为昔日弦歌雅诵之地竟一变而为敌人占领之区，满地都是垃圾、乱纸、破衣、残书缺本，不禁使人立刻产生铜驼荆棘之感，增加哀痛仇恨之心。面对这样的光景又不禁产生另一种思想感情——我们怎么办？何去何从？何以善其后？"吴其玉说，燕大被关闭了，但是，燕大人是要俯首帖耳降服于日本帝国主义还是再接再厉参加抗日，恢复燕大呢？他认为这事关"民族立场和燕京大学的前途问题"，燕大人是不会屈服的。[①]

北平燕京大学被日本摧残解散的消息传到战时首都重庆，燕京大学校友群情激愤，校友们一致决议，在后方复校。1942年2月8日，孔祥熙在重庆召开燕京大学临时校董会，决议燕京大学在成都复校，由已经于1938年来到大后方的原燕京大学文学院院长梅贻宝担任复校筹备处主任。吴其玉说，"燕京作为一个反日爱国的标志必须继续下去，不管前途有多大的艰难险阻，这种力量是无形的，但它又是真实的，不可以低估的，它是燕京在成都复校的思想基础，没有它复校是不可能的，它又是北平燕京多年教育的结果，它是北平燕京封闭后，在学校已解散，群龙无首的情况下，指导燕京人如何行动的力量"。[②]吴其玉于1942年3月，化装成茶叶商人，化名吴石云，赴杭州取道富阳，进入后方，历时3个多月抵达成都，参加成都燕京大学复校工作。

抗战时期，从北平沦陷区到大后方成都，有南路、北路及西路等线路，条条道路都要通过日占区，经过阴阳界（两不管地区），沿途日军凶狠，盗匪横行，充满凶险。加之交通不便，千里迢迢，跋涉辛劳。

燕京大学被封之后，燕京大学学生成恩元马上策划出逃。他走的是北平—太原—汾阳—孝义的西线。12月19日，他上了北平到太原的火车。车

---

① 吴其玉：《成都燕京大学的一些回忆》，载燕大文史资料编委会编：《燕大文史资料》第1辑，北京大学出版社1988年版，第51—52页。

② 吴其玉：《成都燕京大学的一些回忆》，载燕大文史资料编委会编：《燕大文史资料》第1辑，北京大学出版社1988年版，第54页。

站尽管搜查很严，但是由于当时离太平洋战事爆发刚刚10天，车站的日本人还并不太清楚燕大被解散关闭的消息，拿着学生证的成恩元一路畅通地回到太原。在汾阳老家休息了几天之后，1942年元旦，他踏上了西去的路程。这一路虽然他时时刻刻处于紧张之中，旅途中时不时与日本人同车，但是最终算是平安无事。几天之后，顺利到达孝义县国民党军队防区，"天亮了"！

与成恩元的幸运相比，有些人的入川路就艰险异常。吴其玉入川时走的是南路，因为他父母当时在福建，他想顺道回去省亲。途中两次遇险。第一次是过杭州后，向导带领在某处歇脚，曾遇到日本鬼子要入户搜查，正当大家紧张万分之际，听见远处传来枪声，日本人退走了。后来才知道是地下抗日部队与日军交火，一群人乘此机会，逃出虎口。第二次是乘坐汽车进入江西上饶时，遇到日机袭击附近机场，有两架敌机飞来专门扫射路上的汽车，他因为藏得离汽车远，侥幸躲过，同车两名妇女当场殒命。这条南行入川路，吴其玉走了3个月。走北路入川的燕京大学学生张澍智的旅程同样惊心动魄。1943年7月，当她和妹妹及同伴一行在向导带领下步行穿越日寇封锁线时，遇到盗匪抢劫，所有行李被抢劫一空，连身上的现钞也被搜光了，向导只好领她们去附近村落投宿，结果与日寇迎头相遇。日本人用绳子把4名男同学和3个商人打扮的青年的双手从背后绑紧，又用一根长绳把7个人穿在一起，然后逼着3个女生夹在他们的队伍中间向前走，陷入绝境的他们突然间迎来了转机。"夕阳已渐西落，一片刚收割完的芝麻地被映成金黄色。突然从斜对面一座山丘上传来一阵密集的机枪声，从未受过军事训练的我和妹妹立时卧倒在地，一梭子弹从我们发梢上飞过，落进前面的沙土里。由于芝麻地只剩一簇簇矮根，找不到藏身之处，日本兵急于逃命，就个个弯着腰向东鼠窜"，自顾不暇的鬼子逃走了，恢复自由了！那天深夜，一位同学把自己藏下来的一块怀表赠予当地老乡，在老乡的带领下，他们连夜穿过丛林山野，绕过敌人的岗哨和碉堡，心惊胆战，"总算走完了那段危机四伏的路程"①。极富画面感的文字让我们今天读来仍

---

① 张澍智：《出生入死赴成都》，载燕京大学校友会编：《燕京大学成都复校五十周年纪念刊》，第37—39页。

觉得惊心动魄。

1942年6月14日至7月10日，燕京大学学生陈嘉祥与同学张望山结伴，由北平至成都，历时27天，赴成都上学。在陈嘉祥的日记里，我们可以看到这一路的凶险。6月19日，至洋桥，穿越敌封锁线之最后关口，经当地老乡提醒，他们摘掉了眼镜，换上中式裤褂，装成推车人，通过日军驻守的岗楼。通道两端各有一日寇持枪据守于岗楼内，与他们相距不过10米，"目射凶光，使人不寒而栗，战战兢兢，如履薄冰"。6月30日，"中午抵潼关。潼关依山靠水，形势险要，与日寇占领之风陵渡仅一水之隔，乃军事重镇，日寇不时炮击骚扰，城内断瓦残垣，到处可见，商业凋敝，居民寥寥，一片荒凉。过潼关后，车行极缓，行不数里，车中有人曰'万勿高声，闯关了！'盖车经该地时，常遭日寇炮击，车人共亡之事，时有发生，今日安全闯过，亦万幸矣"。7月2日，搭乘载运石油的汽车过秦岭（几年前，西北临大的学生们，曾徒步走其中的一段路），"我二人坐于油桶之上，虽稍颠簸，但得尽情饱览秦岭风光，秦岭东西横亘，横天而立，山形险峻，气势磅礴。公路蜿蜒曲折，汽车盘旋而上，马达呼呼怒吼，若不胜其任者。车行进时，忽而前临危崖，忽而下临深渊，惊险万状，此情此景，不禁想起韩愈诗句'云横秦岭家何在？雪拥蓝关马不前'。我与望山更时时做遇险跳车之准备，以免身葬深山人不知也"。[①]

在备尝艰辛的同时，也有不少人在路上充分感受到了母校给予的温暖。成都复校筹备会一成立，即决定在各地设立学生南下接待站，请洛阳、西安、宝鸡、金华、衡阳、贵阳等地的校友会及其他有关机关予以协助。1941年9月刚刚考到燕京大学新闻系几个月之后，钱辛波就因学校被关闭，失学返回上海。此时上海也已沦陷，不愿意在沦陷区的他逃离上海抵达浙江金华时，得到了燕大在成都复校的消息，于是决定赴成都上学。钱辛波的返校旅程艰苦异常，经过7个省，历时80天，从1942年4月22日到7月9日，终于到达成都。钱辛波说，这一路虽遍尝艰辛，但让他感受最深刻的，并

---

① 陈嘉祥：《平蓉路上二十七天》，载燕大文史资料编委会编：《燕大文史资料》第5辑，北京大学出版社1991年版，第237、239—240页。

不是一路的风雨颠簸，而是沿途各地校友的热情帮助。"他们和我素昧平生，但一听说是燕大同学，无不热诚相助，正是这种'燕大一家'的精神和物质帮助下，我才能独自一人，八千里路云和月地回归母校"。①

这一路也有人会有奇遇。两位学生在经过"两不管"（日伪势力达不到，国民党军队顾不上）地带后，便把旅费集中，买了两辆自行车代步，没想到愈向前进，车价愈高，"梦想不到地发了一笔小财"，有意思的是，他们俩并不是学经济的。还有7名学生路过西安时，捡到一个铺盖卷，送交青年会招领，同时向燕京大学西安接待站借支了1850元，等到成都办理报到手续时，经管人通知他们，西安的贷款已经清账，有人替他们还了债。原来铺盖卷的主人是个商人，铺盖卷中藏有大量钱款。领回行李后，听说是燕京大学学生送来的，拿出2000元替他们还了账，并将余款捐赠给了西安青年会。但也不是所有学生都福大命大，有人历经千辛万苦终于到成都复学，但也有人在路上绝了粮，有人被抢，有同学体力不支，一到成都就病倒了，在成都病逝。"为拒绝侵略者之统治，万里负笈而埋骨异乡，使人黯然伤神。"②

这一群南下学生当中，有一些小英雄值得我们写下一笔。1942年2月，燕大学生栾汝甸和几位同学混过敌人重重检查，经过半个多月跋涉，终于走进了太行山，他们晓行夜宿，经临县、陵川、修武，闯过焦作附近日、伪军封锁线，渡过黄河，经偃师到了洛阳。当时他们只是想逃到大后方，但对于到底要去哪里却毫无头绪。一日在洛阳街上闲逛时，偶遇河北省财政厅门口张贴的"燕大复校员生登记处"的告示，去打听情况才知道，燕大准备在成都复校，为使在北平的学生能够顺利去往成都，安排在洛阳的河北省财政厅接待过往学生。栾汝甸被安排等待与后来的其他学生一起送往成都，住了一个月之后，还是没有其他学生前来，大家分析是因为北平同学尚未得到复学消息，栾汝甸自告奋勇，回北平传递消息。1942年4月间，栾汝甸按照北平至洛阳间一条较为安全又能缩短旅途时间的路线，经洛阳、

① 钱辛波（钱家瑞）：《八千里路寻"家"记》，载燕大文史资料编委会编：《燕大文史资料》第6辑，北京大学出版社1992年版，第95—96页。
② 燕大成都校友会整理：《抗战时期迁蓉的燕京大学》，载燕大文史资料编委会编：《燕大文史资料》第3辑，北京大学出版社1990年版，第182页。

漯河、亳州、商丘、徐州返回北平，将复校消息和旅途应注意事项告知在
北平的同学。这次返平实际上是很危险的，一个多月后，栾汝甸再次偷偷
南下，他的亲友后来告诉他，他离开不久，就有日、伪军警到其住所搜查。
另一位同学汪洋（吴宝珍），也是在历经千辛万苦到达洛阳之后，被委派返
回北平通知复学消息。在他后来撰写的《为成都复校三过敌人封锁线》中，
详细记述了往返经过。他三过封锁线，第一条路线极其险恶，第二条是一
条商行大道，再次南下时，有了经验的他走的是一条自认为"最快速最安
全"的路，但即便如此，也用了将近一个月的时间。如他自己所述，"这一
奔赴大后方复学的路程，千难万险，其中还有不少女同学，每人都有一场
不寻常的经历"。①

　　经历千难万险的师生们到了后方，开启了燕大在成都华西坝复校的历
程。而那些因为各种原因滞留北平的燕京大学的教授，却因其"富贵不能
淫，贫贱不能移"的气概而值得后人铭记。冰心在《七七事变后留平一年
的回忆》中记录了当年她和吴文藻离开北平时，燕京大学社会学系学生知
道吴文藻夫妇决计南行，邀请前燕京大学校长吴雷川先生题赠墨宝，吴先
生即录维新名士潘之博词一首相赠：

　　　　悲愤应难已，问此时绝裾温峤投身何地？莫道英雄无用武，
尚有中原万里！胡郁郁今犹居此？驹陈光阴容易过，恐河清不为
愁人俟。闻吾语，当奋起。

　　　　青衫搔首人间世，怅年来兴亡吊遍，残山剩水！如此乾坤须
整顿，应有异人间起，君与我安知非是？漫说大言成事少，彼当
年刘季犹斯耳，旁观论，一笑置。

　　这首词，淋漓尽致地反映了吴雷川当时的心境。燕京大学被解散后，
敌伪多次上门请吴雷川出任伪职，他闭门谢客，坚辞不就。此时先生年事

---

　　①　汪洋（吴宝珍）：《为成都复校三过敌人封锁线》，载燕京文史资料编委会编：《燕大
文史资料》第6辑，北京大学出版社1992年版，第83页。

已高，经常浩叹国事之非，人民之苦，不久就绝食仙逝。

燕京大学被封时，日本人逮捕了陆志韦、邓子诚、赵承信等教授，受尽折磨之后的他们于次年五六月间相继被释放。陆志韦被捕后，日本人企图利用其学术声望，再三威逼其出山，即便牙齿被打掉，他依然大义凛然，严词拒绝。历史系教授邓文如（子诚）于1942年5月出狱后，搬至燕京大学东门外桑树园4号，此后数年，是其一生中生活最窘迫的时期，家无隔夜之粮，唯靠卖书及木具、典当、借贷以及亲友学生的接济，偶有刻印鬻字以得微资，维持十余口之家，仅免于冻馁。但他傲骨铮铮，一直拒绝替日伪工作，因其坚贞不屈而见重于士林。燕大法学院院长赵承信出狱后，不怕威胁，不受利用，坚守民族气节，宁可卖家具，吃混合面窝头，也不低首事敌。抗战胜利后，他曾笑着对人说："沦陷那几年，把沙发都吃掉了！"

聂崇岐教授因为夫人患病，孩子年幼，无法离开北平，但他还是多次拒绝日伪的聘请，在仅有的一点积蓄用完后，靠变卖书籍维持全家人的生活。后来终于在中法汉学研究所找到了工作，靠微薄收入勉强度日。梁启超胞弟梁启雄亦因体弱多病，家庭人口多，负担重，无法去往后方，但他同样坚决拒绝与日伪同流合污，于1942年秋就任辅仁大学讲师，直至抗战胜利。这样的老师在燕大数不胜数。

"因真理得自由以服务"，无论是在北平的坚持办学，还是在成都的艰难复校，无论是留在北平的坚忍卓绝，还是奔赴后方的矢志不渝，与中国当时的大部分知识分子一样，抗战时期的燕大人谱写了一曲充满韧性和力量的壮歌！

# 第三章 大后方办学

## 一、西南联大——物质贫乏，精神富有

1943年12月，林语堂先生路经昆明，在参观完西南联大之后所做的讲演中，激动地对大家说："联大的师生物质上不得了，精神上了不得！"一时间，这段话被传为美谈。"物质上不得了"，当指物质贫乏；"精神上了不得"，当指精神富有。

1938年4月，迁至昆明的长沙临时大学奉教育部命令，改为国立西南联合大学。6月8日，西南联合大学关防到校，7月1日正式使用。西南联合大学不再称"临时"，表明了当时对抗战长期性的认识。但谁都未曾料到，西南联合大学在昆明一住就是8年。

国立西南联合大学校门

（西南联合大学北京校友会编：《国立西南联合大学校史：一九三七至
一九四六年的北大、清华、南开》，北京大学出版社，1996年）

西南联合大学建校初期的院系设置和行政组织系统基本维持长沙临时大学时期的原状。1938年7月底，在工学院机械工程学系航空工程组的基础上设立航空工程学系。8月初，增设师范学院，其后又增建了部分学系，至1944年，西南联合大学共设立5个学院、26个学系、2个专修班、1个先修班，成为当时国内规模最大的高等学府之一。

行政方面，仍以常务委员会为最高行政领导机构，下设总务处、教务处和建设处。常务委员会由三校校长及秘书主任组成，主席原定由三校校长轮流担任，一年轮换一次，但由于张伯苓长期在重庆担任国民参政会副议长，蒋梦麟也很少在昆明，实际上主要由梅贻琦主持。常委会每周举行一次会议，议决学校重大事务，各院院长、处长列席，常委会充分体现了集体领导和民主精神。

西南联合大学设有校务会议和教授会，各学院设有院务委员会。教授会对学校的行政管理、教学设置、学生学习都能产生影响，一定程度上体现了教授治校的精神。

在西南联大，除三位常委为专职外，总务长、教务长、训导长、各学院院长、各系主任均由教授兼任，兼职不增薪，课程负担与一般教授相同。由于常设机构和专职人员较少，在常务委员会领导下，成立各种专门委员会，协助常委会分别办理各项行政和教学事务或应急事宜，在该项任务完成后随即撤销。

北大、清华、南开三校在昆明均各自设立办事处，保留各校原有的部分行政和教学组织系统，负责处理各校自身事务。参加西南联合大学工作的三校教员，除仍由各校发给聘书外另由联大加聘。抗战前在三校肄业的学生，进入西南联合大学继续就读的，保留原学籍与学号，在原学号前分别冠以英文字母"P"（北大）、"T"（清华）、"N"（南开），毕业时分别由院校发给毕业证书。在西南联合大学入学的，学号前冠以"A"。

研究生课程的开设由三校教授统一配合，不分学校。三校教授都由西南联合大学加聘。研究生由三校分别招收，学籍属于各自学校。到抗战后期，北大研究生院共设有文科、理科、法科3个研究所，12个学部。清华有文科、理科、法科、工科4个研究所，16个学部，清华还设立了国情普查研究所、金属学研究所、无线电研究所等5个特种研究所。南开大学设有经济研究所和边疆人文研究室，理科研究所于1941年开始招生。这些研究所由于图书设备相对完备，招收人数不多，再加上教师精心指导，学生刻苦钻研，所以教学成果卓著。

1938年5月4日，国立西南联合大学正式开始上课。初到昆明时，由于校舍不足，租借昆明西门外昆华农业学校为理学院校舍，租借昆明拓东路迤西会馆、全蜀会馆为工学院校舍。文学院与法商学院租借海关旧址在蒙自办分校开课。一学期后，文学院与法商学院亦迁往昆明。8月，遵照教育部指令，西南联合大学增设师范学院，校舍问题更加突出，恰好昆明因敌机轰炸，一些中等专业学校疏散到外地，于是增租西门外昆华师范学校、昆华工业学校，并向云南省政府商借昆华中学南北两院为校舍。1939年夏，由梁思成、林徽因作为顾问设计的新校舍落成，新校舍地处昆明城外西北部三分寺，占地120余亩，勉强满足使用。1940年，因战事紧张，西南联合大学决议设分校于叙永，一年级学生在分校上课。叙永是川、黔、滇交界处的一个偏僻小县城，物质条件比昆明更差，教室勉强够使用，桌椅不全。一个学期后，停办叙永分校，复迁昆明。抗日战争胜利后，1946年5月4日，西南联大在昆明举行结业典礼。7月31日，梅贻琦校长在常委会最后一次会议上宣布，"西南联合大学到此结束"，联大宣告结束战时使命，北大、清华、南开三校，复归平津。联大师范学院留在昆明，改称国立昆明师范学校，后更名为云南师范大学。加上在长沙的半年，从1937年8月至1946年7月，9年时间，浴战火而生的西南联大与抗战相始终。

9年之中，先后在联大执教的教授有290余人，副教授48人，前后在校的学生约8000人，毕业的本科、专科和硕士研究生共3882人。更为可贵的是，在风雨如晦、外敌入侵的艰苦环境中，西南联大不只是形式上的弦歌不辍，在其存在的9年中，它为国家建设培育了大批人才。"中兴业，须人杰"，西南联大毕业和肄业的学生分布于世界各地，其中有相当多数的国际知名学者和为人类社会做出积极贡献的人才。可供参考的数字是：①1948年中央研究院建立院士制度，首届院士81人中曾在西南联大任教者有27人，占院士总数的1/3。②1955年中国科学院开始评选学部委员（1994年改称院士）。首届学部委员，哲学社会科学学部61人中有西南联大教师11人，数理化学部委员48人中西南联大师生有27人，生物地学学部84人中西南联大师生有13人，技术科学学部40人中西南联大师生有8人。③自1955年至1997年，西南联大理、工学院以及清华大学金属研究所、无线电研究所、农业研究所和航空工程研究所的教师，被评为中国科学院院士（学部委员）的有72人；学生被评为中国科学院院士（学部委员）的有78人，被评为中国工程院院士的有12人，2人为双院士，故二者合计学生被评为院士者有88人。定居在美国的原西南联大教师和学生有4人被评选为中国科学院首批外籍院士。故中国科学院院士（学部委员）中的西南联大师生合计为154人。④"两弹一星"功勋奖章获得者23人中有西南联大师生8人。⑤黄昆、刘东生、叶笃正先后获2001、2003、2005年度国家最高科学技术奖。⑥杨振宁、李政道荣获1957年诺贝尔物理学奖。①西南联大的成就还并不仅限于此。它"内树学术自由之规模、外获民主堡垒之称号"，它在继承五四、一二·九传统的基础上所形成的中国知识分子关切国家民族命运的爱国主义传统，它坚持学术自由、民主办学、不同思想兼容并包的办学原则，直到今天仍有深刻影响。

> 卢沟变后始南迁，三校联肩共八年。
>
> 饮水曲肱成学业，盖茅筑室作经筵。
>
> 熊熊火炬穷阴夜，耿耿星河欲曙天。
>
> 此是光辉史一页，应叫青史有专篇。

这是1983年西南联合大学校友会成立时，王力先生所作的诗《缅怀西南联合大学》。诗中有对西南联合大学艰苦物质条件的描摹，更有对其刚毅坚卓精神的称颂。

战时西迁的西南联大，各项设施与当年在平津时相比，相去甚远，虽

---

①　西南联合大学北京校友会编：《国立西南联合大学校史：一九三七至一九四六年的北大、清华、南开》，北京大学出版社2006年版，第1—3页。

竭尽全力，也不过勉强应付教学之用。以联大学生的吃穿住行为例。当年的学生们，谈起联大的吃，谁都忘不了在最艰苦的几年中，大家每日必吃的"八宝饭"。有学生对此有生动的描述："八宝者何？曰：谷、糠、秕、稗、石、沙、鼠屎及霉味也。其色红，其味冲，距膳堂五十步外即可嗅到，对牙和耐心是极大的考验。谨将享用秘方留下：'盛饭半碗，舀汤或水一勺，以筷猛力搅之，使现旋涡状，八宝中即有七宝沉于碗底，可将米饭纯度提高到九成左右'。"而学生们最常吃的菜则是有盐无油甚至连盐都没有的清水煮萝卜、水煮芸豆。西南联大的新校舍，因为经费不足，除图书馆和两座食堂因面积较大是砖木结构外，教室、实验室等均为土坯墙、铁皮顶。1938年至1942年在联大读书的杨振宁回忆，下雨的时候，"叮当之响不停"。"窗户没有玻璃。风吹时必须要用东西把纸张压住，否则就会被吹掉。"[①]学生宿舍更为简陋，只能以茅草覆盖，因极易损坏，学校每年不得不修补一次，但如果还没来得及修补就遇上倾盆大雨，半夜里床上就可以变为泽国，打伞睡觉成为常事。即便是条件相对较好的女生宿舍——南院，房屋也是一样的破旧，"一到下雨，屋里到处滴滴答答地漏雨，这时上铺就铺满了脸

西南联合大学茅草屋教室（1944年）（北京大学校史馆供图）

---

① 杨振宁：《读书教学四十年》，载杨振宁著：《杨振宁文集 传记 演讲 随笔》（上），华东师范大学出版社2000年版，第442页。

盆、水桶和撑开的雨伞，地上也是盆钵交错。平时，室内一盏不知是几瓦的电灯吊得老高，夜晚来临，发出暗淡的红光，把室内一切笼罩在一片朦胧之中"。[①]校内道路则基本都是土路，雨季一到，泥泞不堪，一脚踏下去，烂泥巴甚至没到脚踝。

西南联大学生很多来自战区，生活艰苦，全校学生十分之七八依靠学生贷金及补助金维持生活，但随着昆明物价以百倍的速度飞涨，很多同学的生活难以为继。汪曾祺在《七载云烟》一文中曾经写过联大师生的服装。女学生尚能有一些比较整洁的衣服，阴丹士林的旗袍，上身套一件红毛衣，低年级的学生爱穿"工装裤"——劳动布的工裤，上面有两条很宽的带子，白色或浅花的衬衫。男同学刚到昆明时也曾有些是西装革履，裤线笔直的，还有穿麂皮夹克的，但几年下来，衣服已经破旧，又无钱购置新衣，只能想各种方法"弥补"，像贴张橡皮膏之类的。有人裤子破了，不会补，也没有针线，就找根麻筋，把破洞结个疙瘩。汪曾祺说，在联大校园里，这样的"疙瘩名士"为数还不少。

为帮助同学克服生活困难，联大也会尽量安排一些有偿劳动，如看管图书、整理资料等，但毕竟僧多粥少，更多的同学不得不去校外兼职。有人统计，联大学生有一半以上做过各种各样的兼职。下乡教书、写作赚稿费、做报馆编辑、做电台播音、做翻译，还算是比较不错的兼差，还有人去做邮差、上街卖报、去金店当师爷，甚至有人去油漆汽车牌照、做电灯匠……工种五花八门。所有这些辛苦都是为了能够完成学业。

学生们生活困难，老师们的生活条件与战前也无法相比。初到昆明时，不少老师还颇津津乐道于昆明物价之低，陈达在《浪迹十年之联大琐记》中曾忆及，刚到昆明时，每个月9元的菜相当于长沙12元的质与量，最好的东调米每石8元5角，约120斤，猪肉每斤2角5分，牛羊肉价钱减半，1元钱可以买90个鸡蛋，豆芽每斤5分钱，实在是便宜实惠得很。但随着外来人口增多，昆明物价扶摇直上，而老师们的薪资从1937年9月开始，以

---

① 刘晶雯：《记忆中的南院》，载云南西南联大校友会编：《难忘联大岁月》，云南教育出版社1998年版，第159页。

50元为底，其余部分按照70%发放，除去各种捐税之后，到手的薪资不到一半。很多老师的生活难以为继。1941年底，联大54名教授联名呼吁改善待遇。呼吁书中说，教职工生活"始以积蓄贴补，继以典质接济，今典质已尽，而物价仍有加无已"，要求增加津贴。[①] 虽学校函请教育部解决，但杯水车薪，于事无补。1943年，清华大学为了自救，拟设立"清华服务社"，以生产合作的形式补助职教人员生计，潘光旦为此专门撰写了向清华校友征募股金的倡议书。据他统计，"在战前实支月薪三五〇元的一位教授，抗战开始以还，收入最少的年份可以少到（每月）九元六角"。"自三十一年春天起，形势更见得严重，职教同人几于没有一个不靠举债与售卖物品度日，到了今日，大部分的家庭已经是无债可举，无物可卖"了。[②] 1946年，《观察》发表了西南联大经济学教授杨西孟的文章《九年来昆明大学教授的薪津及薪津实值》并附一表格。文章指出，由于物价急剧上涨，到1943年，薪津实值只等于战前法币8元。战前老师们三百数十元的薪津待遇降至八元，实际上等于削减了原待遇的98%。老师们只能"消耗早先的积蓄，典卖衣服以及书籍，卖稿卖文，营养不足，衰弱，疾病，儿女夭亡……"在文章中，杨西孟把在"高度通货膨胀"下的昆明生活，比为一场"噩梦"。[③]

在这种状况下，教授们的生活也日益困窘。学生们衣衫残破，老师们也是如此。闻一多先生有一段时间穿的是亲戚送他的一件灰色夹袍，式样早已过时，领子很高，袖子很窄。朱自清先生穿的是一件云南赶马人穿的深蓝色毡斗篷，学生们笑称其远看有点像侠客。潘光旦在1942年所作的一首赠友诗中，曾表达了在艰苦状态下的心态："知吾不作稻粱谋，避地五年一敝裘。未信文章憎命达，只将身世寄鸥游。应怜士道衰微甚，莫为师门贫病忧。爱汝囊中无浊物，买薪权当束脩收。"潘光旦家人口较多，个人收入难以支付家用，不得不叫潘太太出来做点事情以贴补家用。身为联大常委的梅贻琦家生活也非常困难，于是潘太太与梅贻琦夫人韩咏华共同制作

① 北京大学、清华大学、南开大学、云南师范大学编：《国立西南联合大学史料一 总览卷》，云南教育出版社1998年版，第395页。

② 潘光旦：《为征募清华服务社股本致清华大学校友书》（1943），载潘光旦著：《自由之路》，群言出版社2014年版，第417—418页。

③ 《观察》第1卷第3期（1946年9月1日）。

一种糕点,取名"定胜糕",委托冠生园寄卖。梅贻琦1946年3月的一篇日记里曾写到自己居住环境的窘况:"屋中瓦顶未加承尘,数日来,灰沙、杂屑、干草、乱叶,每次风起,便由瓦缝千百细隙簌簌落下,桌椅床盆无论拂拭若干次,一回首间,便又布满一层,汤里饭里随吃随落。每顿饭时,咽下灰土不知多少。"[①]闻一多靠有限的薪金,难以支撑8口之家的生活,为了维持生计,1944年4月,在同人支持下,闻一多公开挂牌治印,联大梅贻琦、蒋梦麟、张振声、唐兰、朱自清、沈从文、罗庸、罗常培等都具名介绍,浦江清教授还用骈体文写启事予以推荐。在给兄长闻家骓的信中,闻一多写道:"弟之经济状况,更不堪问。两年前时在断炊之威胁中度日。乃开始在中学兼课,犹复不敷。经友人怂恿,乃挂牌刻图章以资弥补。最近三分之二收入端赖此道。"[②]以闻一多的声名,也不得不依靠治印稍纾困境,一般教员更难以维持。时为联大师范学院副教授的萧涤非,曾到中法大学、昆华大学、天祥中学等学校四处兼职教课,但生活依然穷困。1943年底,在第三个孩子出生后,无力抚养,只能忍痛送人。萧涤非专门写了一首诗记载此事:"好去娇儿女,休牵父母心。啼时声莫大,逗者笑宜深。赤县方

闻一多挂牌治印(北京大学校史馆供图)

① 梅贻琦:《西南往事——梅贻琦西南联大时期日记》,石油工业出版社2019年版,第321页。

② 孔党伯、袁謇正主编:《闻一多全集12 书信·日记·附录》,湖南人民出版社1994年版,第402页。

流血，苍天不雨金。修江与灵谷，是尔旧山林。"萧是江西临川人，其妻可能是南京人，故用模糊的地名修江与灵谷，指点孩子血脉。这首诗被朱自清推荐至重庆《饮河诗刊》发表，因其"沉痛真挚、读之泪下"而广受好评，但又有多少人能真明白这诗句背后的泣血悲声？

　　然而，"不得了"的物质困境并未使西南联大放弃其对精神层面的追求，9年联大，其成就确实"了不得"。梅贻琦在1931年任清华大学校长的时候曾说："所谓大学者，非谓有大楼之谓也，有大师之谓也。"后来他又说过："教授是学校的主体，校长不过就是率领职工给教授搬搬椅子凳子的。"这两句名言所代表的精神在西南联大时期仍然得到贯彻。西南联大没有大楼，却拥有一大批声望卓著的"大师"。文科教授，大多数是中西兼通的学者。陈寅恪、吴宓、闻一多、朱自清、冯友兰、汤用彤、罗常培、贺麟、罗庸、郑天挺、王力、叶公超、柳无忌、钱锺书、冯至、沈从文、钱穆、陈梦家、陈岱孙、沈有鼎、李广田、卞之琳……均声名显赫。理工科方面，联大多位年资较长的教授，称得上是中国近代若干基础学科和工程技术学科的开创者、奠基人，如姜立夫、饶毓泰、吴有训、叶企孙、曾昭抡、黄子卿、李继侗、陈桢、孙云涛、袁复礼、施嘉炀、顾毓琇等人。而另一些抗战爆发后回国的年轻教授如许宝騄、华罗庚、陈省身、王竹溪等，了解国外学术发展的最新成果，他们加盟联大，使联大教学和研究能够接近国际先进水平。这些老师培养的大批学生，为新中国奠定了重要的人才基础。

　　把北大、清华、南开这样三个顶级高校和诸多学术界知名教授集中在一个地方，无形中是一种竞争，但三校"通家"合作使这种竞争成为一种积极向上的良性竞争。不是说谁把谁拉下来，而是"我要努力，你也要努力"。"你的学术上有成就，我的学术也要有成就。你要多看书，我也要多看书。"[1] "人人怀有牺牲个人、维持合作的思想。联大每一个人，都是互相尊重，互相关怀，谁也不干涉谁，谁也不打谁的主意。学术上、思想上、政治上、经济上、校风上，莫不如此。"[2] 也正如此，联大师生们才创造了"了

---

　　① 张曼菱：《西南联大行思录》，生活·读书·新知三联书店2019年版，第165页。
　　② 郑天挺：《梅贻琦先生和西南联大》，载西南联合大学北京校友会校史编辑委员会编：《笳吹弦诵在春城——回忆西南联大》，云南人民出版社、北京大学出版社1986年版，第67页。

不得"的成就。

对于联大的老师们来说，认真教书，踏踏实实地进行科学研究；安贫守贱，辛辛苦苦地从事本职工作，这是他们的精神追求。冯至说："假如有人问我，'你一生中最怀念的是什么地方？'我会毫不迟疑地回答：'是昆明。'如果他继续问下去，'在什么地方你的生活最苦，回想起来又最甜？在什么地方你常常生病，病后反而觉得更健康？什么地方书很缺乏，反而促使你读书更认真？在什么地方你又教书，又写作，又忙于油、盐、柴、米，而不感到矛盾？'我可以一连串地回答：'都是在抗日战争时期的昆明。'"虽然在昆明的几年中，冯至也不得不将自己的照相机、留声机、跋涉千里舍不得抛弃的玻璃器皿、外国友人送给女儿的玩具、不穿的衣服、旧书等忍痛寄卖，但是，他还是认为，称昆明生活如同"噩梦"，是指物质生活，在精神方面，不但没有贫穷化，"反倒一天比一天更丰富"。[①]在菜油灯如豆的微光下，读书、读报、批改学生作业、写书、写文、译书，成了冯至对那一段生活无法忘却的记忆。艰苦的生活、敌机的轰炸、频繁的"跑警报"并没有使他消极，他的《十四行诗》、散文集《山水》、历史故事《伍子胥》，包括对《歌德年谱》的翻译和注释，对杜甫的研究，都是开始或完成于在昆明的这一时期，精神生活怎么可能贫乏？

闻一多在蒙自的一段时间，用功做学问，轻易不下楼，因此，大家总是劝他"何妨一下楼"，渐渐地，"何妨一下楼主人"就成了闻一多先生的外号。1938年5月，闻一多在给友人的信中写道："蒙自环境不恶，书籍亦可敷用，近方整理诗经旧稿，素性积极，对中国前途只抱乐观，前方一时之挫折，不足使我气沮，因而坐废其学问上之努力也。"[②]钱穆的《国史大纲》于1939年6月完成。他在"书成自记"中回顾这本书的写作过程，自言倍感艰辛。此书是他从1933年始在北京大学讲授通史过程中撰写的备课稿，至1937年7月，其间屡有增补，亦有成书之意，但因"课繁力绌"一直未

---

① 冯至：《昆明往事》，载政协云南省委员文史资料研究委员会编：《云南文史资料选辑·第34辑·西南联合大学建校五十周年纪念专辑》，云南人民出版社1988年版，第9—36页。

② 闻一多：《闻一多书信集》，群言出版社2014年版，第327页。

成。卢沟桥事变后，钱穆"藏平日讲通史笔记底稿于衣箱内"，取道香港，转长沙，至南岳。又随校迁滇，出广西，借道越南至昆明。文学院暂设蒙自，至是"辗转流徙，稍得停踪"。经陈梦家几次督促，终下决心完成此书。不久，文法学院迁昆明，因觉昆明"尘嚣居隘"，钱穆决意在蒙自居留。因当时居所与航空学校相邻，为躲避空袭，每晨必"抱此稿出旷野，逾午乃返，大以为苦"，之后又移居城外宜良西山岩泉下寺。假期之后西南联大开学，为完成此书写作，钱穆于每周课程结束之后返回蒙自。"既乏参考书籍，又仆仆道途，不能有四天以上之宁定。"至1939年6月，历时13个月，全稿终于完成。[①]这本书出版之后，即风行全国，奠定了钱穆史学大家的地位。1939年，在昆明，陈寅恪以手边幸存的眉注本《通典》为基础，抱病完成《隋唐制度渊源略论稿》一书，随即送到商务印书馆印行，但稿件不幸遗失，再送至香港商务印书馆印刷，又被日寇烧毁。后来在重庆商务印书馆出版的稿子，实际上是由史语所同人将旧稿凑集而成的，这本书被称为隋唐史研究的里程碑之作。冯友兰先生的6部传世之作，《新理学》（1939）、《新事论》（1940）、《新世训》（1940）、《新原人》（1943）、《新原道》（1944）、《新知言》（1946），都完成于艰难困厄之中。这6部书，是冯友兰一生哲学创作的高峰，也是他在最艰难困苦的岁月里，为民族文化的发展所做出的卓越贡献。

相对于文科教授们依靠图书和资料可以展开研究，理工科教授们的研究工作进行得更加艰难。1943年2月，作为"英国文化赴华使团"一员，生物化学家李约瑟到访昆明的第一站就是西南联大。他看到了中国学者在艰难环境中为继续其科学研究"用尽心思和智巧"的聪明才智：用黏土自制电炉的电炉丝用完了，用云南兵工厂的金属片代替；显微镜载片买不到，就把空袭炸坏的玻璃裁切后使用；没有玻璃盖板，用当地自产的云母片代替；吹玻璃没有煤气，将以糖蜜为原料所酿成的酒精用电炉化成酒精蒸气代替。联大校内没有防空洞，遇到空袭，就将珍贵设备置于屋旁边的大汽油桶中，这样，只要不是炮弹直接命中，这些设备就可以保存下来。随后，李约瑟

---

① 钱穆：《国史大纲》（修订本上册），商务印书馆2008年版，第25—26页。

还访问了清华无线电研究所、中央研究院职务研究所、北平研究所物理和化学所、教育部药物研究所、国立中央防疫处等。药物研究所在一座古老的乡村寺庙里，"在其正厅有一座很大的观音像露首肯之色望着那些已编目的干的植物之采集品"；陈达博士主持的统计与调查研究所在一座孔庙里，神龛下面，放有计算机和统计学家卡片索引。

这些在战火中苦苦坚守的科学研究者给李约瑟留下了深刻的印象，他在其后发表的调查文章中写道："他们所处的环境，如何困难，实不易描写。学生住的宿舍，甚为拥挤，极易感染疾病，如肺病等。由于无适常洗濯之方便，传染病如沙眼之类，也很普遍。守正轨的科学家们，其以前的与今日的生活之对比，差别甚大。许多很有科学造就的男女们都住在东倒西歪的不易弄得很清洁的古老式房屋中"，"常常有人名闻欧美尚不得一温饱"。而更让李约瑟铭刻于心的，是他们在困难环境中所表现出的一种"不可克服的坚忍与勇气"与"安然自得之精神"。[①]为帮助中国科学家解决面临的种种难题，尤其是科研机构与外界长期隔绝，好不容易完成的论文，在国内无处发表，寄往国外又遭遇审查，还有研究者工资待遇极低等问题，在李约瑟的建议下，英国政府在重庆设立了一个为中国科学界服务的"中英科学合作馆"，其工作包括加强中外联系，向中国科学界提供科学物资，帮助介绍或推荐中国科学家的论文在国外刊物发表，为中国科技机构提供科技咨询，协助中国科学家和学者赴英交流，等等。这个合作馆起了重要作用，中国科学家如童第周、贝时璋、吴大猷、程开甲、李四光、王淦昌等人的论文都经其推荐在欧美杂志发表。

联大老师们不仅潜心学术研究，对于教学同样精益求精。辗转迁徙的联大，并没有因为战乱而放松对教学的要求。联大实行学分制，同时还规定学生在校必须学习4年（师范学院为5年），实际上为学年制兼学分制。每学期每周授课1学时的课程为1学分，实习或实验2～3学时算1学分，学生每学期所选课程以17学分为准，不得少于14学分，也不得超过20学分

---

① ［英］李约瑟：《战时中国西南部科学之发展》，载龙美光编：《笳吹弦诵在山城——西南联大学术风景线》，云南出版集团、云南人民出版社2018年版，第227—240页。

（经特批可超过），学生在4年中修满132学分（师范学院为156学分，法商学院法律学系和工学院各系另有规定），党义、体育、军事训练及格，缴清一切规定之费用，经审查合格，方得毕业，并授予学位（毕业论文2学分，作为必修课目选习）。学生成绩采用百分制，每一学生，在学期学习成绩中，有1/2不及格，勒令退学；如成绩有1/3不及格，可留读一期，如仍有1/3不及格，也得退学。不及格的课程不得补考，不给学分，以零分计算。除非因不得已事故（如疾病、亲丧）等事件者，经教务长核准后，才能参加补考。不及格的课程如果是选修课，以后另选其他课程补足学分总数即可。倘若是必修课，必须在下一学年该课开班时重读，如隔一学年再修习，即使及格也不给学分。规定必修的社会科学和自然科学各有四五门课程可供选择，但与本系密切相关的基础课不及格时就必须重修，不得更换。有些专业基础课有连续性，先行课程不及格，不得修读后续课程，这些课程往往安排在三四年级，一旦有一门课程不及格，直接影响毕业，工学院就常常有学生5年才能拿到毕业文凭。

学校规定严格，老师们教学更是认真负责。联大重视基础教育，每个专业的基础课都由著名教授授课，学生们一进大学即可近距离聆听大师讲学。除必修课外，还开了很多选修课，甚至相同的一门课，由几个老师讲授，各有特色，如此"打擂台"式的授课让学生可以依个人兴趣进行选学，对教师也提出了更高的要求。每位老师都对自己的课程尽心竭力。朱自清肠胃不好，一度瘦到38.8公斤，可谓"形销骨立"，即便如此，他工作起来依然呕心沥血。妻子陈竹隐回忆，一次他得了痢疾，可是他已经答应学生第二天上课发作文，于是他书桌旁放着马桶，连夜批改学生的文章，那一夜他拉了30多次，眼窝深陷，人都脱了相。第二天一早，脸都没洗，拎起包就给学生上课去了。汪曾祺说，朱自清先生教课很认真。他上课时带一沓卡片，一张一张地讲。要交读书笔记，还要月考、期考。1941年至1945年在西南联大哲学系读书的汪子嵩回忆，讲授"西洋哲学史"的冯文潜，讲课认真负责，对每位主要哲学家的主要思想都讲得条理清楚、深入浅出、引人入胜。冯教授还指定英文书目，要求学生写读书笔记，不仅指出学生理解错误之处，还纠正学生的英文文法错误，并请学生分别去他家，讨论这些问题，颇有古代书院之风。而听金岳霖教授讲课，"对金先生那种细致的一层层深入的分析，感到启发思想，真是一种精神享受"。沈有鼎是联大几位"怪才"教授之一，不管老师还是学生，只要你向他提出问题，他就拉住你说个不休。他口才不好，讲起话来有点结结巴巴，尤其是讲那些抽象的概念术语时，初听你会觉得不知所云，但如果认真记笔记的话，你会发现他讲的内容中逻辑的分析论证都清清楚楚，十分严密。①赵瑞蕻回忆联大外文系的一门课"欧洲名著选读"，从希腊至近代，选出11部名著进行精读，由9位教授分担讲授，钱锺书负责荷马史诗中的《伊利亚特》和《奥德赛》、吴宓的柏拉图《对话集》、莫泮芹的《圣经》、吴可读的但丁《神曲》、陈福田的薄伽丘《十日谈》、燕卜荪的塞万提斯《堂吉诃德》、陈铨的歌德《浮士德》、闻家驷的卢梭《忏悔录》、叶公超的托尔斯泰《战争与和平》和陀思妥耶夫斯基《卡拉马佐夫兄弟》，每一位教授都可称得上大师级学者。赵瑞蕻说："那一段日子，我们过得很沉重，却又很愉快。我还依稀记得起来，多少个深夜，坐在硬板凳上，在摇曳的鹅黄色的烛光下，展读那一部部的文艺经典——那些名著各有一个天地，各有一座精神的深谷。我们仿佛是渺小、辛苦、长途跋涉的香客，向瑰丽的经典宝山，作一番惊喜的探寻和漫游。"②

联大民主气氛浓厚，老师讲课完全按照自己的思路，没有统一教材，各种"怪才"老师在联大的课堂上各领风骚。刘文典讲《昭明文选》，一个学期才讲了半篇木玄虚的《海赋》。闻一多上课，学生是可以随便抽烟的，汪曾祺曾上过闻一多讲的《楚辞》，上第一课时，"他打开高一尺又半的很大的毛边纸笔记本，抽上一口烟，用顿挫鲜明的语调说：'通饮酒，熟读《离骚》'——乃可以为名士"。③后来移居美国的王浩说在西南联大读书求学的日子是一段"谁也不怕谁的日子"，学生之间，师生之间，不论年资和地位，

---

① 汪子嵩：《中西哲学的交会：漫忆西南联大哲学系的教授》（之一），载《读书》杂志编：《不仅为了纪念》，生活·读书·新知三联书店2007年版，第239—247页。

② 赵瑞蕻：《离乱弦歌忆旧游——西南联大求学记》，生活·读书·新知三联书店2021年版，第48—49页。

③ 汪曾祺：《我在西南联大的日子》，山东画报出版社2021年版，第32页。

学生常常在课堂上直言教师的错误，教师不但不生气，反而对这些学生会更加欣赏。赵瑞蕻曾忆及自己1939年秋在联大读书时的一段亲身经历。那天，他正在教室里看书，有七八个人忽然推门而入，其中有算学系教授华罗庚，还有几位助教和年轻学生，他们在黑板前的椅子上坐下，其中一个人就在黑板上演算公式，边写边说："你们看，是不是这样？……"后面又有人喊："你错了，听我的！……"自己上讲台去边讲边在黑板上飞快地写算式，跟着，华罗庚拄着拐杖一瘸一拐地走过去说："诸位，这不行，不是这样的！……"一群人闹哄哄争执了一段时间后，华先生说："快十二点了，走，饿了，先去吃点东西吧，一块儿，我请客！"这件事时隔60年仍让赵瑞蕻铭记在心，是因为它足以说明当年联大的校风学风。"它给我的印象太深了。"[①]汪曾祺也说，在联大的壁报上，经常刊载杂文和漫画，冯友兰先生、查良钊先生、马约翰先生，都曾被画进漫画里，其中不乏戏谑之意，三位先生看了，也不生气。

即使在昆明被频繁轰炸的日子里，老师们也尽量做到不随便停课。何兆武回忆，从1939年夏天到1941年秋天，一年零一个季度时间，日本几乎天天来飞机轰炸。在这样频繁的轰炸中，"跑警报"成了师生们的日常。在最初的恐慌过后，老师们也逐渐学会了调适。1940年10月13日，昆明遭遇到一次大轰炸，《吴宓日记》记载："日机27架飞入市空，投弹百余枚。雾烟大起，火光迸烁，响震山谷。较上两次惨重多多。"[②]联大在这次大轰炸中损失惨重。梅贻琦在此次事件后的一份《告清华大学校友书》中写道："敌机袭昆明，竟以联大与云大为目标，俯冲投弹，联大遭受一部分损失，计为师范学院男生宿舍全毁，该院办公处及教员宿舍亦多处震坏"，"环学校四周，落弹甚多，故损毁特巨"，"清华办事处在西仓坡之办事处，前后落两弹"，办事处防空洞被"全部震塌"，"工友二人，平素忠于职守，是日匿避

---

① 赵瑞蕻：《离乱弦歌忆旧游——西南联大求学记》，生活·读书·新知三联书店2021年版，第19页。

② 吴宓著，吴学昭整理注释：《吴宓日记（1939—1940）》第7册，生活·读书·新知三联书店1998年版，第244页。

该防空洞内，竟已身殉"。① 即便在这样的情况下，教授们仍坚持授课、研究不辍。10月14日下午3点到4点，吴宓继续上他的"英文作文"，当晚，吴宓去上"欧洲文学史"之柏拉图，可惜学生只到2人，"坐久，即散"。10月15日晚7点到9点，吴宓在校舍大图书馆外，"月下团坐，上《文学与人生理想》，到者五六学生"。虽人数不多，但吴宓还是坚持授课，由避警报而讲述四大宗教哲学对于生死问题的训示。② 10月16日下午4点到5点，曾昭抡还是坚持去上了他的"本学期第一课"——高等有机。10月17日至18日，日方广播，17日至21日将"狂炸昆明及四郊"，曾昭抡早晨5点左右即醒，早饭后赴校上课。天空阴云甚重，上两节课后"安然无事"。至9点45分，"空袭警报终来，出城避至山边沟中。坐沟旁草地上，读完《罪与罚》一书。至下午一时余，仍放紧急警报。坐沟中向天张望，不久旋见敌机三架，来回盘旋侦察。后见重轰炸机三队二十七架，作银白色，自头上飞过，至城角上空，投轻炸弹一批，随见城内黑烟扬起。由城飞至马街子，投重磅炸弹一批，地为之撼"。下午5时，警报解除，回家晚餐后，"阅清华留美试卷，至十一时"。18日，曾昭抡的日记中又写道："八时至北门街宿舍取书，返宅后画《高等有机》应用之图表。九时半警报又来，出城疏散，坐两山间之山沟内，读看清华留美试卷。"③ 日机的频繁来袭竟然让老师们上课有了不一样的体验。陈达在1940年12月3日这一天，就尝试"躲警报兼上课"，在郊外一个坟头上讲人口理论，除了学生外，还吸引了不少跑警报的人听讲。在旷野树林中讲学，大家甚至认为这样的机会实在是难得。

师生经常相携跑警报的经历使联大师生情谊甚深。但老师们并不因为彼此情谊深厚而会对学生成绩"放水"。联大很多老师以教学要求严格著称。联大机械工程系的孟广喆教授，讲课生动活泼，能让学生跟着他的思维转。

---

① 《梅贻琦关于联大校舍被炸的启事》（1940年10月），载清华大学校史研究室编：《清华大学史料选编 第3卷（下） 西南联合大学与清华大学1937—1946》，清华大学出版社1994年版，第188页。

② 吴宓著，吴学昭整理注释：《吴宓日记（1939—1940）》第7册，生活·读书·新知三联书店1998年版，第246—247页。

③ 王治浩、邢润川、胡民选：《读曾昭抡一九四零年昆明日记》，载《中国科技史料》1982年第2期。

但是他评分极其严苛，因此学生也颇有微词，弄得他的助教都经常求他对学生宽容一些。一天，助教在学校里看到一幅题为《我若为王——If I were king》（《我若为王》是当时昆明放映的一部很受欢迎的电影）的墙报漫画，漫画的说明文字是："If I were king, I would kill Meng !"（我若为王，我将杀了孟!）助教看了很愤怒，但孟广喆知道以后，则哈哈一笑，评分依然故我，丝毫没有改变。

严格甚至有些严苛的考试制度使得西南联大学习风气异常浓厚。学生对学习和考试特别重视，指定参考书不能不看，布置的习题不敢不做。饭食、教室、图书，一切资源都有限，因此，造就了联大"抢"风盛行。清晨起来连洗脸的工夫亦没有，就开始了抢的生活。首先得跑到教室中去抢座位，听讲的人数总有200多但是座位只有100多个。如果落后的话，不得不伫立窗外受伸颈侧耳的痛苦。谈到吃饭，即以迅速为佳，因为饭菜不够，假如怠慢一步的话，唯有望空桶长叹。还有图书馆中的抢参考书，身体孱弱的同学只能退避三舍。"每天三抢形成了我们紧张的生活。"[1]有同学抱怨说，联大的考试像"蜀道"一样难，尤其是功课最为繁重的工学院，书呆子们即便日夜努力，"每年暑假被刷下来的总要占半数以上。教授总说学生程度太差，学生却怨教授丝毫不能妥协。同学们每日在考试中忙着，即使放假的时候，亦没有一刻的闲暇"，"着实令人累得头疼。"[2]

西南联大图书馆面积约900平方米，可容纳800人，拓东路工学院分馆阅览室可容400人，师范学院分馆可容200人。所有几万册书籍大部分为三校藏书迁运来滇，也有部分是在当地收购及各方捐赠的图书。图书馆开馆前，门外总是挤满了人，抢座位、抢图书，"联大同学的求学精神是值得校外人士的赞美的。图书馆的几个阅览室里，常是坐得满满的。教室在不上课时也常有同学在里面用功。尽管上课不点名，旷课的情形极少。有时教室里的位子不够，就立着听讲"[3]。在一切靠"抢"的生活常态中，不少同

---

[1] 树玉:《西南联大在昆明》,《察省青年》1942年第2卷第2期，第26页。
[2] 树玉:《西南联大在昆明》,《察省青年》1942年第2卷第2期，第26页。
[3] 方力:《告投考西南联大者》，载龙光美编:《笳吹弦诵在山城——西南联大学术风景线》，云南出版集团、云南人民出版社2018年版，第94页。

学也逐渐积累了丰富的经验。要去图书馆的话，有同学总结，他们至少得三个人合作。两个人在晚饭前就到图书馆门口去等开门，一个人去食堂买饭。图书馆大门一打开，就赶快冲进去，一个人拿三个书包，占好三个位子，另一个人拿了三张学生证（借书凭借书证）和一张预先写好的书单，递到柜台上去借书。如此闹哄哄拼抢之后，就可以获得三个小时安静读书的机会。

西南联大图书馆书架（北京大学校史馆供图）

　　西南联大学生好读书，但是并不"死读书"。西南联大课外活动内容非常丰富，活动频繁。学生自办壁报，各种"诗歌朗诵会""文艺晚会""时事讨论会""教授演讲""读书会""音乐晚会"经常举行。要是功课不紧张，每天晚上都可以参加一个会。有些同学即使明天要应付考试，但是如果演讲者或演讲的内容合他的胃口，还是会挤到人群里去听讲。

　　西南联大的成功，一方面是在国难期间所激发的爱国主义精神，这种精神促使师生一力向学，以"驱除仇寇复神京，还燕碣"为共同信念与责任。另一方面就是三校特色的有机融合。1946年11月1日，回归平津的三校在北大四院礼堂举行纪念联大9周年校庆。梅贻琦回顾联大历史，称西南联大之所以能联合到底，"同人咸认为满意"，是因为三校原是"通家"，"间或有远有近，但是很好"。①郑天挺也回忆，联大初成立时，张伯苓对蒋梦麟说，"我的表你带着"，这是天津俗语"你作我代表"的意思。蒋梦麟对梅贻琦说，"联大校务还请月涵先生多负责"。蒋梦麟常说，"在联大我不管就是管"。三人都列名西南联大常委，但因梅贻琦年纪较轻，就毅然担负起这一重任，实际上常委会一直由梅贻琦主持，这样的模式奠定了三校在联大8年合作的基础。北京大学倡导"学术自由，兼容并包"，清华大学有"通才教育""教授治校"的办学理念，南开则以解决中国社会现实问题、研究社会实际为主要目标。三校"同无妨异，异不害同"，相得益彰，在"饭甑凝尘腹半虚""既典征裘又典书"的困境中，西南联大师生继承和发扬三校风格各异的优良校风和学风，并以其兼容并包之精神，克服种种困难，结茅立舍，精诚合作，共济时艰，"内树学术自由之规模，外获民主堡垒之称号"，"五色交辉，相得益彰，八音合奏，终和且平"，以"刚毅坚卓"铸就"独立之思想"，"自由之精神"，最终成就了中国教育史上的一段传奇。


## 二、西北联大——"联辉合耀，文化开秦陇"

1938年4月，按照国民政府教育部的指令，国立西安临时大学改名为"国立西北联合大学"。5月2日，全校师生员工在城固校本部大礼堂举行了隆重的开学典礼，由校常委李书田主持。李书田回顾了从平津沦陷以来联大师生迁徙跋涉的历史，认为这次从西安到城固的徒步迁徙是学界"破天荒的大举动"，"我们对于沿途各地的风俗习惯，得有调查的机会，对于自己的身体健康，亦得到不少的好处"；校常委陈剑翛报告迁校过程并指出更改校名的意义："一方面是要负起开发西北教育的使命，一方面是表示原由三所院校合组而成。"校常委徐诵明在致辞中指出：在抗战期间，最高学府的学生"不一定非拿枪杆到前线去才是救国，我们在后方研究科学增强抗战

---

① 北京大学、清华大学、南开大学、云南师范大学编：《国立西南联合大学史料一 总览卷》，云南教育出版社1998年版，第15页。

国立西北联合大学影壁（原位于陕西城固县考院）
（陕西省档案局编：《国立西北联合大学档案史料选编》，西北大学出版社，2018年）

力量，也一样是救国"。李蒸常委也勉励师生"要立志做大事，不要立志做大官，并爱惜光阴"，"要想成功非忘掉自己不可"，不要有私心。[①]在战火中颠沛流离的这所大学终于落户城固及其周边三县，这片土地也从此迎来了难得的发展机遇。

　　西安临时大学改名为西北联合大学之后，原来组成西安临时大学的各个学院也随之改名为西北联合大学文理学院、西北联合大学法商学院、西北联合大学工学院、西北联合大学农学院、西北联合大学教育学院（师范学院）和西北联合大学医学院、西北联合大学附中。学校分设于城固县城及周边三县6处：城固县城内，西北联合大学本部在考院（今城固师范所在地）；法商学院在城固县城小西关职业学校（今城固一中），文理学院在贡院及文庙（今城固师范所在地），教育学院在文庙（今城固县二中）。工学院、地质地理系、高中部在距城固县城20公里的古路坝意大利教堂。农学院在沔县武侯祠。医学院设于南郑县城城东10公里的马家庙。不过，西北联合大学同时拥有6个学院的历史时间极短。1938年7月，按照教育部训令，

①　《本校城固本部举行开学典礼志盛》，《西北联大校刊》第1期（1938年8月15日）。

## 平津高校外迁

西北联合大学工学院（北洋工学院及北平大学工学院）与东北大学工学院、私立焦作工学院合组为国立西北工学院。农学院也与国立河南大学农学院畜牧系、国立西北农林专科学校合并为国立西北农学院，合并之后，以原先国立西北农林专科学院校址为"永久地址"。1939年8月，西北联合大学再次改组，由文、理、法商三学院组建国立西北大学，医学院独立设置，称国立西北医学院，师范学院也单独设置，称国立西北师范学院。自此，西北联大之名不复存在，进入五校分立时期。1940年，教育部提出，该校改组之后仍多集中于汉中城固一带，"不足以应西北广大社会之需要，而谋学校本身之发展"，提出将西北大学迁往西安、西北工学院迁往宝鸡、西北农学院迁往武功、西北师范学院迁往兰州、西北医学院迁往平凉的计划。1941年10月1日，李蒸在多方考虑之后，在兰州设立西北师范学院兰州分院，齐国樑任兰州分院主任。1942年夏，西北师范学院兰州分院改为本院，李蒸院长亦举家迁往兰州。

　　　并序联黉，卅载燕都迥
　　　联辉合耀，文化开秦陇；
　　　江汉千里源嶓冢；天山万仞自卑隆。
　　　文理导愚蒙；政法倡忠勇；师资树人表；实业拯民穷；健体
明医弱者雄。
　　　勤朴公诚校训崇。
　　　华夏声威，神州文物，原从西北，化被南东；
　　　努力发扬我四千年国族之雄风！

　　这首由黎锦熙和许寿裳根据西北联合大学校训"勤朴公诚"所作的《西北联合大学校歌》，唱出了西北联大三校联合办学、立足秦陇的教育志向，也唱出了西北联合大学以文理、政法、教育、农工医学为学科架构，奠基西北、建设西北的雄心壮志。历史证明，当年的豪情并非空言。抗战胜利后，西北五校除师范学院、北洋工学院部分复归平津外，其余学校则扎根西北，留下了包括文、理、工、农、医、综合、师范在内的学科完备的高等教育体系。

据最新统计结果表明，西北联合大学与其子体国立西北五校，至1949年中华人民共和国成立前夕，相继有3189名教职工在此任教或服务，共培养了9289名毕业生。[①]西北联合大学及国立西北五校的教授中，在人文社科领域，有最早完成第一部中国逻辑思想通史的汪奠基；完成我国第一部《史学方法大纲》的陆懋德；第一部《清代通史》的作者萧一山；开辟我国西北考古和科学考古学科，完成我国第一部符合现代考古学体例的考古报告，首次穿越塔克拉玛干沙漠的黄文弼……在自然科学领域，有哥廷根学派的中国传人、我国抽象代数第一人曾炯；有在世界上首先发现高等植物收缩蛋白这一国际高等植物细胞骨架研究里程碑事件主角的阎隆飞；有国际知名昆虫分类学专家，创建我国第一家和全球最大的昆虫博物馆，完成中国最完善的中国蝶类志，扎根西北69年的周尧教授；有开拓与奠基中国近代地理学的黄国璋……截至1949年，从西北五校中走出的学部委员与院士有32人。他们中，有2010年获国家最高科学技术奖的师昌绪；有开创西北矿冶事业，将现代工程教育制度远播西康，奠定中国冶金物理化学学科基础的魏寿昆；有培育出我国小麦推广面积第一的"碧蚂1号"，被毛泽东主席多次接见，称其"挽救了新中国"，扎根西北58年的赵洪璋……而联大毕业的学生们，也在各行各业为新中国建设做出了杰出贡献。开国大典播音员齐越，于1946年毕业于西北大学俄语系；申健，1937年至1939年在西北联合大学法商学院就读，1938年5月在校期间入党，离校后与熊向晖等一起打入胡宗南部做秘密工作，被周恩来总理誉为党的隐蔽战线的"后三杰"，新中国成立后曾任驻印和驻古巴大使，中联部副部长；开国将军甘祖昌夫人，全国道德模范龚全珍，1945年考入国立西北大学教育系……

与西南联合大学相比，西北联合大学由于其仅存1年零4个月即一分为五（实际上到城固三个月以后农学院与工学院已经独立），其声名与西南联合大学相比逊色不少。西北联合大学的"分"，与国民政府"开发西北""建

---

　　① 姚远：《国黉播迁：西北联大通史》（上），陕西新华出版传媒集团、陕西人民出版社2021年版，第8页。

设西北"的意图有极大关系。如前文所述，从20世纪30年代开始，国内对于在西北发展高等教育的呼声已不绝于耳，陕西省主席邵力子在1935以后曾多次上书教育部、行政院，提出西北教育落后，不足以应建设所需，应适当调整大学布局，改变西北高等教育的落后状况。对于地方上的呼吁，教育部当时做出了积极回应。1937年7月，教育部发出训令，准备筹拨专款，先行筹设国立西北大学理学院化学馆和生物馆。全民族抗战爆发后，平津沦陷，高校被迫外迁，以西安为目的地的迁址计划正好与政府之前的筹划相合，其时行政院拟订的《平津沪战区专科以上学校整理方案》已经明确提出，"为发展西北高等教育，提高边省文化起见"，拟令国立北平大学、国立北平师范大学及国立北洋工学院，"逐渐向西北陕甘一带移步，并改称国立西北联合大学，院系仍旧"①。

当时在教育部任职，后任西北大学校长的刘季洪曾回忆西北联合大学解体之事，他说这是因为政府"作长期抗战计划"，因此"有意为西北地区建立高等教育基础"，并且说这段时间他正在教育部服务，"不但明了西北联大改组的经过情形，并且有若干公文也曾直接参加处理，所以印象至今犹新"。他还说，由于西北联合大学的改组，一改抗战前西北各省青年要投考大专学校，大多必须到北平的困境，西北青年求学机会大为增加。仅就西北大学而言，至1949年时，全校学生1500余人，来自陕、甘、宁、青、新疆各省区学生已达半数以上，"可见当时教育部西北建校政策的重要，至于以后对西北地区发展的影响，当然更为深远"②。

将原属平津的高校一分为五，成为冠名"西北"的地方高校，在当时曾引起西北联合大学各方强烈反对，教授、学生纷纷上书吁请收回成命，但是在国民政府教育部的强硬坚持下，此事终成定局。这些因为战争被迫迁移的教授和学生当然无法马上认同政府这种做法，但是，从整个国家发展的布局而言，不能不说这是着眼于国家"开发西北""建设西北"发展战

---

① 中国第二历史档案馆编：《中华民国史档案资料汇编第5辑 第2编 教育》，江苏古籍出版社1994年版，第11页。

② 刘季洪：《为西北建立高等教育基础》，载杨德生主编：《西北大学教育理念文选》，西北大学出版社2004年版，第55—56页。

略的长远布局。作为教育部部长的陈立夫，曾多次重申，西北联合大学肩负建设"西北文化重责"，如果不是万不得已，不能离开西北。1938年7月21日，教育部发出训令，指出这种院系调整，是因为"我国国立专科以上学校之设置，过去缺乏一定之计划，故各校地域之分布，与院系之编制，既未能普遍合理，又未尽适合需要"。这是一个全国一盘棋的计划，并非只针对西北联大。①

1941年，民国著名教育家姜琦撰文指出，中国之前高等教育之演进，基本始终停留于某一点或某一线，从没有从全局"面"上进行过认真考量。过去国内公私立大学数量不可谓不少，但分布不均。全民族抗战爆发以来，东北、东南各省都有各种公私立大学迁移至西南和西北，但是各大学基本都是"暂时退避"，从来没有长期定居的打算，"请看这许多大学仍然坚决地保持原有的名称，就可以思过半了"。他说，如果站在对外立场上来说，当然希望抗战快点胜利，各大学搬回至原设立地，但是站在对内立场，我们不应该让这些大学战后完全"恢复旧态，都再集中于一线上，甚至集中于一点之上"。战争爆发，为敌人所胁迫，这些学校不得不内迁，"政府在平时，若下命令，要其迁移于内地，它们无一不起反抗而不愿受命的"，但如今这反而是一个契机，现在，政府认识到了"过去的教育政策之错误"所造成国内高等教育的畸形发展，将西北联合大学改组，一律改称为西北某大学某学院，"使它们各化成为西北自身所有，永久存在的高等教育机关"，这是让"全国人民都能够享受高等文化之福利"，是照顾到大学"全面之设置"的大好事，其任务"重大之程度，不啻倍蓰于一般"。②今天来看，姜琦的观点是富有战略眼光的。国立西北联合大学一分为五，自此之后，各学校以建设西北为己任，在中国高等教育史上写下了浓墨重彩的一笔。

与战时仓促迁移到内地的其他高校一样，西北联合大学和其后分立的西北五校师生们面临着的，同样是生活、学习各项物资极端匮乏的困境。

刚刚开始在城固上学的时候，师生们曾经有过一段吃喝不算太发愁的

　　① 姚远主编：《西北联大史料汇编》，西北大学出版社2012年版，第698页。
　　② 姜琦：《西北大学是一块基石又像一颗钢钻》，载杨德生主编：《西北大学教育理念文选》，西北大学出版社2004年版，第40—41页。原载《西北学报》创刊号（1941年9月1日）。

日子。据1938年考入西北联合大学师院附中的董毓英回忆，当时的师院附中设在陕西城固古路坝意大利教堂里，最开始的时候，8人围坐，中午四菜一汤，两荤两素；晚餐两菜一汤，一荤一素；早饭馒头、稀饭、咸菜、豆腐乳或胡豆，吃得惬意舒畅。每半月还有一次"打牙祭"，什么氽丸子、粉蒸肉、炸排骨、烧鸡块……要比家里的菜看花样多多了，偶尔也会吃吃包子，生活过得还是很不错的。可惜这日子没有维持多久就每况愈下，随着物价不断上涨，菜由两荤两素逐渐变为两碗豆腐白菜或萝卜豆腐两碗，学生们也不得不每天担心会不会在某一天突然就断粮了。1939年3月，一位学生在一篇名为《饭厅》的作文中这样描述学校的饭菜情况："像吃宴席似的，八个人一桌，……水煮的白菜连盐都没有！'有警报'（没有饭的术语）！打游击（乘机多盛一碗）！倒霉（吃一口沙子）！这是敌人送给我们的！这是磨炼我们的功课：'水煮白菜'和'沙子'。"①

随着生活越来越困难，学生们在穿衣上也就越来越无法讲究了。西北联合大学刚成立时，学校作为御寒制服发放了蓝布大褂外加一件黄棉袄，后来由于经费紧张，制服停发，早先发放的制服被同学们届届传送，接替穿戴，成为同学们认为"世界上最舒服、最实用、最美好的服装"。但慢慢地，这些衣服变得补丁重重，日渐褴褛。因为食物匮乏，"抢饭"成为同学们听到开饭钟声后的应声动作，若是动作稍慢，可能这顿就得饿肚子。一篇描写西北联合大学学生们"抢饭"情景的文章写道："冬月里的白菜一样的破制服和那太阳晒、风吹、雨淋后脱色的罗斯布——美国赠品——的蓝大衣，挂着摩擦的伤痕，褴褛的，在阳光下万头攒动，黄瘦的苍白的面孔，疲劳的眼睛，如果你是刚到的客人，你会怀疑这是施粥厂前待食难民。"②由于生活艰辛，不少学生常常是靠借贷和半饿着肚子坚持学习的，健康水平日渐下降。据1939年3月8日至29日统计，全校学生800人左右，生病就诊

---

① 华遵舜作文（本人提供作文复印件），转引自姚远著：《国黉播迁：西北联大通史》（上），陕西新华出版传媒集团、陕西人民出版社2021年版，第315页。
② 李景文：《民国教育史料丛刊461·中国教育事业·中国教育史》，大象出版社2015年版，第478—479页。

者达2177人次。①缺医少药的情况也时时存在。西北师范学院院长李蒸的两个在城固出生的儿子，一个一岁多，患了胃溃疡，一个只有几个月，得了肺炎，但均因无药医治，全家只能眼睁睁看着两个幼儿夭折。

从1937年9月起，教师薪金即降到七成（以50元为基数，余额按七折发给）。1942年夏秋之际，汉中、西安物价飞涨，一袋面粉从年初的145元，飞涨至550元，教授薪金以300元计，相当于战前的8.3元。1941年12月、1942年10月、1943年3月，西北五校曾多次联名吁请提高生活补助，解决困难，但政府方面一直没有答复，而物价还在不断上涨，各校不得不采取措施自救，但也无法从根本上解决问题。即便如此，老师们仍安贫乐道，坚持传道授业。

著名地理学家黄文弼，一身中山装，不知穿了多少年，两袖发亮，肘下裂缝，同学们戏谑他的衣服，容易让人联想到是博物馆的陈列品。黄教授衣服"没有边疆"的说法由此而来。吴世昌受聘担任西北联合大学讲师之后，由于当时学校图书馆资料缺少，每门课都得自己找课本，写讲义，为备好课，他常常工作到深夜，虽然人越来越瘦，但他仍很关心国家大事，一直坚信我们的国家有希望。西北大学医学院独立后，全院仅有4座年久失修、布满泥像的庙宇和两家祠堂，而且彼此相距二三华里，沟壑田埂纵横其间，交通极不方便。当时小儿科教授颜守民住在离附属医院（文家庙）一里许的一间农舍，室内摆了桌、床之后几无容身之处，屋顶透亮，可见天空。颜守民教授就是在这样的条件下，每晚点油灯备课，清晨按时赶到医院上班，再走二三里田埂小路到黄家坡上课，日复一日，风雨无阻。其他教师的情况亦大致相同。

困窘的生活状态没能阻止师生对知识的渴求。蛰居这座汉中小城的7年里，教师潜心教学、学生奋发求学，弦歌不辍。黄文弼教授"上课从来不说闲话，讲授材料之丰富，治学态度的严肃缜密，令人由衷钦佩，他口才虽不佳，声音又低，可是我们上他老先生的课，却是全神贯注，肃静无声，

---

① 《本校教职员每月疾病分科统计表》，载《西北联大校刊》1939年第16期。

下课之后，我们会不由自主地反省到自己的浅薄和读书不切实际"①。高元白
（时为西北联大国文系教师）回忆黎锦熙当时所租住的民房距离学校很近，
房间也很简陋，但"这种局促的情况却有利于学生登门求教，教师互相过
从。黎先生的房内总是座上客常满。这住房变成了一个答疑室，教研室，
抗日问题讨论会址"。②西北师范学院博物系1940级的孙正胤多年后忆及其
学生生涯，对老师们当年上课的情形，依然如数家珍。当时教《比较解剖
学》的是郭敏彬，他教课总是朴实无华，教得实实在在，也要求学生都要学
得扎扎实实，对考试也要求得相当严。刘汝强负责《植物生理学》的教学，
刘老师讲课条理清晰，语言清楚易懂。同时结合课堂讲课演示一些预先装
配好而且已出结果的实验，学生觉得很满意。教《植物分类学》的是孔宪
武，孔老师在这门课的调查研究上下了很大功夫，为准备课程，调查了陕
西境内渭河流域杂草的分布情况，钻秦岭，越巴山。孔老师还耐心解答学
生的问题，即便学生毕业参加工作后向老师请教，老师依旧几乎是每信必
复，每问必答。1942年入校的史志超回忆在西北医学院读书之时，解剖学
教授王顾宁，"治学极严，不苟言笑，上课时两节一气下来，决不迟到早退，
亦无半句闲话"。上解剖课时，王教授讲课如开快车，学生一只手要拿着骨
头辨认，另一只手还要翻阅讲义，应接不暇，"但皆不以为苦"。细菌学教授
汪美仙，讲课时两个小时一气呵成，不折不扣，同样无半句闲话。讲课的
语调，好似名角唱戏，"不但声音宏亮，字字贯耳，且出口成文，句逗井然，
似乎事前曾加工一番也"。③

　　当年在西北师范学院城固附中的老弩（董毓英），后来这样回忆在城固
的读书生活："书在当时是最金贵的。将升级或离校的学长们会把仔细保存
下来的书、画板、绘图仪器、直尺……半卖半送地留给素不相识的下一届。
这些市面难以寻觅的宝贝就这样在学校里代代相传。尽管如此，仍挡不住

---

① 向玉梅：《怀城固，念西大，怀师长》，《国立西北大学卅周年纪念刊》，西北大学校
友会1969年版，第49—50页。
② 高元白：《回忆先师黎劭西》，载河南信阳师范学院情报资料室编：《黎锦熙先生逝世
五周年纪念文集》，信阳师范学院1983年版，第124页。
③ 史志超：《医学院琐忆》，载姚远编：《西北联大史料汇编》，西北大学出版社2012年
版，第661页。

磨损、残缺甚至丢失，特别是书严重不足以及内容的更新、增补，只好由老师们编写'讲义'来弥补。这些讲义半由同学们自己组织刻印，半由老师在课堂边讲边将要点书写在黑板上，同学们也就边听边抄。更有老师，既无课本，又几乎少有讲义，凭他既条分缕析，又绘声绘色的讲说，会把每一手势，每一句话都深深地嵌入同学们的记忆。"[①]

　　西北五校教学要求严格，而最"残酷"的莫过于西北工学院。高校西迁，其汇聚之处，除了昆明之外，还有汉中的古路坝（西北联大所在地），重庆的沙坪坝（重庆大学及内迁的中央大学、上海医学院等所在地），另一个就是地处成都西南部的华西坝。古路坝因条件艰苦，缺水无电，交通闭塞，被称为"地狱"；沙坪坝地处陪都，被称为"人间"；华西坝则因地处天府之国的成都，又是教会大学的聚集地，各项设施条件相对完善，被称为"天堂"。如果说西北联大所在地是"地狱"的话，工学院可算是"地狱"中的"地狱"了。这所学院因其严苛的教学要求而名扬千里。1942年考入西北工学院读书的郝育森回忆，在工学院七星寺分院学习时，接受了最严格的教育，一年级是基础教育，不分系别，混合编班，教师和学生都无法根据将来的专业有所偏重，考试用弥封卷，教务组拆弥，教授也无法徇私。按照西北工学院规定，一年级考试全部及格的可以离开分院到古路坝院本部注册报到，部分不及格但是在允许补考范围内者待补考及格后再去报到，剩下的同学只有退学自谋出路。郝育森所在的土木系全部及格者只有5人。为能够从位于七星寺的分院上到古路坝（当时一年级在七星寺，二年级以上到古路坝上课），大家"人人自奋，拼命苦读，开夜车成风。每个教室，有开晚车者，有开早车者，你去我来，常年如此，百数蜡烛，红焰闪耀，彻夜无息。据云，有同学共寝上下铺，三月而未识面，盖一开晚车，一开早车，晚车者归而早车者已去，固有此耳"。因为没有电灯，同学无论是开"晚车"还是"早车"，只能用蜡烛照明，"七星灯火"成为西工同学难以忘怀的记忆。战时生活条件艰苦，学生们大多营养不足，加上日夜苦读，"烟尘充室，身心因而受损，不终期因病而休学者大有人在。而能渡此难

---

　　① 老弩（董毓英）：《"吃贷金"的岁月》，载《税收与社会》2003年第5期。

关，升级上山（二年级以上在山上古路坝院本部），乃大幸事也"[1]。1945年考入西北工学院的傅正阳说，读一年级时，就实实在在尝到了"七星灯火"的滋味。"那时在同学中传着这样几句话，'一年买洋蜡，两年买眼镜，三年买药罐，四年买棺材'。"这一年他被"功课压得喘不过气来"。[2]沉重的学习压力，加之生活条件和医疗设备极差，学生中学业未成而英年早逝的颇为不少。当时的善后处理是：薄棺收殓，丛葬于一里外之山坳。"荒烟蔓草之中，坟头任风雨剥蚀"，人称西工"第三分院"。[3]

西北联合大学及其后继五校，最值得称道的是其"联辉合耀，文化开秦陇"的业绩。落户西北后，这座在国难中组建的临时大学，迅速扎根于西北拥有厚重底蕴的文化沃土之中，很快生根发芽。

1943年，国立西北大学创办《西北学术》期刊。在创刊号上，西北大学校长赖琎的题词，旗帜鲜明地表达了西北大学"服务西北"的办学宗旨。他说："国立西北大学创设陕西，吾人远观周秦汉唐之盛世，纵览陕甘宁青新区域之广大，不惟缅怀先民之功绩，起无限之敬仰。且于祖国前途，抱无穷之希望。"因此，西北大学应负的使命是："恢复历史的光荣，创建新兴的文化"，《西北学术》即以"研讨学术，融合中西文化，发扬民族精神"为主旨。[4]刘季洪代替赖琎出掌西北大学后，也很注意学术研究与建设西北的紧密融合。他说，对于西北大学，校务工作首先要注意的有几件事：一为在物资困难中，先谋生活之维持；二为在战局沉闷中，尽力鼓励精神之振奋；三为在设备缺乏中，仍求教学研究工作之推进。战时物资设备缺乏，教师情绪也不稳定，学校更需尽力策划鼓励教师的教学研究工作，"以谋学术空气之保持"。因此，当时校方会经常与各院系商讨，"除加强课业讲授及考核外，并在可能范围内，因地制宜，注重西北地区资料，进行研究工作"。如中国文学系，收集西北民歌，考核西北方言；外文系会特别重视俄文教

① 李锋：《七星灯火》，载左森、胡如光编：《回忆北洋大学》，天津大学出版社1989年版，第87页。

② 傅正阳：《西工记忆》，载张在军著：《风雨历程：西北工业大学离退休老同志短篇回忆录汇编》，西北工业大学离退休工作处编印2005年版，第131页。

③ 郝育森：《在西北工学院求学》，载《河南文史资料 第3辑 总第55辑》，第146页。

④ 《西北学术》创刊号，1943年第1期。

学；历史系则侧重西北史料的考察。教育系与陕西省教育厅合作，就陕西各中等学校学生投考试卷，做改进国、英、数三科教材与教法之研究；生物系着重秦岭植物之调查；地质系重视西北地质之研究；地理系重视汉中盆地地理之调查；法律系做西北司法调查；政治系则重视中国历代地方政府之研究，并做西北地方政治调查；经济系编制西北输出人货物指数、物价指数及工人生活指数，并做西北经济调查。

不仅是国立西北大学，其他四校也同样，在一般学术研究之外，为满足西北地区发展的需要展开学术研究并服务西北建设，8年间，成果卓著。

西安临时大学尽管在西安存在只有短短几个月，师生们在教学之余，也与当地联合，开展了各种研究活动。西安临时大学农学系的老师与地处武功的西北农林专科学校开展交流合作，获赠农作物、园艺作物种子百余种，充实了临大农学系的教学资源；1938年2月，文理学院女生60余人在老师的率领下，赴咸阳一带参观调查；地理学系的郁士元、殷伯西等教授分别带领学生组成考察队，对学校周边的终南山、灞桥、汉城未央宫等地开展自然及人文景观调查；1938年1月，魏寿昆、雷祚雯、张伯声3位教授带领师生，受陕西省政府委托，代为探采陕西安康行政区沙金矿；陕甘运输管理局聘请机械工程学系教授，为其研究改良可以就地铸造之汽车零件，期望通过研究解决之前本地铸造产品无法耐久的问题……

西安临时大学迁至城固之后，各项相关研究活动也迅速展开。

一是结合西北需要，展开各项教学科研活动。

1938年，西北联合大学初到城固，黎锦熙教授即被城固县县长余正东聘为城固续修县志委员会总纂，代表西北联大与陕西省地方政府合作，开始编纂陕西地方志。战时，黎锦熙诸人的修志工作颇为艰辛，在修《黄陵县志》时，与他一起工作的吴致勋说，当时他们住在西安南郊的新中国印书馆印刷厂，厂址为南郊一间古旧房舍，四周连棵树都没有，整日曝晒，室内温度常达120度（华氏温度），入夜亦不能就寝，而且蝎子到处出没，他曾经被蝎子蜇伤，负痛数日始愈合，和黎锦熙老师捉蝎子成为每晚必修功课。编制《城固县志》时，西北联大集合了包括中国文学、历史、地理、地质、生物、矿冶等多个学科的师生参与了编纂工作。地理学教授黄国璋负责自然篇和经济篇的工商、交通二志；历史系何士骥、中国文学教授罗根泽、中文系吴世昌等负责文化篇；地理系教授殷祖英负责气候篇；地质学教授张伯声负责地质、地形、水文三志；植物学教授刘慎谔负责生物志；联大常委、矿冶专家胡庶华负责农矿志；地理学教授谌亚达负责人口志……至1938年6月，各项调查和编纂研究工作基本完成。作《洛川县志》时，黎锦熙从1943年10月至次年3月，"半载蛰居，撝挡百务"，虽"严冬炽炭室中，时烹羊羔，饱馍为餐，焚膏校字至夜分"，至为艰苦，但成书后也颇为自得："乱世偏陬，竟克成此巨著，西北风土文物，其将从此昭苏，以复于千年前汉唐之盛乎！"①

在西北几年间，在黎锦熙的主持下，完成了《洛川县志》《同官县志》《黄陵县志》《宜川县志》等8部陕西地方志的编纂，另外还单独出版了《方志今议》《洛川方言谚谣志》《黄陵志》等。1940年由商务印书馆出版的《方志今议》，把地方志的编纂与抗战建设相结合，从地方志的编纂实践中总结经验，并上升为理论，成为之后方志学编纂者和研究者研究方志的必读书目，在学术界产生了深远影响，成为中国现代方志学的奠基之作。1941年，该著作获得国民政府教育部著作发明三等奖。

1938年5月，西北联合大学校常委徐诵明、李蒸及许寿裳、黎锦熙等教授在调研汉中著名史迹以后，提出研究调查张骞、萧何、樊哙、李固墓，以及沔县诸葛亮墓的民间刻石、褒城石门和汉中其他古代文化遗迹的计划。其中，对张骞墓的发掘和增修，是最重要的计划之一。经多方协调获得批准后，1938年7月至9月，西北联合大学历史系考古委员会主持对汉博望侯张骞墓实施了发掘和增修。参与此次发掘的有何士骥、周国亭、吴世昌、许寿裳、陆懋德、许重远、黄文弼等西北联合大学历史系教师以及联大历史系部分学生。发掘完工后次年，由西北联合大学在墓前刻立"增修汉博望侯张公骞墓碑记"。1939年4月6日，西北联合大学师生员工1400余人，赴汉博望侯张骞墓举行祭扫活动。祭文赞张骞"使命不忒，民族气节，上薄

---

① 《〈洛川县志〉序》，载黎锦熙、甘鹏云著：《方志学两种》，岳麓书社1984年版，第139、146页。

云天"，"值此抗战，效法恐后"。胡庶华常委发表讲话指出："本校师生，在此宣誓，其意义甚为重大。博望侯在匈奴十余年，不与敌人妥协，此种精忠报国之精神，堪为吾人所效法。"[①]这是近代以来对张骞墓的第一次高规格祭扫，张骞的民族气节对"值此抗战"之际的师生是一次重大的抗敌教育。1939年8月13日至14日，学校举办了张骞墓出土古物展览。西北联合大学也留下了多部相关历史文献，如何士骥的《发掘张骞墓前石刻报告书》、西北联大历史系的《博望侯墓道古物校内展览记》、王汝弼的《谒博望侯墓放歌》、黄文弼的《张骞通西域路线图考》、吴世昌的《增修汉博望侯张骞墓道碑记》等。西北联大此次对张骞墓的发掘是迄今为止唯一一次对张骞墓的科学发掘，对于中国外交史、对外开放史和"丝绸之路"的研究，至今依然具有重要意义。

1939年冬，从意大利那波利大学留学回国的周尧，同时接到了四川大学农学院和西北农学院的聘书，是去天府之国的四川，还是去黄沙蔽日的大西北？周尧选择了后者。晚年，他在回忆文章中写道："我是1939年怀着'科学救国'的理想，抱着'到祖国最需要的地方去''到最艰苦的地方去'的决心来到杨凌。那时，从火车站到校门，一路没有一棵树，没有一间房，满目都是黄土，夜间经常可以听到土匪的枪声。……但我还是爱这里，这里是后稷诞生的地方，教稼台就在附近，西边是绛帐，是马融教书的地方。我要学习先农先儒，为中国农业和教育做出贡献。"[②]时年28岁的他，很快就以自己高超的教学水平和一丝不苟的实验教学理念，受到了同学们的热烈拥戴。1946年，他在西北农学院办起"天则昆虫研究所"，此后终身扎根西北，献身于昆虫学研究，取得了丰硕成果。

1940年，毕业于西北农学院的赵洪璋到陕西农业改进所大荔农事实验场工作，1942年调回西北农学院任教，当年开始了小麦"碧蚂1号"的试验研究工作。新中国成立后，"碧蚂1号"获得广泛推广，1959年"碧蚂1号"

---

① 《全体师生祭扫博望侯墓并宣誓以实行国民抗敌公约》，载《西北联大校刊》1939年第14期。

② 《"雕虫"大师周尧》，载西北农林科技大学编著：《西北农林科技大学》，重庆大学出版社2009年版，第96页。

种植面积达9000多万亩，创造了我国乃至世界上一个小麦品种年种植面积最高纪录。毛泽东称赞他"一个小麦品种挽救了大半个新中国"。当年在西北农学院的虞宏正、贾成章、殷良弼、周桢、李秉权……这一大批学贯中西、造诣高深的教授学者，为西北农学院营造了浓郁的学术氛围，为国家培养了一大批杰出的农林科技人才。

西北工学院在城固时期，开展了大量工程技术研究及推广工作。陕西省政府、城固县政府委托西北工学院，进行湑惠渠的测量整理工作，由水利工程系刘敬修（德润）带领学生完成；机械工程系李酉山，协助城固县政府改良用于军事运输的手推车；化学工程系李仙舟，研究蜡烛制作工艺之改良；土木工程系常锡厚、李登奎设计城固民众教育馆讲演厅……据姚远著《国黉播迁：西北联大通史》统计，工学院工学推广部在陕南进行的科学研究工作一共有30余名教授参与，研究项目近60项，教授们就此发表了一系列很有价值的论文。例如：周宗莲的《陕西省咸榆公路之监修》《陕西省汉白公路图案之整理》；刘德润的《陕西省商洛公路之踏勘及初步计划》《陕西省湑水河灌溉区测量及扩充改进计划》；耿鸿枢的《对褒惠渠之感想及希望》《湑惠渠工程计划及实施现状》《汉惠渠拦河堰施工始末记》；张伯声的《陕西城固地质志》；石心圃的《改良土法炼铁之说明及试验计划》《关于调查沔县、略阳一带煤铁等矿并采集矿物及岩石标本的报告》《佛坪县铁矿调查报告》；等等。①

1939年8月，西北医学院独立建院。医学院院长徐佐夏将医学院的目标定位为：一则培养公医人才，以补充公医之不足；一则发展教育，推动西北医学之建设，"其有关抗战大业者至重"。他认为，"今日之谈医学，不仅在使个人身体之健康，与夫治疗疾病之技术，其着重之点，是在献身国家，为国尽力，负起时代所付之任务"，因此，医学生更应"明理论""重实际""维道德"。②在徐佐夏的努力下，从1939年秋到1942年冬，医学院先

---

① 姚远：《国黉播迁：西北联大通史》（下），陕西新华出版传媒集团、陕西人民出版社2021年版，第957—958页。

② 杨龙：《徐佐夏：中国西北高等医学教育的拓荒者》，载刘仲奎主编：《第三届西北联大与中国高等教育发展论坛》，甘肃文化出版社2015年版，第226页。

1938年，时任国立西北联合大学工学院教授的张伯声在秦岭考察
（陕西省档案局编：《国立西北联合大学档案史料选编》，西北大学出版社，2018年）

后在黄家坡建起了砖土结构的教室4栋、学生食堂1栋及运动场1个；在文家庙附近建起了土砖结构和黄土夯筑墙体的解剖组胚实习室及办公室1栋，砖土结构的生化、药理生理实验室1栋，黄土夯筑墙体的学生宿舍1栋，并开辟了操场。至此，教学、医疗初具规模，各基础学科的实验教学也次第开展。大后方的医药来源颇为紧张。为了就地取材以解燃眉之急，据王兆麟回忆，"徐教授着手从事提取中药有效成分以代替西药的研究。他利用办公室（庙宇）原有之'供台'搭起实验架，以土硼砂为原料制取医用硼酸。尽管行政领导和教学任务繁忙，但他还挤出时间进行著述，一九四二年他编著的七十余万字的实验药理学和处方学付印，满足了当时的教学需要[①]。"

　　在艰苦的条件下，徐佐夏还想方设法延聘医学高级人才。1941年，西北医学院的西医教员中，有"教授7人，副教授11人，讲师6人，助教7人，共计31人，教授副教授中，留学德日两国者居多数，讲师助教多系本院毕

---

　　① 　王兆麟：《徐佐夏在西北医学院》，载中国人民政治协商会议西安市新城区委员会文史资料委员会编：《新城文史资料》第8辑，1990年版，第83页。

业生"①。这些老师基础知识雄厚，了解国际医学发展趋势，为提高教学质量、完善教学工作提供了基本保证。

西北医学院除了进行日常教学和研究外，设于南郑的医学院附属医院在服务当地民众方面起了重要作用。至1941年5月，附属医院有解剖、生理、病理、药物、细菌寄生虫、内科、外科、妇产科、小儿科、耳鼻喉等科。有资料统计，从1939年11月至1941年11月，内科初诊人数为：1939年，3908人，住院104人；1940年，5904人，住院406人；1941年初至11月，5923人，住院818人。总计门诊初诊人数15735人，住院人数1328人。此外，外科、妇产科、小儿科、眼科均收治了相当数量的病人。到1942年，附属医院已有80张病床，门诊日流量在文家庙达80人次至100余人次，在汉中城内汉台设门诊部后，日接诊量达300余人次。该院除了作为学院的实习教学场所和为当地民众服务外，还为驻守在当地的第一战区司令长官司令部、空军第三路司令部、美军十九航空队、陕甘鄂边区警备司令部等诸多行政企事业单位的军政人员进行诊疗服务，同时作为军政部设立的伤病医院，接收了大批前线所送

独立设置后的国立西北医学院及其附属医院
（陕西省档案局编：《国立西北联合大学档案史料选编》，
西北大学出版社，2018年）

---

① 《抗战以来的西北医学院》，载王觉源编：《战时全国各大学鸟瞰》，独立出版社1941年版，第360—361页。

伤员。①

二是发挥高校自身优势，推动西北社会教育发展，为抗战贡献力量。

社会教育是20世纪初从日本传入中国的一个重要教育概念，指的是在学制教育以外，由政府主导、民间及社团推动，为提高失学民众和全体国民文化素养和技能，利用各种文化教育机构和设施，所进行的一种有计划、有目的、有组织的教育活动。

平津几所大学到西北之后，充分发挥自身优势，形成了具有特色的社会教育思想，从联大成立至五校分立，西北各学院都身体力行，开展了一系列卓有成效的社会教育实践活动。

1939年，《西北联大校刊》发表了一篇文章——《战时大学推行民众教育意见》，文章阐述了抗战时期实行民众教育的重要性。文章说，"动员民众是现阶段抗战中的重要工作"，通过动员民众，可以使民众成为"直接的与间接的，武装的与非武装的战斗员"，以支持长久抗战，而要动员民众，不应该仅仅寄希望于社会民众教育机关，大学应起到重要作用，"战时的大学，自当从事民教工作"，这是"新兴的革命教育"，是"重要工作中的重要工作"！文章还从学校与社会的沟通、大学教育之宗旨、训练学生高尚人格、锻炼学生工作技术、抗战建国中的重要任务诸方面，说明了大学从事民众教育的意义，并提出了大学实行民众教育的具体方案。②此后，《西北联大校刊》接连发表一系列文章宣传社会教育、民众教育的重要性，并对社会教育的方式方法等进行了探讨与研究。

西北联合大学于1938年专门组建社会教育推行委员会，校常委李蒸及各学院院长、秘书主任、总务主任为委员，主持兼办社会教育事宜。每学年召开会议拟订实施计划，确定各项目负责人选。1938年9月15日，西北联大社会教育委员会召开第一次会议，对各个学院应当承担的社会教育活动做了详细计划。③

---

① 姚远：《国黉播迁：西北联大通史》(中)，陕西新华出版传媒集团、陕西人民出版社2021年版，第662页。

② 王镜铭：《战时大学推行民众教育意见》，载《西北联大校刊》1939年第15期。

③ 《国立西北联合大学二十七年度兼办社会教育计划大纲》，载《西北联大校刊》1938年第2期。

| 学院 | 内容 | 备注 |
|------|------|------|
| 文理学院 | 国语及注音符号讲习班<br>防空防毒讲习班<br>科学常识讲习班<br>调查陕南城固、南郑两县风俗民情及协助各县改良陋俗 | 办理两期，每期一个半月<br>办理两期，每期一个月<br>办理两期，每期一个半月<br>会商两县县政府进行 |
| 法商学院 | 法律常识讲习班<br>地方自治讲习班<br>商业补习班 | 期限两个月<br>期限两个月<br>期限三个月 |
| 师范学院 | 小学教员讲习班<br>小学教员通讯研究部<br>民众学校<br>体育训练班<br>民众业余运动会<br>家事讲习班 | 暑期举行，期限一个月<br>暑期举行，期限一个月<br>指导学生办理<br>期限三个月<br>春季举办一次<br>期限三个月 |
| 医学院 | 救护训练班 | 期限一个月 |

此后，西北联合大学各学院按照计划开始社会教育服务。文理学院于1939年2月开办防空防毒讲习班，招收学生60余名（其中40余人为城固县选送的保甲长、保安队员及警察，其余为直接自愿报名参加），使社会人士初步了解了防空防毒基本知识，对于民众救护有很大帮助；4月，师范学院的家事讲习班开课，设有衣服学、食物学、育儿法、家庭布置及管理、家庭卫生及看护、手工等相关内容，听课者有60余人；小学暑期讲习会在城固、沔县等周边6个县分办，对于增进小学教师教学知识、技能、组织及训练民众能力，起了相当好的作用。1941年9月21日（农历八月初一），城固发生日食，当地民众对这种现象不明所以，西北联大师生一边给民众讲解日食知识，一边还指导有条件的民众用烟熏黑玻璃后到高处去观察。多年后，当地还有民众对这些情景记忆犹新。

1941年1月19日，西北师范学院在城固附近的邸留乡建立了社会教育实验区。西北师范学院组织了80多名师生进入邸留乡，从1941年至1942年，集中开展了为期4周的社会教育，内容包括训练乡村干部、宣传兵役法、帮助农民夏收、讲授卫生知识、开展民众生产和合作训练及其他各种社会服务，李蒸院长时常参加活动。这些活动获得了农民的广泛认同。当时的一份刊物记载了参加施教活动的一位学生的文章，文章记述一位农民的话说，"院长说的是北京话，清楚得很，他说，以后三郎庙有大学的人来往，告诉我们种田的方法，谷子可以多收，好比我们收一石，用他们的方法可以收两石"。师范学院后来准备迁往兰州，在结束设于城固的施教区时，当地民众恋恋不舍，专门向师院赠送了"社教民爱"的锦旗。①

西北农学院为推广社会教育，还专门成立了推广处。其经常性工作主要包括：第一，生产指导及推广工作。学校推广处经常派人分赴各村，指导农民选种、防治病虫害，并向农民传授因地制宜经营农业生产的方法，还把优良品种推广至农村，先后推广的优良品种有武功"27号"小麦、泾阳"302号"小麦。1943年开始向学校附近农村及合作社推广"斯字棉4号"。历年推广树种10万多株。推广处还为农民编辑宣传农业科学知识的通俗读物。第二，开展农村教育，传播科学知识。举办新农事讨论会，举办农民夜校。第三，指导农村合作社。推广处先后辅导扶风、武功两县共成立棉麦合作社170个，信用合作社265个，社员达3251人，并对农民进行分区训练。

西安临时大学时期，医学院主办的主要社会教育活动有：教护训练班（期限一个月）、乡村巡回医疗队等。1938年1月，学校组成以医学院学生为主的第二宣传队，参加西安和陕南的抗日救亡活动。1937年12月1日，西安临大医学院由徐佐夏和王同冠两位老师带队，率30余名师生组成的抗战宣传队经宝鸡越秦岭，于12月11日抵达汉中留坝县。一路上，除了展开抗日宣传外，还进行了防毒气知识宣传，同时展开了为群众诊治、调查地方病等工作。2月12日返回西安。此次赴陕南宣传行程500余里，途中辅以群众宣传工作，在社会上产生了重大影响。到城固后，医学院也实施了社会教育。1941年3月20日至22日，医学院公共卫生副教授黄万杰任卫生宣传队总队长，分领12队，拟定宣传大纲，绘制60张图画，在新民乡、灵泉乡

---

① 李溪桥：《纪念父亲诞辰100周年逝世20周年》，载李溪桥主编：《李蒸纪念文集》，中国社会科学出版社1996年版，第31—32页。

各村进行卫生宣传，其内容主要针对当时农村中常见的天花预防、沙眼预防、疥疮预防，以及对村民进行饮食卫生宣传，等等。

"西北的各大学，是大时代的弟兄。战争赐给了它的生命，胜利将会改变它的衣裳，它们在战斗中生活，他们在坚苦中挣扎着推动了时代的巨轮，竖立了西北文化之花的苞芽：纯洁、诚朴、艰困、努力、忍耐是他们的本质；粗陋、简单、品质降低、残缺不全、是中国战时教育的特色。"①战时迁至西北的五大学，在被称为"地狱"的古路坝，其以学抗战，复兴"华夏声威""国族雄风"的历史值得后人永远铭记。

# 三、燕京大学——"Big Five"之一，传薪播火

1945年7月8日，华西坝上热闹非凡。战时迁至成都的金陵大学（简称"金大"）、金陵女子文理学院（简称"金女大"）、齐鲁大学（简称"齐大"）、燕京大学（简称"燕大"）和本土的华西协合大学（简称"华大"）在赫斐院联合举行毕业典礼。在这次庆典上，四川省教育厅厅长郭有守发表演讲。他说，当初各校千里迢迢，西迁来蓉，师生背井离乡，克尽时艰。如今抗战胜利在望，大家要珍惜来之不易的胜利局面，多出成果，早出重才。讲话中，他将坝上五大学喻为"Big Five"，好比世界反法西斯战争中的五强，借以颂扬五校在艰难时势中传薪播火、弦歌不辍的精神。他的讲话博得满堂喝彩，"Big Five"的声名不胫而走。

高校西迁所处"三坝"中，华西坝因各项设施条件相对完善，被称为"天堂"。坝上最早的大学是1910年，由美、英、加三国基督教会联合创办的华西协合大学。经过数十年的精心经营，至三四十年代，校园规模宏大，建筑中西合璧，面积从最初的百余亩蔓延了10倍。一条南北走向的中轴线，北起锦江，经一条人工渠向南延伸，校内建筑整齐排列于中轴线两旁，建

---

① 李景文、马小泉主编：《民国教育史料丛刊461·中国教育事业·中国教育史》，大象出版社2015年版，第479页。

筑雄宏壮丽，草色如茵，花光似锦，校园美景远近闻名。全民族抗战爆发后，华西协合大学接纳了另外三所教会大学：金陵大学、金陵女子文理学院、齐鲁大学，而1942年燕京大学的迁入，使华西坝正式进入了"Big Five"时期。

华西坝即使在国难时期，也显示出了和中国其他地方不一样的风范。1941年夏，作为国民政府"西北宣慰团"的一员赴华西坝参观考察的蒋经国，曾写下他对华西坝的观感："我们看到华西坝的建筑和管理，心里感到非常难过。华西坝是外国人经营的，那里非常清洁整齐。我们参观了华西大学，再反过来看一看成都，好像隔了两个世纪……"①同年访问华西坝的西南联合大学教授罗常培也写下了这样的文字："高巍巍的楼房，绿茵茵的草地，看惯了我们那茅茨不翦、蒿莱不除的校舍，来到此俨然有一种天上人间之感。"②

除了外在的壮观之气，华西坝上的另外一种风气则更容易引起人们别样的情绪。1943年，陈寅恪应成都燕京大学之邀，一路逃亡至华西坝教学。后曾作《咏成都华西坝》，抒叹坝上绮靡之风：

> 浅草方场广陌通，小渠高柳思无穷。
> 雷车乍过浮香雾，电笑微闻送远风。
> 酒醉不妨胡乱舞，花羞翻讶汉妆红。
> 谁知万国同欢地，却在山河破碎中。③

当年任职金陵大学的沈祖棻也在一阕"虞美人"中写道：

> 东庠西序诸少年，飞毂穿驰道。广场比赛约同来，试看此回姿势谁最佳？
> 酒楼歌榭消长夜，休日还多暇。文书针线尽休攻，只恨鲜卑学语未能工。

---

① 曾景忠、梁之彦选编：《蒋经国自述》，团结出版社2005年版，第90页。

② 罗常培：《苍洱之间》，辽宁教育出版社1996年版，第66页。

③ 陈寅恪：《陈寅恪集　诗集》，生活·读书·新知三联书店2001年版，第41页。

沈笺注曰："当时成都有西人主办之教会大学五所，其四所在华西坝。学生习于西俗，虽在国难深重之际，诸女生犹每年进行姿势比赛，优者为姿势皇后。至于荒嬉学业，崇拜欧美，以能操外语为荣者，滔滔皆是，故词云尔。"[①]

1945年3月10日，《燕京新闻》发表了一篇文章描写春日之际的华西坝："春天漫步到华西坝，一切依旧是去年的模样。不同的，只是像少女换下冬装，更明显的露出惑人的曲线。""一叶脱落的柳絮，像发丝般轻飘飘堕在水流上，逗起小河微笑的沉思。一个女人倚靠在桥栏，徒然以银铃的眼睛去招呼它，飞絮流水，却径自遥远……"在这篇充溢着浪漫情怀的小散文里，作者似乎已经忘记了战争，忘记了漂泊，也忘记了所有曾经的残酷。这样一种似乎"浑把十年战伐当承平""只把杭州作汴州"的状态自然容易招致非难。然而，战争来临时，要以怎样的姿态来对待，似乎不可一概而论。

曾有金陵女大学生曾星华多年后在一篇文章中为母校辩护。她说，遭受战争创伤的中国人，懂得战乱期间应该万事从简，但不应该马虎草率。金陵女大，保持自己独特的办学传统，用稀疏的竹子编成篱笆墙，把一间间狭小的钢琴室和面积不甚宽敞的体育馆圈起来，每当人们走过时，"总能听到叮叮咚咚的练琴声，咿咿啊啊的练嗓声和体育馆内教舞蹈发出的钢琴声"。曾星华说，学校每年五月坚持举办"五月花柱舞会"，选举"五月皇后"，学生跳宫廷华尔兹舞，这种场面，出现在山河半壁、生灵涂炭、敌机肆虐轰炸的后方高校中，也许会让人迷惑不解，就像许多人在今天不明白在国家繁荣昌盛的大好形势下，为什么要对学生进行艰苦朴素教育一样。但是，"有远见卓识的教育家们认为，四周越是惊涛骇浪，越要坚定乐观；国家越是歌舞升平，越应具有居安思危的忧患意识"[②]。

饱受战争之苦的人们梦想和平，追求安宁，追求幸福。在颠沛流离中保持人类对美的追求，似无可指摘。

更实在的情形是，抗战时期，即使是被称为"天堂"的华西坝，也绝

---

① 沈祖棻：《涉江诗词集》，凤凰出版社2019年版，第74—75页。
② 曾星华：《回首往事——忆抗战期间的华西坝》，南京师范大学金陵女子学院编：《金陵女儿》，内部发行，第90—93页。

不是没有贫乏、没有恐惧、没有暴风雨的。就在罗常培惊叹华西坝校舍的巍峨壮观之时，他就亲历了在成都接二连三"跑警报"的滋味。他抵达成都的第二天，敌机来了，而且一下子来了108架！"高射炮声隆隆，投弹声轰轰，几间房子动摇得像地震，屋子上的瓦和窗子上的玻璃被激荡得上下交响着"，飞机走后出门，举目所见，"不是栋折榱崩，瓦砾遍地，就是脰断肱飞，血肉模糊！"在成都仅仅停留6天，却遇了4次警报，几天警报跑下来，罗常培甚至还总结出了相比之昆明，在成都跑警报的"缺点"：一是城市太大，从城里跑到郊外要费很长时间；二是东南北三门都有轰炸目标，只有西路安全一些，也正因如此，一遇警报，这条路上拥挤不堪；三是成都地处平原地区，郊外到处都是水田，不像昆明郊外那样空旷，想找一个像昆明郊外那样又空旷又有掩蔽的地方不容易……①

在这场全民族抗战中，华西坝显然无法置身事外。"天堂"里同样有阴冷，有血泪，有伤悲，也有奋斗。1942年，华西坝五大学组建学生边疆服务团，征集团员时，报名者达300余人，但经两次体格检查后，身体合格者仅57人，集中训练后，又请三大学联合医院进行体格检查，"经照射爱克斯光，仍有患肺结核病者16人，且其中11人已极度危险"②。金大教授、著名教育家黄炎培之子黄方刚，就是在华西坝上因败血症无钱购药而英年早逝。师生的这种健康状况，正说明华西坝并非"天堂"，覆巢之下，这里的人们，他们的生命照样无保障，只能任由疾病摧残。正如当时有人写过的一篇文章说，华西坝也是有冬天的，"我想象着住在人间和地狱里人们的想象，他们会把天堂想象得多么美满多么舒适：那儿始终如一的春天，叶儿永远绿着，花儿永远开着，人们永远快乐着，那儿是一片肃穆的和平，一片自由的歌唱，没有恐惧，没有贫乏，没有暴风雨，那儿是上帝爱儿爱女的家乡……如果他们真是如此想象的话，我得承认，他们才是幸福的。他们在脑海里建立起比天堂还天堂的天堂"，但是，华西坝不是天堂，"白果树的黄叶子落了，梧桐的叶子落了，槐树也成了一条条的枯枝，冬天显然来到坝

---

① 罗常培：《苍洱之间》，辽宁教育出版社1996年版，第69—70页。
② 《教育部训会》，载《国立中正大学校刊》1941年第2卷第2期。

上，而且散发着淫威，谁还能说华西坝是天堂？"①

不过，正是并非"天堂"的华西坝，在北平燕京大学被关闭，在燕京大学最需要的时候，义无反顾地接纳了她。1942年2月8日，倡议在后方复校的燕大校友们，在重庆召开临时校董会，议决事项包括：第一，燕京大学后方复校；第二，成立复校筹备处；第三，推举梅贻宝为复校筹备处主任。会议并确定复校宗旨：第一，燕京大学不容日敌摧毁，校统亟应延续；第二，燕京大学师生抵达后方，需要接待安插；第三，燕京大学旨在训练人才，以实现国家抗敌建国之大业；第四，澄清燕京大学在日据下维持校务之立场，并防止敌伪在北平开办燕京大学。

燕京大学筹备处成立之后，最紧要的问题就是确定校址，以及校舍的建造。此时已是1942年，抗战已经进行了四五年时间，在日军全面封锁之下，物资缺乏，通货膨胀，要白手起家，开办一所大学，实在是困难重重。关于燕京大学选址，作为战时陪都的重庆，西北军事重镇兰州，都曾经作为备选，但最终还是确定在成都。梅贻宝说，从地理上来说，成都是大后方的重心，又接近重庆；从经济上讲，成都号称天府之国，食物以及其他方面的供给相对比较有保障；从文化上说，成都素有"小北京"之称，文化比较发达。而更重要也最有说服力的，"乃是成都四所基督教大学联名表示，欢迎燕大到成都，共同努力"，同时燕京大学在成都复校也得到四川省主席张岳军（群）的鼎力支持，当地教育局及社会贤达，对燕大"礼遇有加"。②

虽然4家学校热情欢迎燕京大学入驻，但是，原先只有500名学生的华西协合大学校园此时已经挤入了金陵大学、金陵女子文理学院以及齐鲁大学，学生人数已达2500余人，随着这些学校的迁入，华西坝校园已无立锥之地，根本无法容纳第5所大学。而且即使是现在赶工修建，一是战时物资短缺，物价高涨，二是费时甚多，无法实现短期内尽快复校的目标。正值大家愁肠百结之时，出现了一个大"转机"。由于敌机轰炸频繁，国民政府下令后方都市的中小学一律疏散到外县，成都城内竟然空出了若干校舍。

① 王维明：《冬在华西坝》，载《青年知识（重庆）》1946年第2卷第1期。
② 梅贻宝：《北平私立燕京大学成都复校始末记》，载燕京大学校友会编：《燕京大学成都复校五十周年纪念刊》，第6页。

梅贻宝回忆这段经历时慨叹，虽是国难，但站在燕大复校的立场上来说，实乃"天助我也"。大学生避空袭、跑警报相比较中小学生来说会容易得多，于是燕大遂租定位于陕西街的华美女子中学和启化小学作为校址。虽然这两处面积都不大，华美女中主要建筑就是一栋两层小楼，启化小学规模更小，陕西街又是一条通衢大道，并不是最理想的办学场所，但好在其中一大段路旁都是教会办的文化与福利机关，"颇呈安闲气氛"，又毗邻少城公园，环境优美，这已经是当时能做出的最好的选择了。学校最终规划，教师办公处、教师和女生宿舍安置在华美女中和启化小学，另租一些民房补充。男生宿舍则经市政府协助，借华阳县文庙使用。

校址确定后，在梅贻宝带领下，注册处主任涂莹光、秘书熊德元，以及美籍教授包贵思、英籍教授赖朴吾等，开始了紧锣密鼓的先期筹备工作。男女生宿舍需要双层床，他们买几车大树干，在学校操场上，雇工赶造。阅览室书架空空如也，从北平逃出的燕大图书馆馆员带领先到成都的几个学生，到成都的大街小巷逛书摊，采购基本参考书。此外，其他为复校要处理的各种事项也在紧张有序中进行。

当然，这其中，最紧急的工作是招生。梅贻宝说，"大学招生是一部紧凑的四部曲：命题、印题、监试、阅卷。每一步必须谨慎从事，不许略出纰缪。所幸燕大素来办事认真，人人养成习惯。在韩庆濂先生主持之下，虽然人生地疏，招考进行仍然顺利"。当时预计开学第一年，准备招生300人，其中包括北平旧生150人，一年级新生100人，转学生50人。谁知招生消息一经公布，成都、重庆两地报名投考学生，竟逾3000人，学生报名之踊跃，远出意料之外。只能"临时漏夜赶工，赶印考题，增设考场，再度向校友'拉夫'，帮忙监考……只可惜没有那'广厦千万间'，致使数千学子，失望向隅耳"[1]。

1942年10月1日，在北平燕大被强行关闭后一年，以燕大到达成都的30位教职员工（包括外籍教职员包贵思、赖朴吾、范路德、罗宾孙、郝思

---

[1]　梅贻宝：《北平私立燕京大学成都复校始末记》，载燕京大学校友会编：《燕京大学成都复校五十周年纪念刊》，第5—14页。

齐）为基本班底，燕京大学在成都正式复校。这一天，燕大师生百感交集、五味杂陈。如外籍教授包贵思在日记中所写下的："一年前的今天，日军关闭了燕大的门，现在，我们在成都使燕大重新开办起来。礼义和祝贺进行了一整天。当我离开我们的一大群毕业生漫谈他们如何、为什么、在哪儿发生的每件事的茶室时，在宿舍的入口处，我看到一幅长条标语：'千万记住仍滞留在北方受难的朋友！'"①

燕京大学在成都的复校如吴其玉所言，"是对整个燕京教育，对燕京人（即师生员工）的一种考验，对他们民族立场和爱国心的一种考验，对燕京理想或校训的一种考验"。毫无疑问，燕大人最终经受住了这种考验，他们在艰难困苦的环境下，表现了大无畏的精神和爱国立场，维持了燕京大学的教育理想和质量，而且还哺育了进步的力量。②

从1942年到1946年，燕京大学在成都，维持了整整4年。学生人数第一年为364人，其中约150人来自北平，毕业班有30人，其中女生竟占15名（北平燕京大学男女比例大约为2：1）。这让梅贻宝先生慨叹"是值得注意的中国女子解放信号"。其后3年，每年学生约400人。4届共计毕业学生约350人。其中北平旧生约250人。也就在这几年间，成都燕大的教职员工从30人增加到约100人，拥有了文、理、法3个学院10个学系，有政治学和历史学研究院，还设立了方言研究所。最让梅贻宝感到欣慰的是，在战乱之中，学校还请到了数位名满天下、有名有实的大师，如陈寅恪、萧公权、李方桂、吴宓、徐中舒、赵人隽、曾远荣等人，实现了"大学必须拥有大师"的"至理"。"这些位大师肯在燕大讲学，不但燕大学生受益，学校生辉，即是成都文风，亦且为之一振。在抗战艰苦的岁月中，弦诵不但不辍，而且高彻凌霄，言之令人兴奋。"③在如此短的时间内，在梅贻宝带领

---

① ［美］包贵思：《现在，哪里是我的家乡？》，载燕京大学校友会编：《燕京大学成都复校五十周年纪念刊》，第15页。原文为英文，载燕大文史资料编委会编：《燕大文史资料》第6辑，北京大学出版社1992年版。

② 吴其玉：《成都燕京大学的一些回忆》，载燕大文史资料编委会编：《燕大文史资料》第1辑，北京大学出版社1992年版，第49页。

③ 梅贻宝：《北平私立燕京大学成都复校始末记》，载燕京大学校友会编：《燕京大学成都复校五十周年纪念刊》，第5—14页。

下，能够使这所享有盛誉的综合大学复校上课，并且继续维持高质量办学水准，不能不说是个奇迹。

华西坝确实不是"天堂"。从师生的生活质量来说，成都燕大的生活水准相比曾经的北平，是直线下降的。梅贻宝说，抗战时期至少需要两种抵抗力：一是抗敌，需要决心；二是抗穷，需要体力根底。战时的生活，真是艰苦，而且是越来越苦。成都居民人口骤增，电力不足，只能分区轮流停电，先是每4夜停电1夜，后来每3夜停电1夜。燕京大学给老师们每家发菜油灯一盏，油灯下看书困难，看报更困难。而物价上涨让老师们的生活更是难上加难。当时在燕大担任讲师的王钟翰回忆，"时值抗战已五六年，法币贬值，校方发工资，钞票之多，数不胜数。有领取工资，当场清点者，历时半小时至一小时之久，一般人领工资，拿着就走，唯一办法，当天领到工资，当天购买有用食物。每月工资中搭发一小部分米票，最好转让他人，否则自己拿米票去领霉烂的米，是无法吃用的"①。

美籍教师包贵思写下了她看到自己即将入住的宿舍时的感受："我承认第一眼就使我这气量不够的心一下子充满了沮丧"，"它只有十八平方英尺，窗子没镶玻璃，也未挂窗帘。我领来了一个窗框，好糊上油光纸"。"一只大老鼠从窗外跳了进来，在地板上挨着窗子窜去。可喜的是我对鼠类并不敏感。我开始考虑用水的问题，全宿舍六十多人的洗澡、洗漱和饮用水，全靠我窗外这口井，该如何分配呢?"②

战时物资的缺乏表现在方方面面。梅贻宝回忆，有一天，李方桂突然到访校长室，他手里拿着一大把卡片，说有一事，要请校长费心。卡片上是侗族的语言记录，他亲自记下的，"全世界只此一份"，但是因为国产墨水褪色，已经快褪得毫无痕迹了，只能恳请校长出面解决。最后，梅贻宝向美国空军讨来一瓶"舶来品"的墨水才算解决了燃眉之急。战争让很多曾

---

①　王钟翰:《成都燕大杂忆》，载燕京大学校友会编:《燕京大学成都复校五十周年纪念刊》，第46页。

②　[美]包贵思:《现在，哪里是我的家乡?》，载燕京大学校友会编:《燕京大学成都复校五十周年纪念刊》，第14—15页。原文为英文，载燕大文史资料编委会编:《燕大文史资料》第6辑，北京大学出版社1992年版。

经生活富足的老师陷入困窘。即便学校竭尽全力，在一般教授薪资以360元为限时，拿出450元"高薪"，也无法满足贫病交加的陈寅恪一家人基本的生活需要。1944年1月25日，农历春节，在写给傅斯年的信中，陈寅恪说："到此一月，尚未授课，因所居吵闹，夜间不能安眠，倦极苦极。身体不能恢复，家人以御寒之具不足生病。所谓'饥寒'之'寒'，其滋味今领略到矣。燕大所付不足尚多，以后不知以何术设法弥补？思之愁闷，古人谓著述穷而后工，徒欺人耳！"[1]陈寅恪的抱怨有其现实原因，他家孩子多，自己和夫人又体弱多病，多方辗转已经丧尽家财，但实际上当年燕大宿舍极为紧张，为了给陈寅恪留出两间住房，校方已经颇受埋怨，而450元已经是燕大能够拿出的最高薪资。多年的流离辗转，加之营养不良，使本已患有左眼视网膜脱垂的陈寅恪在燕大期间双目失明，多年后忆及此事，梅贻宝仍觉万分痛惜。

以华阳县文庙为宿舍，大成殿用作餐厅的男生们，住宿和生活条件更为艰苦。杨富森（时为成都燕大学生）回忆，那时一间屋子住了20个同学，上下铺的木板床，带了行李的同学可以把褥子铺在床上，没有带行李的同学就更苦了，只好在床上铺些稻草，上面再铺一张席子，"这样真和春秋战国时代越王勾践卧薪尝胆的生活差不多了。这和我们在北平燕园时睡的钢丝铁床，上面垫着一条厚厚的棉褥子，两个人或三个人同住一间屋子的生活比一比，何止天渊之别！"[2]在钱家骏（时为成都燕大学生）的回忆里，当年的宿舍，"顶棚上老鼠猖狂，入夜来往奔走，毫无顾忌。衣服口袋里即使有个花生米，也必被咬破"。而且一日三餐只是稀粥米饭，对北方人来说是习惯的大改变。米饭质量又很差，稗子、石头混杂其间，挑不胜挑。加上供应量不很充足，吃饭如同上战场，常常是狼吞虎咽。[3]由于文庙房舍简陋，门窗不严，加之时不时停电，也成为小偷觊觎之所，对此，在成都复刊的

---

① 陈寅恪著，陈美延编：《陈寅恪集 书信集》，生活·读书·新知三联书店2001年版，第215页。

② 杨富森：《北平入学，成都毕业》，载燕京大学校友会编：《燕京大学成都复校五十周年纪念刊》，第61—62页。

③ 钱家骏：《到成都的三大变化》，载燕京大学校友会编：《燕京大学成都复校五十周年纪念刊》，第93页。

《燕京新闻》曾多有记载。

　　不过，在简陋的环境中，学生们也学会了苦中作乐。1944年12月8日，是燕大成都复校两周年纪念日，也是校方规定的男生宿舍"Open House Day"，一些好奇的女生也来一探究竟。男生宿舍共计10间，进门的6间，上一年曾拿过清洁锦旗，今年也毫不示弱，准备了花了"本钱"，"精致而丰盛"的茶点，伴随着留声机的音乐，来客签名，吃茶点，赞美，然后缓缓离去。至于其他寝室，有的略加收拾，有的仍是"英雄本色"，但多半都贴上一副红纸对联，有的写"大丈夫应小节不拘，何必铺床叠被；独身汉叹内助无人，谁为收拾衣裳"，横额上书"鳏庐"二字；有的写"养天地正气；爱绝世佳人"，有的写"一群单身小伙；全体半文不名"，横额"又穷又脏"，参观者一一浏览，为之莞尔。时过境迁，在一些同学的回忆里，破陋的文庙竟然也有了不少诗意："从陕西街校本部上课回来，还没走到宿舍门口，就听见一片巨大的'沙沙'声，时起时伏，潮水般地不绝于耳。原来是文庙里边矗立着众多的参天大树，正不停地迎风摇曳。跨进大门，迎面是一块开阔的空地。一条石板路通向后面的大殿，路旁还点缀着两座大小相同的拱形石桥。阳光从盖顶的枝杈缝隙中漏落下来，把整个文庙染上一层淡淡的斑斓。成都的秋日天气是高爽的，在沙沙的高树摇曳声中，人们仿佛生活在秋天的梦幻里。"①

　　与抗战前无法相比的物质条件，没有动摇师生上下一致、在艰苦中奋斗的精神。燕大到成都以后，在教学要求上没有丝毫放松，老师们的严格一如既往。1943年就读燕大社会学系的毛希敏（时为成都燕大学生）回忆，《人类学》是社会学的必修课，林耀华老师治学态度严谨，对学生要求特别高，第一次考试结束后，几乎全班不及格。为了应付考试，全班同学在老生的指点下群策群力，将这门课需要的12本参考书仔细阅读后写出提纲，然后集中成全书摘要，彼此交换抄写，最后全班人手1份12本书摘要，再熟读记牢，到考试时大家只求速度不求字体，"全靠在'快'字上下功夫，

1945年成都燕京大学毕业生合影（北京大学档案馆供图）

结果在第二次考试时我削了两打铅笔握在手中，写了二十三张卷子，交卷时右手都僵了，终于通过了这一关"①。

1945年进入燕大学习的恽筱园，多年以后也还能清楚地记得大学一年级时周国屏老师上的大一英文课，大家都很怕"密斯周"，因为要是有人没有完成她布置的作业，在课堂上一问三不知时，就会遭到严厉的批评，有时甚至用上"stupid"这个让大学生们感到非常难堪的词汇，无论男女同学都不例外。所以只要是上她的课，同学们都会自觉预习。当时限于经济条件，学生们买不起有英文释义的辞典，于是都跑到图书馆去翻阅那本厚厚的《韦伯斯特大辞典》，从而养成了使用英文辞典的习惯。那时也没有教科书，用的活页文选，大都选自英美名著，如培根的《谈读书》、林肯的《葛底斯堡演说》以及莎翁的《十四行诗集》等。周老师不仅要求学生们理解和欣赏，有的还要求背诵，几乎每周必有一次小测验，成绩都做详细记录。对学生来说更重要的是期中和期末考试，按照燕京大学的传统，学期结束

---

① 毛希敏：《成都校园旧事》，载燕京大学校友会编：《燕京大学成都复校五十周年纪念刊》，第71—72页。

时，单科不及格拿不到学分，总平均不过5分（70分以下）就要被淘汰退学。在这样的严格要求下，学生们想偷懒根本没有可能。

尽管生活艰难，陈寅恪也从没在教学研究上有任何懈怠。女儿陈流求回忆，1944年的寒假一过，父亲仍旧穿着他多年来习惯穿的长袍，足蹬布鞋，腋下夹着双层布制的包袱，裹着厚厚一沓线装书，准时前往教室。晚上坚持备课，进行研究。"我曾听父亲谈到，抗战期中的燕京大学迁校较晚，困难较多，但学生学习精神仍然不减。由于父亲的右眼在抗战初期已经失明，几年来用唯一高度近视的左眼工作，这段日子左眼视力也更加减退，在昏暗的灯光下，读书写字非常吃力，我清晰地记得在这次期末考试评卷后，要把分数及时无误地登记在缩小的表格内，父亲实感视力不济，极其无奈，只得叫我协助他完成这项费眼力的工作。"①

艰难的环境，反倒激发了同学们的学习劲头，大家人人奋发，无须督促。学校阅览室很简陋，一间大屋子，里面放着十来张大长方桌子和木椅，但却是很多同学最喜爱的地方。除节假日外，白天上课，晚上去图书馆阅览室看书，"晚上能在图书馆里抢到一个座位，这是很大的幸福。在阅览室里，每天晚上人总是挤得满满的，但它十分安静，如果偶尔从哪个角落里发出一点窃窃细语，人们的目光转向那里，那是无声的但也是一种强烈的抗议"②。为保证抢到座位，很多同学下午上完课，在吃晚饭前就跑到阅览室，把书本放在阅览室书桌和座椅上占座。大多数同学不仅学习认真，而且充满着乐观主义精神，很少听到同学叫苦叫穷。梅贻宝回忆，当时五大学合用的理学院图书馆需要增添若干桌椅，执事先生把账送给燕大，燕大回复说似乎五校分摊比较合理，最终得到的答复是："到图书馆阅览室的尽是燕大学生"，因而倍感欣慰，也就心甘情愿地付了这笔款项。

身处华西坝，五所大学合称"Big Five"，五校的"联而不合"，也让坝上的五校呈现出了独有的特色。

---

①　陈流求:《忆先父陈寅恪在成都燕京的日子》，载燕京大学校友会编:《燕京大学成都复校五十周年纪念刊》，第51页。

②　吴秉真:《成都燕园忆旧》，载燕京大学校友会编:《燕京大学成都复校五十周年纪念刊》，第89页。

## 平津高校外迁

1945年抗战结束，除了原在华西坝的华西协合大学外，其余四大学均复归原校址。1946年，即将复员的四大学曾共同草拟了一篇纪念碑碑文，以铭记"Big Five"这段历史，其中有一段写道：华西协合大学之校舍、图书馆及一切科学设备亦无不与四大学共之。甚至事无大小，均由五大学会议公决，而不以主客悬殊，强人就我。即学术研究亦公诸同人，而不以自秘，此尤人所难能。若持之以恒，八年如一日，则难之又难也。诚以所得之效果言之，远方之人，得身临天府之国，又不废弃学业，斯亦足以心满而意足矣。然此尤其小焉者也。夫全国基督教大学十有三而各处一隅，无由合作。今则五大学齐聚于坝上，其名称虽有不同，而精神实已一致。教会大学之合作即以五大学发其端，此则前所未有之创举，而今乃见于颠沛流离之际，岂不感哉！行见五大学继此而益谋密切之合，即其他各校亦皆闻风而兴起，则其成就之大，又不可以道里计矣。

自燕大迁入之后，成都坝上五大学共有文、法、理、医、农5个学院六七十个学系，规模宏大，学科设置完整，又都共用华西大学的教学园地，如何充分合理调动资源，至关重要。之前各校各有其运行成熟的机制和规章制度，汇聚一处，地狭人稠，自然问题迭出，面对纷纭乱象，五大学的"秘籍"即是协商。无论是教学行政还是教职工待遇，乃至其他公共事宜，几乎每周必有一次会商，虽分五校，但合作如一。在教学方面，各校采取统一安排，分别开课的办法，允许教师跨校讲课，学生自由选课，各校承认学分。如经济系的课程，由华大开设高级经济学、经济学原理、政治学、经济地理、经济思想史、西洋经济史，燕大开设工商管理与组织合作、国际投资、保险学，金大开设政府会计等。

"联合开课"的模式让华西坝上经常是一派热闹繁忙景象。在燕大新闻系读书的钱辛波（钱家瑞），上大学时选修了华西大学的经济学概论，选了金大的实用心理学，金女大的近代世界史，燕大和齐鲁大学合开而在齐大上课的"元白诗"。每周一三五跑到华西坝上课。"钟楼是作业时间的总指挥。课间休息（实际上是急走）10分钟，赶到下一楼馆课室，人潮如流，甚至跑步，到时又是一片肃静。"①毛希敏回忆当年"跑路"上课的情形，说全部理科及部分文法科女同学每天上课都得从陕西街往华西坝跑，而男同学则不论任何科在任何地方上课，全部都要跑路，至少是两处跑，甚至要三处跑。华西坝和陕西街两处上课时间差20分钟，稍不留意就会迟到，紧张程度不言而喻。但所有的同学都不以为苦，个个成天积极乐观，忙碌而又刻苦地学习着。尤其是晚上的图书馆内，经常是座无虚席，哪怕是停电，昏暗的烛光下学生们仍旧专心致志，四周安静得如无人之境，后到者自觉保持缄默。

当然，即便是再合理的协调与调度，由于资源实在有限，也终有协调无果之时。外来的几所大学都没有实验室，只能借华大的实验室使用，各校按照选读学生的多少结算费用。1944年考入成都燕大物理系的杨雪洁说，她当时的实验课被排在星期六下午，但到那个时候，她经常陷入的窘境是可以用作实验的仪器已经被上了锁，放在外面的仪器又做不了实验。上到二年级之后，和她一起考入物理系的两个同学一个被刷淘汰，一个转学他系，只剩下她一个人，被迫无奈，只能从物理系转到家政系。

除课程共享之外，五校还各显神通，轮番邀请各路名流举办丰富多彩的讲座。1942年春夏间，齐大的学思社就主办过张国安的"战争与进化"、张西山的"中国近代的欧化问题"、钱穆的"中国文化与中国青年"、龙冠海的"大学教育的病态"、李晓航的"科学的人生观"、闻在宥的"西南边民语言的分类"、刘国钧的"世界大战之思想背景"、蔡乐生的"发明心理与科学精神"等多场学术讲座；第二年，华大的讲演中，有施复亮的"当前物价问题"，有印度农业研究所研究员、英国皇家真菌学家柏德威博士的"农业研究之连系"，甚至还请来了当时正在中国考察的英国剑桥大学生物化学、胚胎学教授李约瑟讲"科学在战时及平时之国际地位与责任"……每一场学术讲演，都是一次学术盛宴，同学们各取所需，眼界大开。

"求真理得自由以服务"，这是燕大的校训，也是燕大多年来一直坚持

---

① 郑予亮:《见微知著忆金大》，载金陵大学南京校友会编:《金陵大学建校一百二十年纪念文集》，第301页。

的办学原则，那就是不脱离生活，不脱离社会，鼓励独立思考，师生共同探讨问题，重视实践效果。1942年燕大在成都复校后，也从来没有忘记这一传统的办学原则。

在成都时，燕大继续秉承北平时期"服务社会"的宗旨，继续开展社会服务。1943年春，燕大即开始在成都郊区筹备农村研究服务站。人生地不熟，多半听不懂四川话的老师们四处访问打探，终于找到了城北20余里崇义桥镇外一座破烂不堪的旧寺庙——夏家寺作为服务社基地。庙里前殿存放的棺材被移出后，这里就成为师生们的宿舍和课堂。服务社的第一项工作，就是给附近的全文盲开了个启蒙班，因为上课要求自带桌椅，"冷眼看来，这个竹棚课堂真像个低级家具店，五光十色，横七竖八，无奇不有。学生们高声朗读时，又像是八鸟为巢，各弹自己的琴"。通过班里的小孩子，师生们加深了与家长的接触。在对家长的调研中，家长们谈了镇上许多农民的生活问题、买卖交易、高利贷问题、贪官污吏、秘密结社、风土人情、土医生、土偏方、婚姻亲属关系等，为调查提供了有价值的信息。第二项工作是代笔，当地农民多半是全文盲，没有电话，不会拍电报，有急事只好求人写信。师生们的这项工作帮了农民的大忙，很快拉近了双方关系。第三是小生产服务，开办了一些小规模厂子，为乡民提供服务。这些工作，使学生们将在课堂上学到的理论，通过实践和现实考验进一步深入，使"教学与实

1945年暑假，燕大同学赴四川成都金堂县农村服务合影
燕京大学校友会编：《燕京大学成都复校五十周年纪念刊》（北京大学图书馆馆藏）

地调查结合，同时又导之以最近的中外先进理论，相互溶汇"。①

燕京大学向来崇尚思想自由，在成都燕大时期，关心政治、关心时事、追求自由和民主的校风也始终在延续。

《冬在华西坝》一文中写道："你要想知道天堂儿女们的心灵，最好站在壁报前面看一会儿。你会知道这个天堂背后起着怎样的风吼。"在这个"天堂"里，"大家都注意时事，大家都在这一方面有所表现，即平时为神为鬼，为狮子为狐狸，为'正动'为'反动'，为激进为保守……都显露无遗。政治立场反映到私生活上就是敌界与友界的分明，只要不是糊涂的，麻木不仁的人，就一定选择了自己的旗帜，去爱其所爱，恨其所恨，同情其所同情，打击其所打击"②。这才是"天堂"最真实的模样。

钱家骏于1943年9月就读于成都燕大时，说自己在学校里感受最突出的是大环境的变化。在燕大，除官办报纸以外，还可以看到《大公报》《新民报》等民间报纸，可以看到美国新闻处发布的太平洋战争的新闻，在街上还可以买到共产党在重庆出版的《新华日报》，只要学生们足够关心，就可以通过这些报纸以及学校的各种讲演、壁报等对抗日全局有一个比较全面的认识。在生活中，谈抗战，论时局，也成为家常便饭，再无禁忌。在燕大，抗日文艺宣传也出现了许多振奋人心之作。他清楚地记得，学校曾组织大家看过一场话剧：《杏花春雨江南》，剧中引用陆游的诗句"王师北定中原日，家祭无忘告乃翁"，同学们当时听了激动万分。多年后，钱家骏忆及当年看剧时的情景，仍然印象深刻，难以忘却。

在国家内忧外患的复杂政治环境中，燕大中兴趣爱好相同的学生，按照自己的喜好，分别参加各种社团或者团契③，组成了几十甚至上百个团体。这些团体中，有政治上倾向激进的如未名团契，有主张不偏不倚走改良的中间道路的社团，同时也有一些国民党党团组织。大家同样在学校公开活

---

① 廖泰初：《成都崇义桥农村研究服务站》，载燕京大学校友会编：《燕京大学成都复校五十周年纪念刊》，第47—49页。

② 王维明：《冬在华西坝》，载《青年知识（重庆）》1946年第2卷第1期。

③ "团契"译自英文fellowship，是教徒之间的团结契合。被用作宗教教徒组织的名称。在燕京大学，团契实际上就相当于社团组织。

动，参加者高高兴兴，各得其所。凡此种种，校方也不强加干预。国共和谈开始后，"各大学校园的政治活动，顿呈活跃，由闪烁其词的壁报开始，演变到激烈的争论，以至打斗。这是全国各大学的普遍现象，成都燕大亦不无波及"①。在耶稣像前读《共产党宣言》，在本来是宗教活动组织的团契上集会讨论《国家与革命》《新民主主义论》，这一切真真切切地发生在20世纪40年代的华西坝，发生在成都燕大的校园里。

与北大、清华、北平师范大学这些国立大学相比，作为一所基督教教会学校，燕京大学有其独特性。但是，回望那一段历史，我们会发现，在民族危难之际，在爱国、正义和民族大义面前，燕大师生与其他学校并无二致。

---

① 梅贻宝:《北平私立燕京大学成都复校始末记》，载燕京大学校友会编:《燕京大学成都复校五十周年纪念刊》，第5—14页。

# 第四章  绝代风流

## 一、刚毅坚卓——师生风骨

称自己是半个"大学研究专家"的北京大学中文系著名教授陈平原在《抗战烽火中的中国大学》一书的绪言中写道，他曾经不止一次向别人推荐过加拿大学者曼古埃尔所撰《阅读史》中的一幅照片：1940年10月22日伦敦遭德军轰炸，房倒屋塌，西伦敦荷兰屋图书馆，在残垣断壁下，竟有人不顾危险，又在书架前翻检自己喜爱的书籍。陈平原教授说，这固然是对抗厄运、坚信未来，但也不妨解读为"阅读"已经成为必要的日常生活，成为生命存在的标志。在对抗战时期中国大学的研究中，陈平原教授说他终于找到了一张可以与之相媲美的照片，那是抗战时期西南联大中文系教授朱自清、罗庸、罗常培、闻一多、王力的一张合影，他将其作为抗战时期意气风发的中国读书人的象征。他说："联大有什么值得骄傲的？联大有精神：政治情怀、社会承担、学术抱负、远大志向。联大人贫困，可人不猥琐，甚至可以说'器宇轩昂'，他们的自信、刚毅和智慧，全都写在脸上"，"那是一种由内而外，充溢于天地间的精神力量"①。国家民族危难之际的爱国情怀与民族气节；茅屋陋室中传道授业，努力向学；艰难困境中安贫守道，坚韧乐观；风雨如晦时坚持学术独立，人格独立……抗战时期中国高校师生，那一群平时似乎只知埋首书本，不谙世事，手无缚鸡之力的柔弱书生，在民族危难之际，正是由于他们的品格与风骨，在8年的播徙流迁中，创造了世界教育史上绝无仅有的奇迹，也谱写了中国近现代高等教

---

① 陈平原:《抗战烽火中的中国大学》，北京大学出版社2015年版，第4页。

西南联合大学中文系教授合影，左起：朱自清、罗庸、罗常培、闻一多、王力
（陈平原著：《抗战烽火中的中国大学》，北京大学出版社，2015年）

育史上一段波澜壮阔、异彩纷呈的华章。

刚毅坚卓，这是西南联大的校训，何尝不是抗战时期那些外迁高校师生共同的精神特质？西南联大校歌中"多难殷忧新国运，动心忍性希前哲。待驱除仇寇复神京，还燕碣"；西北联大校歌中"华夏声威，神州文物，原从西北，化被南东；努力发扬我四千年国族之雄风！"燕京大学校歌中"人才辈出，服务同群，为国效尽忠"，西北工学院校歌中"西岳轩昂，北极辉煌，泽被万方，化育先翔。……厚生教养，国乃盛强。千仞之墙，百炼之钢，……公诚勇毅，永矢毋忘，光华灿烂，西工无疆"……豪迈悲壮的歌词唱出的是不甘做亡国奴的一代精英，赓续文脉、复兴中华的责任感与使命感。这种充溢于天地间的力量支撑着外迁师生度过了8年的艰难时光，直至今日，它依旧是中华民族值得珍视的精神传承。

外迁师生风骨表现之一：国家民族危难之际的爱国情怀与民族气节。平津沦陷之后，确实出现了诸如周作人、钱稻孙之类附逆者，但大多数平津高校师生还是不畏艰辛，毅然南迁，当他们仓促离开平津的时候，每个人心目中都有一个期望，现在仓促南渡，但将来一定会胜利北归！爱国、爱民族，坚守气节，相信抗战必胜，这是当年知识分子的风骨，这是他们的信念！

抗战之初从清华大学调任教育部次长的顾毓琇说，这次的全面抗战，乃是为求民族生存而战，"我们惟有准备牺牲，不屈不挠，以求最后胜利"。顾毓琇说，将来我们不免会遭遇挫折，但是这种挫折"正足以磨炼我们的志气，增强我们的决心。我们要再接再厉，鼓起精神，奋斗到底。我们相信以四万万同胞的热血保障我们的大好河山，我们必能获得最后的成功！"① 北京大学校长蒋梦麟对父亲说，"中国将在火光血海中获得新生"，这场战争中必然会有千千万万的房屋将化为灰烬，千千万万的百姓将死于非命，但是，中国将一定获得胜利！② 燕京大学复校之际，勇担复校重任的梅贻宝在给燕大师生的公开信中，亦写道：前一年燕大"母校惨被摧残，燕云黯色，文苑无光"，当师生们备尝艰辛来到"自由之后方，重见祖国旗帜。其为悲喜之情，当有不可言喻者"。③ 这种对国家民族的热爱，对抗战必胜的信心，激励着无数学人。

虽生于忧患，但时刻不忘使命担当。1937年10月17日，张伯苓经汉口返重庆，在重庆南渝中学主持南开中学复兴纪念会，特致电汉口《大公报》，说明自己今后将继续为学校、为国家努力的决心。电文中写道："南开被毁，精神未死"，"教育报国，苓之夙愿，此身未死，此志未泯。敌人所能毁者，南开之物质，敌人所未能毁者，南开之精神"。张伯苓并勉励南开校友，须"本南开苦干之精神，为国家民族努力"。倘全国民众一致奋起，共同抗敌，任何牺牲在所不惜，"最后胜利必属我国，中国之自由平等必可得到"④。1938年6月1日，在陕西城固西北联合大学38届毕业纪念册中，原北平师范大学校长李蒸作序叮嘱这些即将离校的学生："寇深矣！时亟矣！诸君毕业后个人对于社会国家民族之责任，日益艰巨，宜如何激励奋发，以负荷此艰巨之责任，完成此救国兴国之伟业，愿诸君力行何如耳！"⑤ 拳拳报国志，跃然笔端。

---

① 顾毓琇：《非常时期的认识》，载毛泽东等著：《怎样争取最后胜利》，战时出版社1938年版，第141页。

② 韩洪云、夏胜：《西潮与新潮——蒋梦麟回忆录》，浙江大学出版社2018年版，第204页。

③ 成恩元校友收藏《告慰燕大内迁师生书》，载燕京大学校友会编：《燕京大学成都复校五十周年纪念刊》书内附页。

④ 《南开学校复兴纪念会今在重庆盛大举行》，载《大公报》(汉口)，1937年10月17日。

⑤ 李溪桥主编：《李蒸纪念文集》，中国社会科学出版社1996年版，第152页。

## 平津高校外迁

清华大学被日本人占领之后，从外地赶回北平的物理系教授赵忠尧在梁思成的帮助下，潜入物理系实验室，取走了存放在实验室里的50毫克镭，这是当年赵忠尧从英国剑桥大学卡文迪许实验室毕业回国时，他的老师，物理学大师卢瑟福博士赠予的。当时全世界都在研究原子弹，作为研究原子弹的重要材料的镭全世界都在禁运，赵忠尧历经艰险，千方百计将其带回国，如果落在日本人手里，后果不堪设想。镭是放射性物质，必须放在厚重的铅桶里，为了不让日本人发现，赵忠尧化装成难民，把镭放在咸菜坛子里，混在逃难的人群中，一路风餐露宿，随身行李几乎完全丢失，唯独这只坛子形影不离。一个多月的行走，也让这个原本风度翩翩的大学教授蓬头垢面，形同乞丐。等他到达长沙临时大学，与梅贻琦见面时，二人顿时泪如雨下。不久，学校又迁昆明。赵忠尧又带着这珍贵的50毫克镭转道香港、越南，终于将其安全带到了昆明。

民族危难之际，师生们表现出了可贵的民族气节。1934年，《清华暑期周刊》第8期集中发表了清华学生的散文习作——"教授印象记"。其中一篇文章写的是刘文典教授。作者说，自己幼年时读《新青年》，看到刘文典先生清新美丽的文笔，绵密新颖的思想，于是幻想先生必定是一位风流倜傥、才气纵横的"摩登少年"，之后又读到刘先生的大作《淮南鸿烈集解》，读到卷首古气磅礴的自序，再翻到书中考据精严的注释，又悟到作者必定是一位高鼻梁架着眼镜，御阔袖长袍，而状貌奇伟的"古老先生"。但是，当他考入清华，第一次看见刘先生时，"这种矛盾无稽的幻想，一下子就逃走得一往无踪了"。"四角式的平头罩上寸把长的黑发，消瘦的脸孔安着一对没有精神的眼睛，两颧高耸，双颊深入，长头高举兮如望空之孤鹤，肌肤瘦黄兮似辟谷之老衲。中等的身材羸瘠得虽尚不至于骨子在身体里打架，但背上两块高耸着的肩骨却大有接触的可能。"形貌如此奇特，而他的声音"不听时犹可，一听时真教我连打几个冷噤。既尖锐兮又无力，初如饥鼠兮终类寒猿"……虽然对先生做了如此"不敬"而"放肆"的描述，但作者笔锋一转，说先生"学问的广博精深，性情的热烈恳挚"却让自己"十二万分"地佩服。文中写到，先生爱国心之热烈，"真是校内无二人"，长城抗战期间，每次上国文课，先生必然"申说国势之阽危，并且告诉我们日本侵略中国的决心及其历史背景，教我们赶快起来研究日本"，他自己则加紧翻译日本陆军大臣荒木贞夫的《告全日本国民书》，有一天上课时精神萎靡得连说话都发不出声音，因为头天夜里译书到深夜三点才休息。[①]

刘文典于1923年出版《淮南鸿烈集解》，1939年出版《庄子补正》，这两部皇皇巨著，震动文坛，为天下士林所重，刘文典因此被蒋介石誉为"国宝"。卢沟桥事变后，当北平高校其他师生纷纷南渡之时，刘文典因家累未能及时转移，只能暂时蛰伏北平。随着华北沦陷区日伪政权的建立，由于刘文典在日本留学多年的经历及其在学界乃至政界举足轻重的地位，日伪组织始终不放弃拖其下水的计划，已经附逆的周作人找上门来，游说其到伪教育机构任职，而刘文典则回应说，国家民族是大义，气节不可污，读书人应爱惜自己的羽毛，坚决不从，周作人扫兴而去。日本人见软的不行，干脆来硬的，派宪兵持枪闯入刘宅强行搜查，刘文典愤然作色，拒绝回答日本人的任何问题，当翻译官责问其既是日本留学生，为何不说日语时，刘文典的回答是："国难当头，以发夷声为耻。"面对越来越险恶的环境，刘文典深知北平已无法久留，于是在1938年初设法托人买到车票，独自一人乔装离开北平，辗转两个多月进入云南境内，行前，他写下"臣心一片磁针石，不指南方不肯休"的诗句以明其心志。1938年5月22日，当他终于抵达西南联大文学院所在地蒙自时，手中拿着一个破包袱和一根棍子，衣衫褴褛，满面灰尘，形同乞丐。当见到梅贻琦校长时，这位性格狷介，一生孤傲的学者竟然痛哭失声。他后来在给梅贻琦校长的信中写道："典往岁浮海南奔，实抱有牺牲性命之决心，辛苦危险，实非所计。"[②]

1937年时，邓稼先16岁，正在北平上中学。清华南迁后，在清华大学任教的父亲邓以蛰因肺病咳血不止，全家不得不留在北平。日本占领北平后，经常逼着城里百姓为他们占领中国城镇开庆祝会，在一次庆祝会中，邓稼先把手中的日本国旗扯碎，扔在地上用脚踩，这种随时可能引来杀身之祸的行为让父亲担忧不已。随后，邓以蛰即安排邓稼先离开北平前往大

---

①　《教授印象记　刘文典》，载《清华暑期周刊》1934年第8期。

②　章玉政：《狂人刘文典　远去的国学大师及其时代》，广西师范大学出版社2008年版，第217页。

后方。邓以蛰早年东渡日本求学，后又去美国哥伦比亚大学专攻哲学和美学，归国后在北大、清华、厦大等多所高校任教，是中国现代美学奠基人之一。但这次行前，父亲送别儿子时，特地嘱咐他："你要学科学，科学对国家有用。"这不是对自己平生所学的否定，而是中华民族子孙在面对强敌时发出的自强之声。带着父亲的嘱托，邓稼先来到大后方，先是完成了高中学业，之后考入国立西南联合大学物理系，师从王竹溪（中国热力学统计物理开拓者）、郑华（著名光谱学家）等著名物理学家。而留在北平的邓以蛰，也一直拒绝到日伪学校任教，全家靠变卖家中古董艰难度日，一直坚持到抗战胜利。

赵忠尧的女儿赵维志回忆，刚到昆明的时候，自己还在念小学。联大土木系学生做毕业设计，与当地乡绅协商，用乡绅自己的地皮替他盖一座楼，盖好之后联大用20年，之后连房子和地皮还给人家。盖楼的时候大学生们来测量、插标签，孩子们跟在大姐姐大哥哥后面玩。后来这些大姐姐大哥哥教了她们一首歌《中国不会亡》，因为她们还小，不会唱，大姐姐大哥哥就一字一句地教唱，教完以后大家哭声一片，热泪盈眶。对国家民族的热爱，是中华民族得以生生不息的力量！

如前文所述，如刘文典以及邓以蛰、邓稼先父子一样，甘愿抛弃曾经的舒适生活，坚守气节的师生，人数几何？

外迁师生风骨表现之二：茅屋陋室中传道授业，努力向学。抗战时期中国高校的外迁，其目的正如西南联大校歌中的那句古奥难懂的歌词："绝徼移栽桢干质"，也就是说，要把中国的优秀青年，转移到大后方去，培养其成才，这是一个长远的救国大计。而这些外迁高校，确实做到了在艰难环境中弦歌不辍，勇担社会责任。虽匆匆外迁，但老师专心著述，学生努力求学，最终谱写出一曲慷慨壮歌。

闻名海峡两岸的台湾著名民国史专家吕芳上先生在为易社强《战争与革命中的西南联大》一书所作的序中写道："大学本来就是活生生的一群人，聚在一块，共同耕耘、切磋知识学问的学术乐园。战争时期或许外在环境险恶，但教师埋头著述，勤快解惑，学生好像永远有填不满的求知欲望，师生交流绵密，知识火花热闹迸放，如响斯应，此所谓'弦歌不辍'，既是浩劫，也是风云际会，更是因缘凑合。"①

　　1940年，日机对昆明的轰炸规模加大，闻一多迁入昆明郊区大普吉陈家营内，租住了杨家宅院的一间土坯偏房，这本是原主人用来堆放苞谷和柴草之处，房间连窗户都没有，只是在靠院子的一边，半截土墙上挖了个洞，用一些参差不齐的柴火棍支撑其间。翌年初，联大数学系教授华罗庚在昆华农校的住所突遭敌机轰炸，一家人惊险逃离，在城里转了一天也找不到住处，闻一多闻讯，特邀华罗庚携家眷到自己的住处栖身。两家14口人，在一间16平方米的小黑屋里隔帘而居，局促之状可以想见。在如此简陋的环境中，二人依然笔耕不辍，在各自领域内取得了丰硕成果。闻一多完成了轰动一时的著名神话专论《伏羲考》，该著作的出版奠定了他在神话学史上的崇高地位，华罗庚则完成了享誉世界的不朽之作《堆垒素数论》，这部著作荣获国民政府教育部1941年（第一届）自然科学类一等奖，他由此成为中国的"数论之父"。同年，华罗庚将书稿寄至苏联，对方审阅后惊喜不已，迅速回复："我们收到了你的优秀专著，待战争结束后，立即付印。"1947年，苏联科学院以斯捷克数学研究所第22号专著序列出版该著作，国际数学界为之震动。美国芝加哥科学博物馆专为华罗庚塑像，名列世界88位数学伟人之一。多年后，华罗庚忆及在陈家营与闻家同室挂帘而居，并双双取得辉煌成果的往事时，曾赋诗一首，记录他们在艰难岁月中的不屈精神与深厚情谊。


　　　　挂布分屋共容膝，
　　　　岂止两家共坎坷。
　　　　布东考古布西算，
　　　　专业不同心同仇。


　　吴大猷的学生沈克琦回忆，当时因为飞机轰炸，教授都疏散到乡下，

---

① ［美］易社强著，饶佳荣译:《战争与革命中的西南联大》，传记文学出版社2010年版，第1页。

## 平津高校外迁

吴大猷在那里用从北京带去的光学元件，装成了一台大型光谱仪。大型光谱仪需要一个很稳定的平台，他就用砖头砌了一个。上头应该有架子，他的架子是用木头做的。它本来有一个像暗箱似的暗筒，这暗筒是用黑纸糊的。还有一个放照相机底版的东西，要拍照，拍光谱的照片。吴大猷说，这是世界上绝无仅有的一台光谱仪。每天，吴大猷都要赶着马车去城里上课，一次因为道路颠簸不平，他从马车上摔下来，因脑震荡当场昏迷。第二天，吴大猷依然前往学校上课，也依然乘着马车。

从下面的这些文字中，每个人都能触摸到民族危难时那些外迁师生心中的所思所想：

1938年5月26日，闻一多致信张秉新："蒙自环境不恶，书籍亦可敷用，近方整理诗经旧稿，素性积极，对国家前途只抱乐观，前方一时之挫折，不足使我气馁，因而坐废学问向上之努力也。"[①]

钱穆在回忆录中写道，在蒙自时，"闻空军中漏出音讯，当有空袭"，"遂定每晨起，早饭后即出门，则野外林石胜处，或坐或卧，各出所携书阅之。随带面包火腿牛肉作午餐，热水瓶中装茶解渴，下午四时后始归……结队避空袭，连续经旬。余每出则携《通史随笔》数厚册。……此乃余日后拟写《史纲》所凭之唯一祖本，不得不倍加珍惜"。[②]

当年在西南联大学习的邹承鲁回忆说："我们还要学跑警报，跑完警报照样上课，照样工作。跑警报那个地方，上课是不上的，但是回来补。自己跑警报，你带的东西可以做作业。我们那个时候，整个的爱国热情是很高的，学，就是为了要打赢日本人。因为中国的弱，被日本一炸——云南挨炸的惨象你们可能根本不清楚，简直非常惨。所以就加强学习，要自强。那个时候跑警报，电灯也没有，有时候断电，但是学习不间断。"姚秀彦也回忆："警报解除了，上课去。你不要以为这样子不读书，其实更加用功念书。图书馆早上还没有开门，门口就排成了长龙，图书馆一打开大家就进去了。因为三校的图书馆没有完全运到昆明，书不够。所以大家争先进

---

① 闻一多：《闻一多书信集》，群言出版社2014年版，第70页。
② 钱穆：《钱宾四先生全集第51册　八十忆双亲师友杂忆合刊》，联经出版事业股份有限公司1998年版，第226页。

去。""晚上有老师做专题讲演，也是密密麻麻的。同学们更加努力，因为求知识的机会难得。"[①]

西南联大的"三抢"生活，西北大学的"七星灯火"，华西坝上匆匆跑课的师生，无论怎样的艰苦环境，都不能影响学生们的求学精神，"他们都能在艰苦的环境下刻苦用功，虽然食物粗劣，生活环境也简陋不堪"[②]。为什么能够如此？因为热爱，因为所有的师生都知道现在的弦歌不辍，努力向学，将来会结出怎样的硕果！

外迁师生风骨表现之三：艰难困境中安贫守道，坚韧乐观。物价飞涨，环境极端艰难的岁月，最能凸显师生们的坚韧与乐观。汪曾祺的《跑警报》一文对这种精神的描绘可谓惟妙惟肖。1939年、1940年这两年，三天两头有警报。有时每天都有，甚至一天有两次。"昆明那时几乎说不上有防空力量，日本飞机想什么时候来就来。有时甚至在头一天广播：明天将有二十七架飞机来昆明轰炸。日本的空军指挥部还真言而有信，说来准来！一有警报，别无他法，大家就都往郊外跑，叫做'跑警报'。'跑'和'警报'联在一起，构成一个语词，细想一下，是有些奇特的，因为所跑的并不是警报。这不像'跑马''跑生意'那样通顺。但是大家就这么叫了，谁都懂，而且觉得很合适。也有叫'逃警报'或'躲警报'的，都不如'跑警报'准确。'躲'，太消极；'逃'，又太狼狈。唯有这个'跑'字于紧张中透出从容，最有风度，也最能表达丰富生动的内容。"[③]在汪曾祺看来，日本人派飞机来轰炸昆明，其实没有什么实际的军事意义，用意不过是吓唬吓唬昆明人，施加威慑，使人产生恐惧。但"他们不知道中国人的心理是有很大的弹性的，不那么容易被吓得魂不附体。我们这个民族，长期以来，生于忧患，已经很'皮实'了，对于任何猝然而来的灾难，都用一种'儒道互补'的精神对待之。这种'儒道互补'的真髓，即'不在乎'。这种'不在乎'精神，

① 张曼菱：《西南联大行思录》，生活·读书·新知三联书店2019年版，第155—157页。
② 蒋梦麟：《蒋梦麟回忆录：西潮与新潮》，浙江大学出版社2019年版，第215页。
③ 汪曾祺：《我在西南联大的日子》，山东画报出版社2021年版，第18—19页。

是永远征不服的"①。吴宓、陈达、费孝通……当年不少联大教授和学生都留下了诸多关于"跑警报"的记述，而这些似乎本该是充满恐惧、血泪的记述中，很奇妙的，更多我们可以体味的是乐观，是坚韧，它显示出的是中华民族在面对强敌时不甘屈辱的气概。

西北联合大学所在地城固古路坝因环境恶劣被外界称为"地狱"，城固的生活是艰苦的，但是，也有不少师生在这里却有了不一样的感受。在西北大学校长刘季洪眼里，古路坝并不是三坝中的地狱，也并不如一般人所想象的那么枯燥无味，相反，在他眼里，古路坝甚至还可以被称为陕南深山中的"世外桃源"。不但气候不如关中那样严寒，就是附近的山水，也相当清秀，一点也不像西北其他地区。省会西安以及距离古路坝只有80里远的汉中，常常遭受敌机空袭，但古路坝却几乎未受到战争波及。西北工学院所借用的天主堂，虽然不如华西大学那样美丽，可是它的各项建筑，都是坚固合用，朴实无华。在刘季洪当校长时，又在天主堂空旷的草地及山坡上，添盖了很多宿舍实验室。"远远看去，一排一排没有油漆的木屋，正如军队的营房一样。大院子里的花木，和天主堂多年培植的葡萄藤，平日已经很好看，春天尤其茂盛美观。有时身处花香鸟语之中，我几乎暂时忘却日常应付院务的烦恼。如果不是天空中偶然发现从黄河北岸飞来的敌机，员生们恐怕会忽略了外面正在进行着悲壮热烈的抗战。"②

原北平师范大学校长，西北联合大学校务委员会常委李蒸之女李溪桥曾回忆自己家在城固的那段时光，当时居室简陋，屋内没有什么家具，家里人平日都穿着草鞋，晚上点的是如豆的油灯，与北平时期的生活有着天壤之别，但李溪桥说，父亲还是极力维持着全家的"悠闲"生活，每天傍晚，父亲都会派她挎着小篮子，走到巷口去买些橘子和花生，回家后大家围坐而吃，听父亲讲讲笑话和故事。作为学生的老驽（董毓英）晚年记忆中的古路坝生活，也别有一番风味。在一周辛苦学习之后，"风和日丽的礼拜天，提着刻意留下的干粮、剩菜，去山坡上揽一把枯叶，抬几根树枝，

① 汪曾祺：《我在西南联大的日子》，山东画报出版社2021年版，第26页。
② 赖琏：《西北工学院与西北大学——抗战时期兼长西北两大学的回忆》，载赖景瑚：《烟云思往录》，台北传记文学出版社1980年版，第201—202页。

一撮盐、半瓢水，就是一顿别具情趣的野炊。遇有好事者，或捉几只青蛙，或摸几条小鱼，给野炊更添几分欢乐。薄暮踏歌归，山道上的歌，借以壮胆，也借以呼朋引类。且听，这边有歌声唱和，那厢有'哦，嗬嗬'的呼应，在四合的暮色中，于是不再寂寞"[①]。在西北医学院读书的史志超也回忆，"南郑数年，深得田园与山水之乐"，假日时，同学"常结伴作郊游，近则汉江之滨，秋水芦花，长桥野渡，人在画图之中；远则渡江而南，巴山之麓，古斯丛林，桂子飘香，亦神仙境界"[②]。这些仿佛是和平时代的大学生活的描写，如此悠闲惬意，平和美好。想来当年身处其中的青年学子们，在这样的欢愉中，总可以暂时忘却不少现实生活的烦恼吧？

西北工学院被称为"地狱"中的地狱，但在1942年考入该校的郝育森看来，这里还是有很多温馨的回忆。在他眼里，学校的建筑，虽非雕梁画栋，却是坚固耐用。学校里的风雨操场，足球、篮球、排球、棒球、网球、木马、单杠、双杠，样样俱全。学校前后院之间矗立着"尊师重道"的巨幅木质标语牌，它的旁边又有小的标语牌，上面写着："抬起头来，挺起胸膛，竖起脊梁"，表面上这是对身体姿势的要求，实质上是对心理状态的要求，要求师生不要被抗战暂时的困难、生活艰苦压倒，要乐观自信。古路坝的建筑虽以实用为主，但在不经意中也流露出师生们在艰难环境中对于"美"的追求。郝育森回忆，段子美教授曾在课堂上吟过一首打油诗："一枝红旗飘云间，数椽茅屋紧相连。潺潺溪水解人意，琅琅书声夜不眠。"后两句是写实，因为学校院外东西两面各有小溪，一条自北向南流入汉江。东溪上架桥跨溪与土丘相连，丘上建有茅草亭子，均用天然木料，不加斫饰，颇有野趣。但其时开水供应不足，蜡烛不敷应用，张朵山教授认为修桥筑亭是粉饰太平，舍本逐末，因此公开说："桥亭已成，斗胆命名：开水桥，蜡烛亭。"人们听后皆捧腹大笑。师生们的生活是艰苦的，但是，苦中作乐，乐观与坚韧，外迁师生们一直秉持着这样的品格。而如前文所述，成都燕大的学生们每年五月还要坚持举办的"五月花柱舞会"，选举"五月皇后"。

① 老弩（董毓英）:《"吃贷金"的岁月》，载《税收与社会》2003年第5期。
② 史志超:《医学院琐忆》，载姚远主编:《西北联大史料汇编》，西北大学出版社2012年版，第662页。

无论在昆明，还是成都、城固，师生们对于"泡茶馆"都留下了诸多颇具情调的回忆。战争中生活艰难，但是无论如何艰苦，人们还是尽可能地追求美，追求快乐，这就是力量，这就是风骨。

1940年，国立西北大学足球、排球、垒球锦标队合影
（陕西省档案局编：《国立西北联合大学档案史料选编》，西北大学出版社，2018年）

外迁师生风骨表现之四：任何时候都坚持学术独立，人格独立。所谓大学，非有"大楼"之谓也，乃有"大师"之谓也。大学，不是为了一座座高楼，而是要有真"大师"。以"兼容并包之精神，转移社会一时之风气，内树学术自由之楷模，外获'民主堡垒'之称号，违千夫之诺诺，作一士之谔谔"，这是当年知识分子的风骨。当年的教授，对内教学治校，对外民主议政，这一批学贯中西、才德兼具的知识分子们，其学术与人品交相辉映，共同塑造了中国教育史之奇观。

1941年，已经参加革命的马识途以马千里的名字进入西南联大。他后来回忆，西南联大让他印象最深刻的，就是学校经常举行各学科的学术系统讲演，而且动辄就是十讲八讲。这些学术专题讲演都是著名教授主讲的，虽然没有列为正式课程，但因观点出新，很多见解往往和法定的教科书不一样，受到学生们的欢迎。这些权威教授的讲演，可谓真正的百家争鸣，有的就是有针对性的学者间的学术争鸣，他们各抒己见，互不相让。他就曾见到在南北两个大教室里，不同观点的两位教授同时讲演，南边的教授听到北边的教授对他的批评，不能接受，跑到北边教室去登台当面和那位教授争论起来，虽然面红耳赤，却是很有风度。争完后互相握手，一笑置之。

百家争鸣，学术民主，不仅在同辈之间盛行，师生之间亦是如此。历史系学生王玉哲在读书时，曾对傅斯年关于《齐物论》的文章提出不同意见。傅斯年在西南联大时任北大文科研究所所长，王玉哲想报考他的研究生，又害怕傅老师对他心怀芥蒂，犹豫再三，后来还是报考了，也被顺利录取，师生相处融洽。杨振声指导学生写论文，学生迟迟交不上来。原来他的观点与老师不一致，怕通不过。杨振声告诉他，只要言之有理，持之有据，尽可以写成论文。如果所有人观点一致，学术还怎么发展？学术面前，只重证据，不论资格。

学术不从属于政治，必须坚持学术独立，这是西南联大师生一直秉持的立场。1938年，国民政府教育部颁发《大学各学院共同必修科目表》，要求遵照执行。因为这套科目表与战前清华大学的大一课程计划出入不大，稍加调整即可实施。必修课中有"党义"一科，西南联大采取极为灵活的方式处理，曾采用讲座方式，确定10个讲题，由三民主义教学委员会成员轮流主讲，后来改用交读书报告代替。联大对此门课要求不严，甚至有些学生从未听说过有这门课，也未提交过读书报告，但所有学生成绩单上这门课都列为及格。1940年，教育部除颁布大学各学院共同必修科目表，之后又陆续颁布各系必修课课表、部订教材以及学生考核方法等，这些硬性规定激起联大教师反感。1940年6月的一次教务会议上，通过了一项致常委会的公函，公开表达对教育部措施的不满。公函写道："大学为最高学府，包罗万象，要当同归而殊途，一致而百虑，岂可以刻板文章，勒令从同。世界各著名大学之课程表，未有千篇一律者，即同一课程各大学所授之内容亦未有一成不变者。惟其如是，所以能推陈出新，而学术乃可日臻进步也。"公函中说，教育部对于如何研究教学，应给予大学以回旋之自由，大学之课程设置宜常不宜变，大学内部甚至一课程之兴废不应听命于教育部，否则将使"教授固已不能自展其才，在学生尤启轻视教授之念"……此信陈抄教育部之后，1940年9月，教育部最终默许联大对于教学工作的各项训令可以变通执行。①

在坚持学术独立的同时，联大师生们也更珍视独立思考，不盲从，不唯上。追求"民主"，追求真正的"自由"，宁"违千夫之诺诺"，亦要"作一士之谔谔"，这是他们的风骨。

1940年7月，日本侵略者攻占越南，中国云南亦成为前线，由于战事吃紧，国民政府教育部于7月电令西南联大做好再次迁校准备，将在四川叙永建校。11月13日，校常委会讨论，决定校本部暂不外迁，在叙永设立分校，本年度一年级学生限于12月10前在叙永分校报到上课，同时举行第二次招生，新生也在叙永报到。后因叙永无论交通还是物质条件比之昆明更差，加之战局发展形势并未如先前预想的那样恶劣，联大中便有人提出继续留在昆明，撤销分校的意见。1941年上半年，联大常委数次举行会议，广泛征求意见，最后举行校务会，以投票方式决定叙永分校之后如形势未发生重大变化，将返昆明上课，并由梅贻琦亲自到叙永传达。由于学校迁至叙永是政府提出的，现在要撤销分校，师生返回昆明，也须向政府报备。国民政府对联大此议持反对意见，要求联大继续留在叙永办学。政府意见在联大常委会上传达后，常委们一致表示，撤销分校是校务委员会的决议，继续在叙永办学也必须经过校务委员会讨论后才能决定。1941年8月13日，联大校务会再次开会，传达中央政府意见，复议分校的去留。会议最后仍然坚持本学年度结束后，叙永不再设立分校。8月14日，日机空袭昆明，西南联大损失惨重，即使如此，也未动摇联大师生在昆明办学的意志。正是依靠广大学人的这种独立意志，联大最终坚持留昆。

西南联大教务长杨石先教授在重庆受训时，蒋介石曾表示要亲自介绍他加入国民党，杨石先听后，断然拒绝。有官员威胁他说："你不加入国民党，又怎么能当联大教务长？"杨石先当即明确表示，他可以马上辞去联大教务长之职，入党之事断不可为。为什么不入党？不是因为杨石先对国民党政权的反动本质有了深刻的认识，在这个时候，蒋介石在知识分子当中

---

① 西南联合大学北京校友会编：《国立西南联合大学校史：一九三七至一九四六年的北大、清华、南开》，北京大学出版社2006年版，第36—37页。

还有相当威望，人们普遍把他看作抗日领袖。杨石先之所以不入国民党，更多体现的是"君子不党"的传统文人的观念，因此，联大知识分子自觉疏离政治权力，维持其独立的人格尊严。

抗战胜利前夕的1945年6月，蒋梦麟应行政院长宋子文之邀，辞去北京大学校长职务，出任行政院秘书长。当时蒋正在美国考察教育，北大教授们希望他能够趁此机会采购一批教学仪器与图书，同时准备物色一批新教授，以为将来北大复员做准备。没想到聘请的人尚无音信，蒋梦麟却要离开北大去做政府官僚。而且直到6月底，他才致信北大历史系教授、校秘书长郑天挺说明此事。这件事引起北大教授强烈不满，法学院院长周炳琳对此事尤为愤慨，不满情绪溢于言表。郑天挺听说此事，首先的反应是"疑其不确"，认为"果有此事，未免辱人太甚，不惟个人之耻，抑亦学校之耻。师果允之，则一生在教育界之地位全丧失无遗矣"①。在教授们看来，蒋梦麟是天下士林重量级人物，这样一位标杆性人物在抗战胜利之际抛弃北京大学，去到宋氏门下做一个帮闲者，实在是令人费解。正在重庆的傅斯年听说此事亦非常不满，不惜与之大吵大闹。虽然最终蒋梦麟还是执意离开北大。但是，诸教授在这件事上的反应足可说明当年的士林风气——相比于做官，知识分子们更看重的是人格自由与独立。

也正因如此风骨，在面对政府的倒行逆施时，知识分子们能够以"民主""自由"为旗帜，对反动派之攻讦毫不犹豫地进行回击。闻一多主编的《联大八年》中有对联大102位教授的介绍，其中讲到张奚若，说他是一位"敢怒敢言的老政治学者"，民国三十三年就指出国民党一党专政和蒋介石个人独裁所引起的严重后果，说他批评国民党官僚和特务曾有一句笑话："拿国民党的钱为共产党做事；以自己的腐败衬托出别人的前进"；说吴晗"近年来鉴于国内反动腐败势力猖獗，屡次大声疾呼，要求改革，积极献身民主运动，对反动派攻击不遗余力"；对于费孝通，则说他近年来"从事民主运动不遗余力"，在当年关麟征说有"开枪自由"的时候，费孝通曾高声

---

① 郑天挺：《郑天挺西南联大日记》（下），中华书局2018年版，第1042页。

疾呼："我们在枪林弹雨之中，呼吁和平。"① 知识分子，看似柔弱无力，但却有铮铮傲骨。

1946年7月15日，在追悼4天前被暗杀的李公朴的大会上，闻一多拍案而起，怒斥反动派镇压民主运动，阴谋策动内战。他临危不惧，慷慨陈词：

……今天，这里有没有特务？你站出来！

是好汉的站出来！你出来讲，凭什么要杀死李先生？……人民力量是要胜利的，真理是永远存在的，历史上没有一个反人民的势力不被人民毁灭的！……光明就在我们眼前，而现在正是黎明之前那个最黑暗的时候，我们有力量打破这个黑暗，争到光明！……反动派，你看见一个倒下去，可也看得见千百个继起的！正义是杀不完的，因为真理永远存在！……我们不怕死，我们有牺牲的精神！我们随时准备像李先生一样，前脚跨出大门，后脚就不准备跨进大门！

当天，闻一多被暗杀。

1927年，闻一多曾写过一首诗，诗的题目叫《一句话》：

有一句话说出就是祸，

有一句话能点得着火，

别说五千年没有说破，

你猜得透火山的缄默？

说不定是突然着了魔，

突然青天里一个霹雳，

爆一声：

"咱们的中国！"

---

① 资料室：《教授介绍（共一零二位）》，载西南联大《除夕副刊》主编：《联大八年》，新星出版社2019年版，第228—229、237、241页。

这话叫我今天怎么说？

你不信铁树开花也可，

那么有一句话你听着：

等火山忍不住了缄默，

不要发抖，伸舌头，顿脚，

等到青天里一个霹雳，

爆一声：

"咱们的中国！"

毫无疑问，这就是当年外迁知识分子们以其刚毅坚卓之风骨，在8年流离中之企盼——青天里一个霹雳，爆出"咱们的中国"！

# 二、一寸山河一寸血——从军热潮

战争爆发了，在这样一场民族战争来临的时候，是杀敌上战场，还是继续留在校园里？对于高校师生来说，他们必然面临着一场艰难抉择。

闻一多曾回忆抗战爆发之初身边人的心态，他说，当时大家脑子里满装的是欧美现代国家的观念，以为战争一旦爆发，全国都应该动员起来，于是一些人在等待政府的指示，或者是上前线参加工作，或者在后方从事战时生产，至少可以在士兵或民众教育方面尽点力。但事实证明这终是幻想，"于是我们的心里便渐渐回到自己岗位上的工作，我们依旧得准备教书，教我们过去所教的书了"①。当时正在长沙临时大学读化学系二年级的董奋在日记中，记下了作为学生的他们在各方意见不一致时内心的彷徨。与政府方面意见不同，陈诚要求学生为民族未来的复兴要好好读书，张治中则说，这种不生不死的生活，对国家一点用处都没有，应该放下书本。社会舆论

---

① 闻一多：《八年来的回忆与感想》，载西南联大《除夕副刊》主编：《联大八年》，新星出版社2019年版，第15页。

也各有见解,《大公报》提出应当实施战时非常教育,《中央日报》则号召,欧洲战时都以能上到"最后一课"为光荣,我们的教育也不能废止。学校里老师们也各有看法,蒋梦麟号召学生们随学校迁到云南去,高崇熙(原清华大学化学系教授)则对学生们说,你们还来上课干吗? 董奋说,当时学生的情况有3种,有些人觉得救国对,于是大批学生上了战场,他认为人数占到5/12;还有人觉得读书不错,决定去云南;但是,更多的是"昏昏噩噩"的,"他们和我一样,这一类的差不多很难确定主见的,在听某一人说话以后,觉得救国对,然而当与另一个人辩论以后,立刻改变了主见,于是觉得读书对了。他们比救国者好像多念了些书,然而却一点没心思在书本上。他们整日在彷徨着","彷徨派多极了"。[①]

即使已经走上西迁之路,是放弃学业直接上战场还是继续在学校里读书,这样的矛盾依然萦绕在同学们脑际。在漫长而艰辛的3000里穿越湘黔滇的旅行中,穿着军装的向长清不时会遇到朴实的路人问他们这个问题:"同志,前线的消息怎样?""你们的枪呢? 同志?"这些问题往往让学生们难以回答。他说,"也许有人会嘲笑我们一群的懦弱无能吧"。面对这样的询问,向长清也不能不追问自己:"可是,难道来到这遥远后方,当真是为着苟安的?"[②]

上战场还是留在校园,在整个抗战期间都是人们争论不休的一个话题。

全民族抗战爆发后,高等教育面临巨大危机,一些教育家大倡"学校关门论",认为毕业即失业,学生即学死,大学教育已经破产,大学已成为抗战的累赘,应关门了事;还有人认为,在"国难"之际,高等教育应力行应急式"国难教育",教育为当前战争服务。但是在学界,还有一种声音,"战时应当平时看,平时应当战时看",教育不应分战时和平时,教育既要应对眼前的战争,但同时也要为建国进行长远打算。1938年1月,陈立夫接替王世杰出任国民政府教育部部长,直至1944年12月卸任。他后来在《战

---

① 董奋:《董奋日记》,载张寄谦编:《联大长征》,新星出版社2010年版,第118—119页。

② 向长清:《穿越湘黔滇的旅行》,载张寄谦编:《联大长征》,新星出版社2010年版,第24页。

时教育行政回忆》一书中说，他当初接任部长时，亟须立时解决的有两大问题：一是随着战区的逐渐扩大，原有学校不能在原地进行教学，纷纷内迁，流亡在途。除紧急救济外，对这些学校，究竟是迁地续办呢，还是即予停办？后方学校，也受到战事影响，是要继续办理呢，还是予以紧缩归并？这是战时教育亟须解决的"量"的问题。二是关于教育之"质"的问题，是否如某些人所提倡的，要实行"国难"教育，就必须完全改变平时教育的性质，一切课程和训练均以适应军事训练为目标？对此，陈立夫认为，抗战与建国应"双管齐下"，这是"国策"，建国需要人才，教育不可中断，即使在战时，也需要各种专门技术人才的供应，需要学校的训练，所以"学校数量不仅不应减缩，并且依据需要，还需相当扩展"；在"质"的问题上，"我认为正常教育仍应维持，为建国预储人才；但为适应军事需要，应加特殊训练以备随时征召"[①]。国民政府接受了这样的观点，1939年3月在重庆召开了第三次全国教育会议，确立政府抗战时期教育方针上的总基调，是要兼顾抗战与建国、目前与长远的双重任务，提出教育为一切事业的根本，"平时要当战时看，战时要当平时看"。正因如此，抗战初期对知识青年服兵役，没有采取强制要求，而是决定实行"缓征缓召"，为长远打算。

战争以枪炮开路，但却是军事、政治、经济、文化全方面的搏杀。战争来临之际，高等教育、高校师生到底应该肩负何职？是直接上场杀敌还是继续在后方从事学术研究，这确实是一个见仁见智的问题。九一八事变之后，作为国立中央大学校长，罗家伦认为，敌人之强大，不是一方面，而是多方面因素促成的。中国的抗日战争不只是我国的兵和敌人的兵对抗，还是我国的农、工、兵、商、学校与敌人的农、工、兵、商、学校来对抗。因此，"我们现在不应该问我们忠勇的将士，抵抗得过敌人残暴的军队与否，我们应该问我们的科学和一般学术，抵抗得过敌人的科学和一般学术与否。我们希望我们以科学和一般学术，压倒敌人。就是我们的空军强大到可以轰炸东京的时候，我也不希望它轰炸东京帝国大学，像他们对付我们

---

① 陈立夫：《战时教育政策、方针与方案的订定》，载陈立夫著：《战时教育行政回忆》，台湾商务印书馆股份有限公司1973年版，第10—11页。

一样"①。他强调，战争来临，作为知识分子会集场所的大学应该更多担负起民族复兴的重任，"应成为抵抗日本的参谋本部"，"不是教授领导游行就算爱国，还要沉着的讨论研究"，"游行宣传，别人都能做，不必我们大学生去做。我们要造成一个参谋本部，什么人才都有"。②钱穆与罗家伦的观点高度一致。晚年他曾忆及与冯友兰的一次争论，在长沙临大时期，有两位学生将赴延安，师生集会欢送，冯友兰对两位学生"倍加奖许"，但钱穆则不以为然，他说，"青年为国栋梁，乃指此后言，非指当前言"，在国家面临困难之际，需要的人才标准更高，"目前前线有人，不待在学青年去参加"，学生现在的职责应该是在校安心读书。两人的观点针锋相对，欢送会结束后，钱、冯二人还进行了激烈的辩论。③

　　迁至陕西之后，西北联合大学的教授们在这些问题上也各有见解。刚刚迁至西安时，临大诸常委对学生训话，声明学校西迁缘由："原来学术文化基干，固无在战区前防之必要，尤以学校为甚"，校方强调，对志愿请缨从事直接抗战工作的学生应该加以鼓励，但学校目前的主要任务是培植青年，埋头苦干，免其失学，"储为国家建设之用"，"以免其失学，致国家受莫大之损失"④。在西北联合大学1938年开学典礼上，徐诵明（原北平大学校长，西北联合大学校务委员会常委）勉励学生，战时最高学府的学生，不一定非拿枪到前线才是救国，在后方研究科学增强抗战力量也一样是救国。贾成章（原国立北平大学农学院教授，西北联合大学教授）也是"长久抗战"的支持者，他说，抗战不是一部分人或者一部分阶级的责任，前方战士在枪林弹雨的前线上，奋勇杀敌，其责任固然重大，但我们在后方支持抗战，"所负的责任尤为重大"，是"永久责任"。⑤而李书田（原国立北洋工学院

①　罗家伦：《炸弹下长大的中央大学——从迁校到发展》（1941年6月16日），载罗家伦著：《文化教育与青年》，商务印书馆1943年版，第196页。

②　罗家伦：《让我们把中大造成民族复兴与抗日的大本营参谋本部》（1936年1月6日），载《罗家伦先生文存》，国史馆、中国国民党中央委员会党史委员会1976年版，第454—455页。

③　钱穆：《钱宾四先生全集第51册　八十忆双亲师友杂忆合刊》，联经出版事业股份有限公司1998年版，第217—218页。

④　《常委对假期军训生训话》，载《西安临大校刊》1938年第12期。

⑤　贾成章：《高等教育如何支持长久的抗战》，载《西安临大校刊》第9期。

院长，西北联合大学校务委员会常委）虽然也认为学生还是应该留在学校里接受教育，但他却是"国难教育"的积极推行者，他认为，大学工学院教授，在平时诚然应该专心致力于教课和学术研究，但是战时就必须适应这种需要，从课程设置到学术研究，必须为"非常时期之特殊教练"。"不能适应非常时期之非常需要者，便不能征服非常环境，而为环境所征服"。[①]

　　然而，在民族危难之际，要上战场杀敌救国还是留在校园里读书做长久打算，这确实是一个两难的选择。罗家伦也曾说，诚然，战争爆发后，一般政府不到万不得已，不肯牺牲知识分子，但是"知识分子，却不能自己这样存心，做避免牺牲的打算"。[②]董奋在日记里也写道，当时社会各界，鼓励青年学生投身抗战的不在少数，长沙临时大学当时请来做讲演的国民党将领张治中、时任八路军长沙办事处主任的徐特立，都主张学生应走出校门参加抗战。1937年12月31日，周恩来在武汉大学做了《现阶段青年运动的性质》的讲演，他提出青年有两个责任，一是在救亡事业中复兴民族，二是将来承担建国的责任。但是在当前，他更鼓励青年，到军队去，到战地去，到农村去，到被敌人占领的地方去，发动群众，组织群众，争取最后的胜利。[③]

　　平津沦陷后，有不少同学即离开校园投身战场，他们中有相当一部分学生选择了延安。吕正操（时任中共领导下的冀中军区司令员兼八路军第三纵队司令员）曾回忆，1938年春夏间，"有大批平、津、保青年学生和有专长的知识分子来到冀中，参加军工、卫生、教育、文艺等各项工作，人才济济，生动活泼"。吕正操说，在当时，为开展军工建设，很多南开、清华、北大的学生进入根据地参与相关工作，其中有在清华大学当工程师的胡大佛，还有熊大正（缜）、李广信、门本忠等。他们在冀中军工生产中发

　　① 李书田：《适应抗战期间之生产建置与工程教育》，载《西安临大校刊》1937年第2期。

　　② 罗家伦：《国难期间知识分子的责任》（1932年于中央纪念周），载罗家伦著：《文化教育与青年》，商务印书馆1943年版，第50页。

　　③ 中共中央文献研究室编：《周恩来年谱（1898—1949）》，中央文献出版社1998年版，第405页。

挥了重大作用。①西安临大迁往城固时，临大中共党组织和民先队考虑各方面需要，并照顾部分同学的意愿，动员大多数进步分子随校南迁，一面学习，一面展开抗日运动，但也有不少同学（约300人）或者直接前往抗日前线，或者被送往抗日军政大学和陕北公学学习。而在沦陷区坚持办学的燕京大学，也有不少师生通过各种渠道去往延安。

平津外迁各大学，虽不完全主动鼓励学生上战场，但为适应战时需要，也设立了相应机构为师生上前线提供服务。长沙临时大学复学不久，即成立以张伯苓为队长、黄珏生和军事教官毛鸿任副队长的大学生军训队，后又设立国防服务介绍委员会和国防技术服务委员会。1938年初，两个机构合并，组成国防工作介绍委员会，该委员会的职责为"竭力向各有关国防单位接洽，俾学生多得服务之机会"。1937年12月，学校做出规定，学生参加国防机关服务，"本校准为保留学籍，其有确定服务机关者并得由学校备函介绍"。之后又规定，教职员工如参加国防机关服务，如所服务机关不能担负薪资时，"本校得按在校服务薪水支给之"。②

西安临时大学开学之后，即通过决议，对在校学生展开军事训练，进行军事化管理，以适应战时要求。1938年1月，西安临时大学举行集中军训。1938年9月8日，迁至城固之后，西北联合大学千余名学生在南郑，举行了为期两个月的军训。李蒸指出，大学生接受军训，一方面是矫正过去文人的孱弱积习，一方面是培植抵抗侵略的能力。徐诵明提出，"外以军事训练劳其筋骨，内以精神食粮充其肠胃"，"进则为国家民族致杀敌之用，退亦可训练民众，组织民众，在后方效一日之长"。③参加集训的赵兰庭在联大校刊发表文章说，两个星期的军训后，"我们整肃的队伍，便时常地出现在十字街头；刀光盔影，闪烁在汉江河畔，原野上展开了我们的攻击和防御，一草一木，一个土堆，都是我们最好的掩蔽，我们的身体，潜伏在自己的领土上，我们的枪口，瞄准着敌人的头颅，每一寸土地的得失，关系着我

①　吕正操：《冀中回忆录》，解放军出版社1984年版，第93—99页。
②　西南联合大学北京校友会编：《国立西南联合大学校史：一九三七至一九四六年的北大、清华、南开》，北京大学出版社2006年版，第62页。
③　《发刊词》，载《西北联大校刊》第12期（1939年3月）。

们每一个人的存亡，我们保卫了领土，便是保卫了自己，锦绣灿烂的河山，给予我们多少精神上的安慰和健康?!"①

长沙临时大学建立之初，即出现了从军热潮，闻一多后来回忆说："讲到同学们，我的印象是常有变动，仿佛随时走掉的并不比来的少，走掉的自然多半是到前线参加实际战争的。"②据统计，在长沙临时大学时期，当时提出申请保留学籍，领取肄业证明和参加抗战工作介绍信的就有295人。③这个人数占到在校总人数的1/5。这些学生主要是去军事系统从事技术工作（学习工程技术者为主）；参加战地服务团，赴各地从事救亡工作；还有从事军事后勤服务工作或入军校学习；另外也有同学去延安、新四军及华北华东从事敌后工作。学生们的爱国热情让老师们极为感动，柳无忌在日记中曾写下这样的话："中国，如得复兴，全在年青人身上!"④

长沙临时大学南岳分校欢送从军同学（北京大学校史馆供图）

---

① 赵兰庭:《从集训生活说到大学教育军事化》，载《西北联大校刊》第12期（1939年3月）。

② 闻一多:《八年来的回忆与感想》，载西南联大《除夕副刊》主编:《联大八年》，新星出版社2019年版，第1页。

③ 西南联合大学北京校友会编:《国立西南联合大学校史:一九三七至一九四六年的北大、清华、南开》，北京大学出版社2006年版，第62页。

④ 柳无忌:《南岳日记》，载柳无忌著:《柳无忌散文选——古稀话旧》，中国友谊出版公司1984年版，第106页。

## 平津高校外迁

1938年底，《西北联大校刊》第5期，曾刊出一则启事，军政部兵工署因本校化学系毕业生多人，"敌忾同仇，志切报国"，积极要求受训，特准许联大化学系毕业生，只要"四肢健全，视力敏锐，不戴眼镜，无心脏及花柳等症；能耐劳苦"，均可免试入学军队技术干部训练班受训。

抗战后期，国民政府兵源短缺，军队素质差的问题逐渐开始暴露，国土沦丧的结果也激发了青年学生从军的意愿。1941年，日寇占尽空中优势，政府空军飞行员牺牲者甚众，为此，国民政府首次破例在全国大学生中选拔飞行员。西南联大学生有12人被录取。之后，随着来华美军日益增多，需要大批军事翻译人员，1941年9月教育部下令内迁各大学外文系三、四年级学生应征参加翻译工作，1942年回校，此次征调70余人，一半为西南联大学生。当时正在西南联大读书的许渊冲，曾这样描述当时同学们的心态，有同学"好男不当兵，好铁不打钉"的思想根深蒂固，认为给美军当翻译有失身份，所以宁可休学也不当兵；还有同学因为生活艰苦，本来已经在图书馆半工半读，如果参军既有实践讲英语的机会，工资比大学教授还高，何乐而不为？也有同学本来已经有了待遇优厚的兼职，但为了国家兴亡，毅然决定放弃高薪应征。许渊冲自己在一番犹豫之后，也满怀报国志向，毅然报名参军。

1943年春成都燕京大学也有部分同学应征入伍。1943年，美军进驻成都，军事委员会急聘大量翻译，当时燕大学生总数不过二三百人，这次征选就选中了21名学生，一时间，"21个"成了燕大的骄傲，学生们认为这是对燕京大学"为国效忠"精神之发扬光大。与燕大21名学生同时被选中的，还有华大11名、金大19名学生。多年以后，有同学还能记得燕大欢送这21名校友时所唱的歌，歌名叫"二十一个"，开头是"看哪，二十一个勇士杀敌去了"。

因为只在成都燕大读了一年理科，英语水平不够高而错过了"21个"的钱季光熬过了1943年那个夏天之后，自己找教务主任开了介绍信，"只身冲着重庆军委会去了"。经过考试之后，凤愿得偿，"一个多月以后，我初次穿上军装，登上军用飞机，去了昆明炮校"。之后服役期间，尽管过程非常艰苦，但"还是觉得自己是在为抗战，为打倒法西斯尽力，

168

苦中有乐"。[①]

随着美军来华人数增多，对翻译员数量的需求也大为增加。1943年10月，教育部下令，1943—1944学年度春季，征调部分大学所有四年级身体合格的男生为美军翻译员。西南联大教授会决议，要求"该校卅二年度四年级学生自下学期起，全体征调担任战地服务，以服务成绩作为该生下学期学业成绩"[②]。并提出了一些优待政策：四年级学生服役期满发给毕业证书，低年级学生志愿应征期满返校，可免修32学分，应届毕业生，"不服征调两年兵役者，不发毕业文凭"。与许渊冲一样，当时正在西南联大读书的彭国涛对于是否从军亦是挣扎良久。他说，当听到宣布四年级全体男生征调当翻译的时候，内心斗争是很激烈的，去还是不去？去的话，必然要终止学业，要参加国民党军队，对此，学生们内心是比较犹疑的，因为已经有了国民党军队是极其腐败、无能、与日军作战累战累败的印象。但是，不去的话，又觉得痛失了最后的抗战机会。几番思想矛盾斗争之后，彭国涛说，为了抗日，能贡献一份力量也是理所应当，最后下定了投笔从戎的决心。西南联大的几位校领导子女如蒋梦麟之子蒋仁渊、训导长查良钊之子查瑞传也都是在这次征调中从军的。梅贻琦之子梅祖彦，这年虽然才刚上二年级，不属于征调之列，也毅然报名参加了此次征调。梅贻琦夫人韩咏华后来回忆说，当时有人传说梅祖彦参军是梅校长带头送子参军作为号召，也有人说祖彦要求去，家里不统一。她说这都不是实际情况。当时家里采取民主作风，一切根据自愿，合理的就支持，从不强迫命令。梅祖彦的参军完全是自愿，梅贻琦既未主动要求，也未阻拦。经过半年多的组织动员，这次征调，西南联大四年级学生应征人数为310人，加上其他年级志愿应征的达400余人。

1944年初，日本侵华部队为打通中国南北交通线，发动"一号作战"，即"豫湘桂战役"。交战的结果，国民党军队一触即溃，丢城失地。国民政府把失败原因归结于兵源素质低下、知识水平低，因而决定大规模征调知

---

①　钱季光：《我当翻译前后》，载燕京大学校友会编：《燕京大学成都复校五十周年纪念刊》，第197—198页。

②　《西南联大征战地服务生》，载《学生之友》第8卷第1—2期合刊。

识青年参军入伍。此前的1943年10月，在重庆召开的全国知识青年从军运动会上，蒋介石曾两次到会，鼓动青年从军报国。1944年10月14日，蒋介石在国民参政会三届三中全会上，以"一寸山河一寸血，十万青年十万军"为口号鼓励知识青年应同仇敌忾，从军报国。[1]10月21日，国民政府颁布《知识青年从军征集办法》，之后又出台《志愿从军学生学业优待办法》，对从军学生采取保留学籍、退伍时免试升学、减少学期、优先录取等优待政策，鼓励学生参军。

首先积极响应政府号召的是平津内迁各高校的教授们。

在西南联合大学，张伯苓在报纸上发表文章，提出"唯有知识青年踊跃从军，才能够提高国家的地位，增进民族的声誉"。"现在国家因为军事上需要，号召青年从军，青年们应当立时热烈响应，献身报国，挽救当前军事的危机。"他号召青年们要"响应祖国迫切的呼声，从军入伍，献身报国！"[2]1944年11月29日，西南联大全体停课，齐聚新校舍北区东饭厅，由多位教授进行宣传讲演。在梅贻琦讲话之后，钱端升发言："现代战争是为现代化武器与现代化生产的战争，凡此均需现代化头脑现代化技术，此非知识青年不为功也，故必须知识青年参加。"冯友兰则说："过去以血肉之躯与敌人对拼的时期、艰苦的时期，已经由我们老百姓去担当了，际今最后关头而又有新式武器、新式装备可供应之时，知识青年应避免其应尽责任么？"闻一多也发表演讲说："现在抗战已至最艰苦的阶段，知识青年此时实应自动放弃不当兵的'特权'，而在抗战最后阶段更应负起责任。许多人谈民主，若自己本身去负责任，尽义务，那才真正有资格谈民主，而知识青年也就是真民主的队伍。"[3]1945年初，梅贻琦还在《扫荡报》发表文章，动员学生从军。他说，"当兵捍卫国家为国民当然义务，不能一部分人要求民主，另一部分人去尽义务"，并希望学生入营之后，必须认真训练，严格维

① 陈立夫：《千载一时的救国良机》，载青年军人丛书编辑委员会编：《知识青年从军论丛》，军事委员会全国知识青年志愿从军编练总监军1945年版，第24页。

② 张伯苓：《如何实现"文武合一"的教育》，载青年军人丛书编辑委员会编：《知识青年从军论丛》，军事委员会全国知识青年志愿从军编练总监军1945年版，第57页。

③ 《联大昨举行盛大演讲会教授勉学生从军》，《扫荡报》（昆明），1944年11月30日第3版。

持纪律，以锻炼意志，"造成国家劲旅"。[1]

国民政府号召从军运动之时，西北师范学院已迁至兰州。校长李蒸发表谈话，热烈支持政府这一举措。他说："今后决定性之战争，须赖高度科学技术与最新式武器之运用，知识青年，已有科学基础，再施以短期的现代化军事训练，则杀敌致果，不成问题，切望中等以上学校身体强健之青年，均能奋发请缨。"[2]李蒸还领衔联合兰州各大专院校，呈文蒋介石，说明兰州教育界积极响应从军运动。呈文写道：重庆军委会侍从室转呈主席蒋钧鉴：胜利在望，艰巨弥增，欲早获最后胜利，非提高国军素质加强反攻力量不为功，钧座此次昭示知识青年从军，诚属伟大英明之举，本院校全体同人及学生，靡不感奋，热烈响应，以副钧座之殷望，谨电奉陈。[3]

胡庶华（时为国立西北大学校长）也说，虽然之前也有不少知识青年自动从军，但是从军的人数远不及我们的实际需要。有人说，留着知识青年为将来建国之用，但也有人说，若是国家亡了从何建起？胡庶华认为，发动知识青年从军，能早日把敌人赶走，"岂不使读书的青年更能安心读书，建国的青年更能安心建国吗？"[4]他同样也是政府这一决策的强烈支持者。

1944年11月30日，当时的四川省主席张群应华西大学之邀到校演讲知识青年从军问题。张群说，之前中国对日作战7年，在前线的都是农民子弟，是受教育最少的阶层，他们的知识程度，不够运用新武器与新战术，因此国军素质低下，而与日本以大中学生为干部的军队作战，自然居于劣势。现在战争已到了决胜阶段，"受过国家教育之恩的知识青年，应该及时起来担负起战争的任务，此于争取目前胜利与战后永久建军，均有很大关系"。张群说："现代的战争，就是科学的战争，军队里的装备，都是科学的结晶，任何一个兵员都应该是知识分子。"[5]原先主张学生应该在校园里安

---

[1]　梅贻琦：《开始就要认真》，载青年军人丛书编辑委员会编：《知识青年从军论丛》，军事委员会全国知识青年志愿从军编练总监军1945年版，第53—54页。

[2]　《学府风光·师院》，载《甘肃民国日报》1944年6月11日。

[3]　《李院长发表谈话，响应从军》，载《西北日报》1944年11月8日。

[4]　胡庶华：《民族气节和民族光荣》，载青年军人丛书编辑委员会编：《知识青年从军论丛》，军事委员会全国知识青年志愿从军编练总监军1945年版，第48页。

[5]　周开庆：《民国川事纪要》，四川文献研究社1972年版，第79—80页。

心读书的钱穆这时观念也发生了改变，他说现在值国事艰难之际，知识青年从军，乃是俊杰识时务者之所为，大家应该踊跃以赴。这是个时势造英雄的时代，英雄应站出来，不辜负此时势。"我们很盼望在此知识青年从军的大潮里，再出几个楚霸王与霍票姚，或是再来几个周公瑾与诸葛孔明，或是再有几个李英公（李勣）与李卫公（李靖），或是再有几个岳武穆（岳飞）与王文成。""此乃国家民族前途祸福所系，全国知识青年，其速奋起。"①

政府号召之初，学生们还是有些犹豫的，国民政府军队中存在的各种问题学生多多少少有些了解，同时也担心因为从军影响学业。郑天挺在日记中曾记述，刚刚开始从军登记时，西南联大学生报名者仅寥寥数人，但随着学校各项保障措施的出台，教授们又一再宣传鼓动，爱国热情高涨的学生们"登记从军者纷纷不绝"。②

1945年1月，西南联大报名参军的200多名同学离校，到青年军二〇七师炮一营入伍。他们全部被分派到印度远征军，大部分在印度东北部阿萨姆邦密支那福建兰伽（Ramgarl）学习汽车驾驶，属辎重兵第一四团，取得驾驶执照后，便在史迪威公路上执行任务。据《国立西南联合大学校史》统计，加上长沙临时大学期间校方记录的参加抗战工作离校学生295人，以及西南联大纪念碑碑阴由校志委员会纂列的"国立西南联合大学抗战以来从军学生提名"列名者832人（碑文上刻有834个姓名，但有两个名字重复出现，经核对有关档案材料没有发现联大从军者有重名的情况，所以实为832人），两者相加约1100人，实际上西南联大从军者并不止此数，即使就按这个数据计算，西南联大从军者也约占抗战期间在西南联大上学人数8000人的14%。③

在国立西北师范学院，至1944年底，一共有133名学生参军入伍，其中男生120人，女生13人。国立西北大学至1944年底，全校共报名331人，其中包括校长刘季洪、教授郁士元等教职工、学生，以及工警。最终经各方面考核，实际参军的为教授郁士元和约60名青年学生。另有部分学生或

---

① 钱穆：《中国文化丛谈》，台湾书局1984年版，第358页。
② 郑天挺：《郑天挺西南联大日记》（下），中华书局2018年版，第962页。
③ 西南联合大学北京校友会编：《国立西南联合大学校史：一九三七至一九四六年的北大、清华、南开》，北京大学出版社2006年版，第61页。

先期参加远征军政工干部训练，或赴南郑远征军教导团受训，或投效空军。郁士元以教授身份参军在当时引起极大反响，1944年底，他在张治中陪同下到达重庆，受到蒋介石的接见，特授予少将军衔。1945年3月28日，国立西北大学外文系还有三年级两名女生桂诗晶、李秀华报名从军。国立西北工学院也掀起了大学生报名参军的热潮，在时任院长潘承孝带领下，报名者有教授42人，职员53人，学生613人，工友15人，仅七星寺分院最终参军的就有66人，其中还包括女生1人。

国立西北大学欢送志愿从军学生合影（城固1945年1月6日）
（陕西省档案局编：《国立西北联合大学档案史料选编》，西北大学出版社，2018年）

　　燕京大学有26名学子投笔从戎。据1942年考入成都燕大的徐茂兰回忆，当时燕大文学院院长马鉴曾赋诗话别，这首诗一时间在华西坝学子中广为传诵。

　　　　乘风飞渡雪山头，请得长缨系沐猴；
　　　　何日与君同一醉？未名湖上月当楼。①

　　① 徐茂兰：《对成都燕京师友的怀念》，载燕京大学校友会编：《燕京大学成都复校五十周年纪念刊》，第72页。

学生们是满怀豪情走入军营的，1945年12月31日，《西北日报》发表了西北师范学院学生王丕仁以正式从军青年的身份撰写的文章《我投入了为祖国而战的十万青年军》。他说自己的家乡被日本占领了，一直到考入师院生活才安稳了一点。但是，现在，国家的要求超过了个人的私欲，国家要求拿起枪来，他就下决心投笔从戎。他还对即将入伍的学生提出了几点希望：第一，时刻牢记自己的责任；第二，时时注意健康，处处不忘学习；第三，入营后闲事不要管，闲话不要听，一心一意学习现代化的科学的战斗技能，以期能够与盟友并肩作战，彻底消灭敌人，建设一个民主自由、永久和平的新世界。

然而，真正走入军营以后，军队生活的残酷、现实与理想的差距更真实地展现在学生们面前。参加远征军入缅作战的杨重野于1942年4月亲历腊戌失守，"日军把大炮和机枪架在松山上向着桥东公路上的车流和从缅甸逃难回国的华侨的人流疯狂地轰炸和扫射。很多人被阻在江的西岸。第6军的翻译官有的就未能渡过怒江。我们的军队更悲惨，成千上万的人葬身在野人山"[1]。一位被分配到印缅前线做联络工作的同学回忆，在前线，离不开自己挖的散兵坑，吃饭、睡觉都得在里面，而印缅地区一到雨季就积水盈尺，但人必须睡在坑里，这是保护自己的最安全方式，因为离他们阵地20米开外就是敌人的阵地，"有一次，我还在营部里，枪声响了，我们的身子伏在地下。等枪声稍稀时，我发现子弹以我的腰为中心，一尺为半径，向上画了个半圆"[2]。

据统计，西南联大学生在抗战中牺牲殉职者有15人。他们中有：黄维，1941年被征调，入缅作战随军部撤出缅甸强渡怒江时牺牲；缪弘，抗日战争胜利前夜的1945年7月31日，在收复广西平南附近丹竹机场、冲击日军山头制高点时壮烈牺牲；朱谌，1941年底参加入缅作战，1942年随军撤退时在荒山中牺牲；戴文旭，1943级地质系，1944年6月在长沙与敌机作战时

---

[1] 杨重野：《随远征军入缅亲历记》，载国立西南联合大学1944级2003年编印：《国立西南联合大学八百学子从军回忆》，第16页。

[2] 张祖：《"翻译官"》，载西南联大《除夕副刊》主编：《联大八年》，新星出版社2019年版，第171页。

牺牲；王文，1944级机械系，1944年8月在保卫衡阳战役中与敌机作战时牺牲；吴坚，1944级航空系，1945年初在陕西与敌机作战时牺牲……

　　1942年2月，已经留西南联大外文系担任助教的穆旦响应政府号召，以助教身份报名参加中国入缅远征军，入伍后在副总司令杜聿明兼任军长的第五军司令部，以中校翻译官的身份随军进入缅甸抗日战场。同年5月至9月，他亲历滇缅大撤退，经历了震惊中外的野人山战役，于遮天蔽日的热带雨林穿山越岭，踏着累累白骨侥幸逃出野人山。根据入缅作战经历，1945年9月，穆旦创作了著名诗篇《森林之魅——祭胡康河上的白骨》，其中"祭歌"部分写道：

> 在阴暗的树下，在急流的水边，
> 逝去的六月和七月，在无人的山间，
> 你们的身体还挣扎着想要回返，
> 而无名的野花已在头上开满。
>
> 那刻骨的饥饿，那山洪的冲击，
> 那毒虫的啮咬和痛楚的夜晚，
> 你们受不了要向人讲述，
> 如今却是欣欣的林木把一切遗忘。
>
> 过去的你们对死的抗争，
> 你们死去为了要活的人们共存，
> 那白热的纷争还没有停止，
> 你们却在森林的周期内，不再听闻。
>
> 静静的，在那被遗忘的山坡上，
> 还下着密雨，还吹着细风，
> 没有人知道历史曾在此走过，

留下了英灵化入树干而滋生。①

这些诗句今天读来，仍令人动容。

战争的残酷是一方面，而时常目睹的盟军的傲慢、国民政府军队中的腐败现象，也让曾经豪情万丈的从军者感到失落与茫然。正如梅贻琦之子梅祖彦后来回忆的，"当译员的头几个月，心情十分复杂。一方面觉得自己参加了抗日队伍，达到了'为国效劳'的目的。但看到了国民党政府和军队里的腐败现象，又觉得自己是'助纣为虐'。再则有些美国人员认为我们是落后民族，对中国人十分傲慢。自己常想，怎样可以使中国赶快富起来，一不怕日本侵略，二不求助于美国。当然在那时的条件下，一个单独的青年学生是找不到什么答案的，只是增加了思想上的苦恼"。②相对来说，在史迪威治下的军队服役的同学感觉会稍好一些，加入驻印军队做汽车兵的同学感受则极为恶劣。1946年7月，由西南联大《除夕副刊》主编，西南联大学生出版社出版的《联大八年》中的一篇文章形象生动地记载了同学们参军之后的经历：

> 英国人把存在仓里几十年的臭米拿来了，把霉了的穗子运来了，不吃也得吃，伙夫老爷有本领，米里满是砂块也不洗，牛肉煮得咬不动，并且发明了一种饭叫煮面块，一个面块拳头大。
>
> 有一天来了五个衣服褴褛得像叫花子的士兵，请求做我们的伙夫，蒙连长开恩，我们就成了伙伴。记得一个是中央大学水利系的，两个是铭贤学院的，另外两个忘记是哪个大学的了，他们连夜从密支那逃来，听了他们的遭遇，铁石心肠的也会伤心流泪。他们说，"我们真幸运呀！留在那里的同学，不知道怎么样了！又要自杀吧……"

---

① 穆旦：《森林之魅——祭胡康河上的白骨》，《穆旦诗文集》，人民文学出版社2018年版，第139—140页。

② 梅祖彦：《美军Y-Force总部和滇西前线指挥所的译员生活》，载国立西南联合大学1944级2003年编印：《国立西南联合大学八百学子从军回忆》，第139页。

政府规定的条文，每个字都像镀了金，可是"好话说尽、坏事做完"的当局，已经一再使我们失望，在车家壁的几个月当中，哪一次不为给养发愁、着急？吃了上一餐，不知下一餐；吃过今天，望着明天，忍饥挨饿的事情已经司空见惯，一天一次稀饭，也不足为奇，可是，反过来看看团部，有的是雪白大米，有的是充足的蔬菜，为什么？

在他们的同学中，有位同学因为踢了连长的狗，有人因为看到长官没敬礼，有人因为发牢骚，有人因为贴了张国是意见书，就被指为共产党，被关禁闭、被判刑，也有同学因无法忍受苛待而愤然自杀。

此情此景，与参军前的热血抱负形成了鲜明的对比，同学们愤怒地呐喊："我们从军的目的是为了消耗精力浪费时间吗？不然的话，代价又在哪里呢？尤其是被推入大狱的伙伴们，我们要问是谁坑害了他们？是谁，那谁就该负责任。"[1]

在国土沦丧，需要保家卫国的时候，青年毫无疑问应当是中坚力量，然而，当政府官员自上而下，昏庸腐败，贪污成风，这样的国还怎么守？而当教授们了解到学生从军的实际经历时，如郑天挺在日记中所言，"闻之尤自惭"，"当日之鼓励从军，未能预为之计"[2]。这样的状况，当年那些慷慨激昂鼓励学生参军的教授们谁会预料得到呢？

"一寸山河一寸血，十万青年十万军"，知识青年上战场，这是中国抗战史上一段值得铭刻的记忆，这是青春的热血，这是保家卫国的责任。人们不应该忘记这些在家国危难之际毅然挺身而出的热血青年，他们出入枪林弹雨、瘴疠疟疾，与蚂蟥、蚊虫、酷暑、阵雨搏斗。抗战胜利至今已经70多年，今天，我们回忆起这段历史，忆及那些年轻的生命，仍然会怀着无比崇敬的心情。在这场全民族的抗战中，有他们的青春、热血、牺牲与奋斗！

① 王宗周：《从军行》、刘离：《从军苦》，载西南联大《除夕副刊》主编：《联大八年》，新星出版社2019年版，第141—164页。
② 郑天挺：《郑天挺西南联大日记》（下），中华书局2017年版，第1070页。

# 三、多难殷忧新国运——爱国民主运动

汪曾祺在一篇文章里曾讲过这么一件事，有一位曾在西南联大任教的作家教授在美国讲学。美国人问他：西南联大8年，设备条件那样差，教授、学生生活那样苦，为什么能出那样多的人才？这位作家回答了两个字：自由。

任继愈也曾写过一篇文章，题目是《北大的"老"与"大"》，文章说：北大的"大"，是蔡元培先生所言"大学者，囊括大典，网罗众家之学府也"。北大的"大"，不是校舍恢宏，而是学术气度广大。任继愈说自己1934年进北大时，形形色色的教授中，有衣冠楚楚的，也有衣履邋遢的；有口才便捷的，也有言语不清的；有有学历头衔的，也有没有上过大学的；有新人物，也有老秀才。北大教师的总体阵容是壮大的，抗战时期的西南联大，更是百家争鸣，百花齐放。新中国成立以后的北大，"人们在众多流派中各自汲取其需要汲取的，取精用宏，不名一家"。任继愈认为，"北大这个'大'的特点，谁能善于利用它，谁就能从中受益；肯学习，就能多受益"①。

1946年4月6日，冯友兰撰写的《国立西南联合大学纪念碑碑文》中缅怀8年艰苦历程，认为可纪念者有四，其第三曰：联合大学以其兼容并包之精神，转移社会一时之风气，内树学术自由之规模，外获"民主堡垒"之称号，违千夫之诺诺，作一士之谔谔。

求"民主"，争自由，这是西南联合大学最显著的标识，也是当年这些外迁高校一致的思想取向。

西南联大民主不仅反映在学术上，同样反映在思想意识及其管理方面。1940年，发表于《新青年》上的卢飞白的一篇文章讲到了西南联大的精神特征——"自由""民主"，今天读来，文字中洋溢出来的那种热情奔放，他

---

① 任继愈：《念旧企新　任继愈自述》，人民日报出版社2011年版，第51—52页。

所描绘的西南联大的状况依然让我们热血沸腾，那是怎样的一个时代啊！文章说：在西南联大，只要你不妨碍人家，一个人可以让自己的个性和才能发挥到最高度。而确定的事实是，同学们的自由是极规范，有限度的，很少人因自己的"自由"而妨碍到大众。如果图书馆里有人不经意地高声说几句话，"几百道谴责的目光便会集中到他的身上"。西南联大于1939年春成立了学生自治会，由各系、各年级每年推选代表，组成代表大会，学生自治会对于加强同学之间的团结、与兄弟院系合办各种活动、参加民主爱国运动方面起了重要作用。西南联大也成立了各种各样的社团，群社、西南联大话剧团、青年话剧团、各省同乡会、各校校友会、歌咏团、铁马体育会、冬青文艺社等，这些社团活动频繁，或者聘请校内外名教授或校外名人演讲，或者趁着节假日聚集到一处到昆明附近的名胜古迹野餐。校园里的布告栏中经常会贴满红红绿绿的通告，欢迎同学参加某个团体的远足。每次月圆之夜，经常会有同学在月光下组织月亮会，"调剂调剂久郁于书本的心灵"。而联大的壁报更是名声在外，很多校外人士都经常跑到学校阅读壁报，从壁报中可以读到种种的新闻，率直的言论、洋洋万言的学术文章、成熟的文艺作品、辛辣的漫画，生机勃勃。

西北联大，虽僻处陕南一隅，交通闭塞，信息不畅，但学生对于民主自由的追求并不逊色于其他内迁高校，而且，它的"红色"特征更为明显。

在西北联大一分为五之前，中共地下党组织活动就异常活跃。西安临时大学迁往城固时，以原北平大学地下党力量为主成立的西安临时大学党组织，除个别人因工作需要离开外，大部分党员随迁城固，改称西北联大党支部。虽然处于国共合作时期，中共组织活动应该是合法的，但由于国民党顽固势力坚持反共，中共西北联大党组织的活动基本处于半公开或隐蔽状态，大多数活动只能通过合法组织或社团活动来进行。

西北联大全校群众性组织是剪编社，这是1938年刚迁到城固时，由化学系严德浩和国文系于靖嘉等人创办的一个社团。该社重要的工作之一就是专门剪辑报刊上的文章和消息，出版《剪编》壁报。由于《剪编》是在重庆登记的合法刊物，得到多方支持，刊物稿件来源较广，编辑及时，加之编排生动活泼，在消息相对闭塞的城固，该刊成为师生了解外界的重要信息来源，受到师生广泛欢迎，每次出刊，围观者众多。

1938年春末夏初，中共西北联大地下党支部领导成立了西北联大第一个大型读书会组织——"社会科学研究会"，它是在进步教授沈志远、章友江等人帮助下，由法商学院为主体的一些民先队员发起的。读书会成立的主要目的就是组织会员学习马列主义哲学、政治、经济、时事等著作和文章。研究会成立后，沈志远、章友江、彭迪先等教授都来进行过学术讲演，组织学员学习过列宁的《国家与革命》、毛泽东的《论持久战》《论新阶段》，也曾学习过《苏联共产党（布）历史简明教程》、艾思奇的《大众哲学》等。1938年冬，西北联大中共地下党组织组织了第二个读书组织——自励社。该社成立后，吸引了30余人入社。主要通过开展阅读进步书报活动、定期举行座谈会、出版《自励》壁报等形式展开活动。1996年，年近80岁的张容林与当年自励会的部分同学再聚，看到了1940年时读书会会员的合影，回忆起往昔峥嵘岁月，感慨万千："那还是1940年夏日的一天，自励社组织我们到离校20里路的神仙村柑橘园郊游。我们聚餐、唱歌、畅谈理想、抱负，在那里留下珍贵的照片。当时我23岁，里林20岁，其他同学年龄也相若，真是当年的翩翩男子和妙龄少女。"50多年的时光转瞬而过，同学们永远不会忘记当年自励会活动的那间小屋，那是城固县仁义村紧西头的一间农舍，不会忘记每次活动为大家提供方便的那位纯朴、善良的老房东，还有那4条伴随大家两年风雨的长木凳。每次读书讨论，凳子上总是挤坐着四五个人，"我们读进步书报，座谈国内外政治形势，争论重大事变，我们高唱革命歌曲和自编的《自励歌》……是这间小屋教育了我们，把我们送上了革命道路"。①

1938年秋，西北联大法商学院同学成立"展望社"。该社曾组织学生阅读李达的《社会学大纲》，列昂节夫的《政治经济学》《辩证唯物论与历史唯物论》《经济学说史》，列宁的《帝国主义论》《国家与革命》，恩格斯的《费尔巴哈论》，毛泽东的《论持久战》《论新阶段》《新民主主义论》。该社还订阅了许多杂志报纸，延安《解放》杂志，重庆出版的《新华日报》、《群众》、

---

① 张容林：《伏枥志》，广西人民出版社2008年版，第311—312页。

《理论与现实》、《中苏文化》、《读书月报》、《救亡日报》（桂林版）等。展望社每周要开一次座谈会或讨论会，会前大家须根据拟定题目做准备，会上交流心得体会。"大家一致认为收获很大，并认识到学习的目的不只是认识世界，而在于改造世界，理论是行动的指南。"①

除此以外，西北联大还有文艺学习社、自修社、自学社、《资本论》学习组、英语学习组等。这些社团活动踊跃，受到同学们的欢迎。丰富多彩的社团活动，开阔了同学们的视野，也让他们对时局变化有了更清晰的认识，一些同学开始有了自己独特的政治见解、政治意识。

1940年进入西北师范大学的何欣回忆，当时在学校里，很流行演话剧，城固的汉滨大剧院里，有学生们时常举行演出活动。壁报也是同学们喜欢表达自己思想的方式，"墙上随你贴，写得多了，也能赢得'墙上文学家'的头衔"。"此外，请教授演讲之风也盛，星期六或星期日的晚上，总会有公开讲演，分析时局和抗战的情况，同学们最关心这些；也有学术性的讲演，普遍受到学生们的欢迎。"②

赖琏入掌西北大学后，也发现"我一进西大的校门，就知道这里和西工大不相同，不能用同样的方法去治理。不要说西工是工科大学，和这里文法等项科目的性质全异。而且西工师生的兴趣，比较单纯而容易捉摸。他们只向书本和实验室钻求，不大过问工程科学以外的事。西大师生的思想路线和活动范围不但很广泛，而且是涉及多方面的。西工很少人谈论政治，西大政治意识的浓厚，不亚于政治圈内的人物"③。

皖南事变后，西北各校进步势力遭到围剿，原社团不少都因骨干离校和会员毕业相继解散，剩下的也转入秘密状态。当年西北大学读书会的负责人曾回忆："过去，读书会会员在假期三五成群地在汉江茶社，在桃林，在张骞、樊哙、萧何墓地，在城固近郊的田埂上、树林里，交谈学习心得，

---

① 黄流：《在那暴风雨的日子里》，载《西北大学校史资料汇编》第1辑，1987年。转引自张在军：《西北联大——抗战烽火中的一段传奇》，金城出版社2017年版，第174页。

② 何欣：《城固的那段日子》，载《国立北平师范大学七十周年校庆纪念特刊》，第30页。

③ 赖琏：《西北工学院与西北大学——抗战时期兼长西北两大学的回忆》，载赖景瑚：《烟云思往录》，台北传记文学出版社1980年版，第207页。

倾吐对革命理论热烈追求的情景，已不再见到了。校园里呈现的则是职业特务和反动党团特务学生横行无忌，四处盯梢。"①至1944年夏，随着原中共西北大学地下党支部的最后两名党员毕业留校，中共对西北大学进步社团的组织领导，实际上已经不存在了。不过，在迁至兰州的西北师院，中共地下党活动还秘密存在。他们在校内创办了壁报《秦风》《中原》和进步杂志《读书月刊》《新地》等。1943年，西北师院几名党员还联系20多位进步同学组织"山阳读书会"，阅读讨论进步书刊。

燕大的校训是"因真理得自由以服务"（Freedom through Truth for Service），司徒雷登多年后讲到这个校训，依然颇为自得，他说，这个校训确立后，迅速渗透到校园的每一个角落，印刻在学校的精神架构、学生的出版物和标志设计以及广受欢迎的校歌中。而最重要的是，"它影响了每一个学生的思想意识。不夸张地说，至少对于大部分学生来说，它明确了学生的人生哲学，他们渴望把这种精神应用到实际生活中去，也拿校训作为标准来评价自己和身边的人"②。

燕大音乐系主任范天祥（Bliss M.Wiant）写道："这一校训非常有力地激励着校园家庭中的每一个人——每一名教师和职员，每一名学生和工人。在一个既需要个人行动又需要合作决定的情况下，自由，真理，服务，这三个词就像一束束光芒般照耀着我们，在每一个危难时刻，这些理想又会出现在显赫的地方，给我们以创造性的指引。"他说，在燕京那些震动整个校园的历史性时刻，诸如魏女士被段祺瑞政府残暴的士兵杀害的时候，③1931年日本突然袭击山海关的时候，燕京在华西大学校园重新安定下来的时候，在这些危难时刻，"完全可以说，在每一个受到这些崇高理想鼓

---

① 祈鹿鸣等：《中共西北大学地下党支部的战斗经历（1940—1943）》，载《西北大学校史资料汇编》第1辑，1987年，第22—23页。转引自张在军：《西北联大——抗战烽火中的一段传奇》，金城出版社2017年版，第380页。

② ［美］司徒雷登著，陈丽颖译：《在华五十年：从传教士到大使——司徒雷登回忆录》，东方出版中心2012年版，第49页。

③ 1926年3月18日，在北京铁狮子胡同段祺瑞执政府门前，军警向手无寸铁的请愿学生开枪射击，当场打死47人，北京女子师范大学学生刘和珍、杨德群和燕京大学女生魏士毅等在这场惨案中牺牲。鲁迅称这一天是"民国以来最黑暗的一天"。

舞的人心中，至今还深藏着这些激励人心的宗旨"。燕大校友徐媛则把燕京精神概括为"自由的精神"，"这种精神能使人们洞悉传统、宗教、社会制度和政治制度，能使人们分析、批评并且采取行动。它带来了强烈的信念，这一信念提供了面对充满各种问题的人生所必需的勇气"①。

　　燕大在成都复校后，其对民主自由的追求一如既往。1944年考入燕大社会学系的程若回忆，进入燕大不久，"即被那种自由活泼的空气所陶醉"，在校部（原华美女中）那片不大的庭院里，同时有多种墙报，自由发表各种意见，学术空气和政治空气都很浓厚。程若加入了燕京文摘社，社内集中了以新闻系为主的10多位思想进步的同学，它的墙报采取了剪贴报刊上有关时局的新闻报导、社论、特写，加上自己标题的做法，政治倾向非常突出。剪贴选载的报刊中包括《新华日报》《群众》等杂志，内容多揭露国民党政府的腐败无能，反映人民大众的疾苦和民主的呼声，共产党及民主党派的主张及解放区军民的斗争生活，等等。每期都有针对性地集中对几个问题阐明观点。除了出墙报外，该社还是一个时事政治组织，"每次集会除讨论墙报的内容外，便是议论时局和要采取的行动，同时也经常传阅一些党的秘密文件"②。

　　成都燕大校内遍布各种思想倾向的团体，文学研究会、新生读书会、新雷社、未名团契、复活团契等，虽各自思想主张不同，但大家互不干扰。1943年初成立的"文学研究会"是燕大成都复校后成立的第一个学生团体。研究会成立后，举办了各种主题的座谈会，名为"文学"，但与社会息息相关。在座谈会上大家讨论过的主题包括：文学与政治、现实与人生、现实主义文学与浪漫主义文学，还讨论大学生究竟该往哪里去。丁涪海（时为成都燕大文学研究会会员）回忆，每次座谈会，"都是在欢声笑语中开始，在争论不休中结束"。燕京大学的民主精神，追求真理的执着，敢于面对现实的风格，在各次座谈会上都得到了充分体现。研究会曾经举办过"文学创作应当怎样反映时代"座谈会，教育家、作家叶圣陶，明史专家、作家丁

---

　　①　陈远：《燕京大学（1919—1952）》，浙江人民出版社2013年版，第56—57页。
　　②　程若：《燕大送我上征程》，载燕京大学校友会编：《燕京大学成都复校五十周年纪念刊》，第106—107页。

易，剧作家陈白尘，剧作家吴祖光，作家黄药眠，女作家谢冰莹，燕大教授谢文炳等都曾应邀参加。几乎所有这些专家都一致认为，文学只有反映时代、投身于时代，才有其生命力。研究会还举办过"心向延安"座谈会。1944年夏，《新民报》主笔赵超构访问延安归来，并出版《延安一月》，得到各方广泛关注，文学研究会特地邀请他到校座谈，小小的教室被挤得水泄不通，很多同学听了赵超构的演讲后得出了一个结论——中国的前途在延安。[①]1945年入校的高洁参加的是未名团契，这是燕大少有的校际团契，除了燕大以外，华西坝上其余4所学校都有学生参加，甚至还有两位中学生。团契每周聚会一次，或一起读书，或讨论问题、探讨人生，或交流、联欢。"谈论最多的是时事政治、人生道路和'中国向何处去'的问题"。高洁说，未名团契的参加者，大多数不过是些十八九岁的"毛孩子"，但大家都有一颗爱国心，有推动中国走向富强、不受外国欺凌的共同愿望，共同的爱心和忧患意识把大家聚集在一起。"崭新的团契生活，使我这个从未出过家门、一心埋头读书的四川姑娘，开始睁大眼睛，放眼世界，奠定了我日后几十年的人生道路，建立民主、自由、进步、公正的社会成为我一生为之奋斗的目标。"[②]

当时正在成都燕大经济系就读的温兴智也回忆说，当年的成都燕大，陕西街内壁报遍布，各种观点互相争论，民主人士在讲台上畅所欲言，国内名教授经常应邀做学术报告，外籍教授亦针对时局抒发己见，还有同学们的进步话剧演出，吴宓教授的红学讲座，关瑞梧教授带领学生去附近天灯巷下层社会做社会调查，可谓盛况空前，百花齐放，五彩纷呈。

外迁校园里弥漫着的民主气氛，在其"民主"诉求一再被压制，特别是国民政府在抗战中造成的一次次失利所激起的全国民众的不满情绪中，在中共地下党组织的引导和推动下，逐渐演变成一次次的爱国民主运动。

1938年秋，西南联大有学生近2000人，新生大约占一半。由于很多学

---

① 丁涪海：《一枝小蜡烛的经历——记文学研究会成立的前前后后》，载燕京大学校友会编：《燕京大学成都复校五十周年纪念刊》，第82—84页。

② 高洁：《未名团契和我》，载燕京大学校友会编：《燕京大学成都复校五十周年纪念刊》，第86页。

生刚到昆明，到校后人地两生，缺乏组织，也没有集体活动。此时由重庆南开中学考入联大的几个中共党员，根据党在大后方开展统一战线的工作方针和群众团体公开化的原则，联络同学，组成团体。至1938年底，中共领导下的"群社"宣告成立，并曾先后聘请曾昭抡、于冠英等为导师，开展了各种活动。其后，随着国内政治形势变化，学校内各种政治势力的斗争日益尖锐，由于中共处于地下，"群社"作为共产党领导的校内最大的群众团体，就成为学校中坚持抗战反对投降、坚持进步反对倒退、坚持团结反对分裂的重要力量。1939年3月，中共西南联大地下党支部成立，袁永熙任支部书记，以后发展成总支。从1939年至1940年，中共地下党组织领导的冬青文艺社、腊月壁报社、俄文学习班、木刻研究会、引擎社等团体相继成立，它们各有自己的联系对象，有自己的活动内容，在重大活动中，相互配合，形成以进步同学为核心，团结广大中间同学的统一战线。从长沙临大到昆明西南联大的最初几年中，校园生活丰富多彩、生动活泼，充满爱国民主精神。这与三校民主自由的传统和抗战初期国共两党合作较好这一总的政治形势关系甚大。

　　1941年皖南事变之后，西南联大的民主气氛受到压制，中共云南省工委于二三月间有计划地将联大大部分党员和进步学生从学校撤离，分散到云南的10多个州县隐蔽。群社等进步团体随之停止活动，原来异彩纷呈的时事座谈会、壁报等进步活动几乎完全消失，校园内沉寂了不少。"同学之间，像隔了一座山似的，不相往来。有些同学便以看柏拉图的《理想国》和一些乌托邦的社会主义的书籍以求解脱。有的则用看电影、泡茶馆、玩桥牌和游山玩水等来消遣课余光阴。"①随着形势的发展变化，撤离学校的部分中共党员和群社团员，以后有的又陆续回到学校中。1943年春，西南联大重新建立了以马千禾（马识途）为书记，齐亮、何志远为委员的中共地下党支部。在他们的努力下，西南联大的政治活动再一次活跃起来。这一时期，西南联大的教授们也发生了不小的变化，由于目睹了国民党当局在政

---

　　① 祝枝：《漫谈北大清华西南联大的学生生活》，载龙美光编：《筇吹弦诵在山城——西南联大学术风景线》，云南出版集团、云南人民出版社2018年版，第145页。

治上的专制独裁、贪污腐化，经济上不少官僚大发国难财，而民众生活则处境艰难，民不聊生，他们开始对政治也日益关切。中国民主同盟（初名为中国民主政团同盟）成立后，闻一多、吴晗、潘光旦、曾昭抡、闻家驷等教授都参加了中国民主同盟的政治活动。

1944年，在欧洲战场上，德国法西斯已经走上穷途末路，在中国战场上，共产党领导的解放区军民已经开始向日军进行局部反攻。但这一年，国民党军队却在豫湘桂战役中大溃败，8个月中，豫湘桂战场上损兵五六十万，失掉4个省会和146座城市、7个空军基地和36个飞机场，丧失国土20多万平方公里、人民6000万，大西南遭受严重威胁。国内各地民主党派、进步人士和群众团体纷纷发表宣言，抨击国民党反动派统治的腐败无能，而在云南，地方实力派龙云则对学生的爱国民主运动报以同情态度。在这种情况下，中共云南省工委决定，应不失时机开展爱国民主运动。在中共推动下，西南联大校园内的政治活动也越来越活跃。校园里的壁报旁边，经常挤满了观看的人群，校园里的各个团体，活动越加频繁。1944年考入西南联大师范学院的古兆珍后来回忆，考入西南联大之后，她们首先感受到的就是西南联大这个"民主堡垒"确实名不虚传。"一群群朝气蓬勃的青年聚集在一起，开辟了一个民主自由的新天地。"校园里贴着数不清的墙报，学生们自由地发表意见。他们用政论、杂文、散文、诗歌等形式，表达他们对现实的看法和感想；在校园的各个角落，经常可以听到青年男女高唱抗日和进步歌曲的声音；每逢重要节日或者国内外发生重要事件，学校里都举行时事讨论会或者座谈会，发表对时局的看法；爱好文艺诗歌的同学也十分活跃，他们经常举行诗歌朗诵会，歌颂光明，痛斥黑暗。[1]为适应革命形势发展，1945年2月，西南联大成立了群众组织民主青年同盟，后经中共地下组织协调，分别称为民青第一支部和第二支部。之后不久，西南联大地下党也组成第一、第二两个支部。在党的领导下，民青组织不断发展壮大，到1945年10月底，民青已发展到300余人，在此后的爱国民主运动

---

① 古兆珍：《忆潘琰》，载西南联合大学北京校友会校史编辑委员会编：《笳吹弦诵在春城——回忆西南联大》，云南人民出版社、北京大学出版社1986年版，第463页。

中发挥了重要作用。1945年5月26日，在经过紧张筹备之后，正式成立了昆明中等以上学校学生联合会，中共党员、西南联大学生自治会负责人齐亮被选举为学联主席。

1942年的"倒孔"游行，1945年的五四纪念、一二·一运动，在中共地下党组织的参与和推动下，西南联大的爱国民主运动接续而来。而在师生积极投身的爱国民主运动中，最值得写下一笔的就是一二·一运动。

抗战胜利后，原来组成联大的三校准备复员北返，但由于各项条件并不具备，三校在平津的校舍尚待接收、修缮，北返的各项准备还未能完成，一时无法成行。学校决定在昆明续办一年，1945—1946年度第一学期于9月1日开学，3日上课。

抗日战争结束后，中国共产党代表全国人民的利益和要求，提出了"和平""民主""建国"的方针。国民党三次电邀毛泽东赴重庆谈判，做出了"和平解决"的表示。西南联大开学前后，国共双方正在重庆进行和平谈判。10月1日，西南联大教授张奚若、周炳琳、朱自清、李继桐、吴之椿、陈序经、汤用彤、闻一多、钱端升等10人联名致电蒋介石、毛泽东，要求停止内战、实现国内和平，此时，国内民主力量也异常活跃，大家都一致呼吁"停止内战，和平建国"。但是，打着"和平"幌子的蒋介石却一直坚持其反共反人民的内战政策。10月3日，昆明驻防司令杜聿明奉蒋介石密令，调动嫡系部队，包围了云南省政府驻地五华山和省主席龙云的住所，并胁迫龙云离昆，任命官麟征为省警备总司令，以加强对云南的控制。云南政局的这一重大变动，使一直处在比较宽松政治环境中的西南联大和云南的民主力量面临前所未有的严峻形势。10月10日，国民政府代表与毛泽东为首的中共代表经过43天的谈判，签署《国民政府与中共代表会谈纪要》，即《双十协定》，历经战乱的中国人似乎已经盼来了和平的曙光。但是，协定签署后，蒋介石马上对其部下发布"剿匪密令"，确定"剿共第一"的方针，内战将至的消息让期盼和平的人民内心极端忧虑、恐惧和愤慨。

1945年11月5日，毛泽东以中共发言人的名义发表谈话，呼吁全国人民动员起来，用一切方法制止内战。1945年11月22日，中共云南省工委负责人同西南联大党组织研究决定，11月25日，由西南联大、云南大学、中法大学、英语专修学校4校学生自治会联合发起组织，在西南联大新校舍图书馆前举行反内战时事演讲会，得到此消息后，云南当局立即派出军警威胁，试图阻止会议召开，但主办者冲破重重阻碍，当晚，有6000余学生和各界人士参加的时事演讲会依然顺利举行，钱端升、伍启元、费孝通、潘大逵4位教授不畏威胁，先后就反对内战、和平民主、联合政府等问题发表演讲，会场上掌声雷动，但军警竟在校园四周施放枪炮，阻断交通。师生们不畏强暴，大会在反内战歌声中结束。次日凌晨，联大民主墙、图书馆四周墙上，贴满了学生连夜赶制的抗议书、呼吁书与罢课倡议书。这一天的《中央日报》却刊出了"西郊匪警，黑夜枪声"的歪曲报道，诬指学生为"匪徒"，更加激怒了广大师生。11月27日，昆明市学联召开全市大、中学校代表大会，决议全市总罢课，并成立罢课联合会领导全市学生的反内战、争民主运动，由西南联大罢课委员会及所属各部门负责处理"罢联"日常工作。其后几天，昆明31所大、中学校的3万余名学生相继罢课，并发表宣言，明确提出了立即制止内战、要求和平、要求民主、组织民主的联合政府、切实保障人民的自由权利等口号。29日上午，西南联大教授会通过《国立西南联合大学全体教授为11月25日地方当局侵害集会自由事件抗议书》，支持学生运动。然而，学生们的正义行动却遭到了国民党政府的

西南联大师生抗议一二·一惨案（北京大学校史馆供图）

血腥镇压。12月1日，国民党云南当局组织大批特务和军警闯入西南联合大学、云南大学等校，捣毁校舍，殴打师生，并投掷手榴弹，致使于再（西南联大南菁中学教师，共产党员）、潘琰（西南联大师范学院学生，共产党员）、李鲁连（西南联大师范学院学生）、张华昌（云南省立昆华工业学校学生）4名师生遇难，重伤29人，轻伤30多人，史称一二·一惨案。

死难烈士的鲜血并没有让人们退缩，反而更激起了大家的斗志。当天下午，西南联大代常委叶企孙召开紧急教授会，发表谴责军政当局暴行的宣言。晚上，学生自治理事会开会，决定扩大罢委会组织机构，另组治丧委员会，负责烈士入殓、公祭、殡葬事宜。铅印的《罢委会通讯》也于是日创刊。罢委会还组织力量撰写并印发《一二·一惨案实录》《向全国、昆明父老沉痛呼吁》等文章，向全市及全国人民揭露国民党特务暴徒制造一二·一惨案的暴行。12月4日，西南联大举行第四次教授会，通过罢课7天的决议。在教授会通过停课决议的同时，讲师、助教、职员以及西南联大附属学校教师也开会决议，即日起实行罢教、罢工，直到学生复课为止。12月6日，昆明市各大中专学校教师298人联名发布"罢教宣言"，决定罢教直至学生复课为止。

12月6日，刚刚创刊一个月的《时代评论》在头版发表文章，文章写道："中华民族被罪恶污垢了多少年了！遍地是残暴和贪污。可是我们的烈士们把他们的血洗清了。让每一个炎黄子孙坚强的自信：和平正义是有力量的！"文章说，这件事是"中国旷古未有的伟大史诗"，"一首永远将鼓舞着中国人民子子孙孙的伟大的史诗"①。

一二·一运动两个月之后，闻一多撰写了《"一二·一"运动始末记》，他说：这一天，死难四烈士的血给中华民族打开了一条生路，"从这一天起，在整整一个月中，作为四烈士灵堂的联大图书馆，几乎每日都挤满了成千成万、扶老携幼的致敬的市民，有的甚至是从近郊数十里外赶来朝拜烈士的遗骸。从这天起，全国各地，乃至海外，通过物质的和精神的种种不同的形式，不断的寄来了人们最深厚的同情和最崇高的敬礼。在这些日子里，

---

① 《伟大的史诗》，载《时代评论（昆明）》第6期（1945年12月6日）。

## 平津高校外迁

昆明成了全国民主运动的心脏，从这里吸收着也输送着愤怒的热血的狂潮。从此全国的反内战、争民主的运动，更加热烈的展开"[1]。

冯至在悲愤中写下了这样的一首诗：

> "死者，你们什么时候回来？"

> "我们从来没有离开这里。"

> "死者，你们怎么走不出来？"

> "我们在这里，你们不要悲哀，我们在这里，你们抬起头来。"

> "哪一个爱正义者的心上没有我们？哪一个爱自由者的脑里忘却我们？哪一个爱光明者的眼前看不见我们？"

> "你们不要呼唤我们回来，我们从来没有离开你们，我们合在一起呼唤罢……"

> "正义，快快地回来！自由，快快地回来！光明，快快地回来！"[2]

字字泣血，声声悲恸。

由于层层新闻封锁，几天之后，成都各界才了解到一二·一惨案的真相。华西坝上各个大学师生的愤怒情绪立刻被点燃。

华西坝上的民主思潮、民主运动从燕大成都复校时期已经开始滥觞。由于皖南事变后中共为免遭敌人破坏，南方局决定暂停发展党员，因此成都燕大党员数量极少，只有由川康特委领导的党员2名，另有4人由南方局联系。但是，校内进步力量却很强大，学生自治会的领导权一直被进步力量掌握。共产党员刘克林为第一届自治会主席。虽然由于暂停发展党员，组织上不能入党，但是由于刘克林的细致工作，却在其周围团结了很多进步分子，政治上起了骨干作用。程若说，他来到燕大，参加了"燕京文摘

———————————

① 闻一多：《"一二·一"运动始末记》，载西南联大《除夕副刊》主编：《联大八年》，新星出版社2019年版，第55页。

② 冯至：《招魂——谨呈于死难同学面前》，载《时代评论（昆明）》第6期（1945年12月6日）。

社"之后，实际上就踏进了燕大这个沸腾着的小社会。燕大的同学，一方面确有许多同学埋头做学问；也有不少同学去教堂做礼拜，但是，"在匆匆往来于文庙、陕西街和华西坝的人群中，却有一股暗流在涌动"①。这样的暗流在1944年时就曾经有过数次大爆发。

1944年开始，盟军在欧洲战场开始战略反攻，抗日战争胜利在望，但国民党政府却在日本打通南北交通线的豫湘桂战役中一败涂地，进一步激起了全国人民对其统治的不满，一个要求改组国民党政权的强大的民主运动已经酝酿成熟，随之蓬勃发展。3月12日，周恩来在延安召开的纪念孙中山逝世19周年的大会上发表演说："民国本是应该实行民主的，但国民党执政已经18年了，至今还没实行民主。这不能不说是国家最大的损失。"②6月12日，毛泽东在答中外记者团提问时也指出："中国是有缺点的，而且是很大的缺点，这种缺点，一言以蔽之，就是缺乏民主。"③1944年9月15日，第三届国民参政会第三次会议在重庆召开。中共代表林伯渠在会上正式提出立即召开由各抗日党派、抗日军队、人民代表团体所组成的紧急国事会议，废除国民党一党专政，成立民主联合政府。随之，民主宪政运动大规模兴起。消息传到成都，燕大、华大的历史学会和农学学会，金大的历史学会，燕大的新闻学会等12个学术团体，串联筹备"国事座谈会"，10月7日，座谈会在华大体育馆举行。

这次座谈会充分表现了华西坝学生对国家政治、对民主运动的关心。这次会议，在成都的参政员张澜、李璜、刘王立明、吴贻芳等均出席。参加学生达2000余人。据报道，当时会场上贴满了责问国民党之标语，如："中原失败原因何在？""失败将领如何处问？""政府对西南战局有何具体布置？""中央当局屡次申称提前结束训政实施宪政，何以至今并未有何具体表现？""是否立即开放政权及组织各党各派之联合政府？""大学是研究学术的场所，为什么政府加以种种干涉和限制？用手枪代戒尺，特务代训导？"会

① 程若：《燕大送我上征程》，载燕京大学校友会编：《燕京大学成都复校五十周年纪念刊》，第107页。
② 周恩来：《关于宪改与团结问题》，《解放日报》1944年3月14日，第1版。
③ 《接见记者团席上　毛主席畅谈国内外局势》，《解放日报》1944年6月13日，第1版。

上，张澜的演讲引起全体强烈共鸣。张澜痛责这十几年来的政治是国民党一党专政的政治，由此才导致诸多问题，他引用冯玉祥"壮丁变成了瘦丁、病丁、死丁"的话，说："中国危险到了如此地步，是政治不民主所造成的，为抗战救亡计，实行民主才能全国团结，要团结就只有民主。""国家的事，要以真正大多数的民意为依归，民主政治的开步走，就是联合政府，至于联合政府的内容、性质，你们知识分子就起来喊！喊！喊！那么它的内容自然就有了。""会场掌声不断，且有泣下者。"①

国事座谈会是成都20世纪40年代以来比较大规模的一次群众集会。这次座谈会后，光华大学、齐鲁大学等纷纷举行各类时事座谈会，发表各自观点。1944年10月14日，《新中国日报》以《青年学生的民主救国运动》为题发表社论说，本月成都华西坝五大学各学会联合举行国事座谈会，继之又有光华大学的座谈会，其呼声为"民主第一"！"现代的中国必须走上民主之路，而今日学生关心国事，发展民主运动，是他们的权利，也是他们的义务。"社论号召青年学生为民主胜利而奋斗，"我们青年的运动，不是为了党派，不是为了私利，只是为了民主的理想，为了胜利的光荣，为民众的领导。我们学生既要为中国社会的中坚分子，责无旁贷，要为大众说话，要为抗战流血，要为科学化工业化的中国前程尽力"②。

学生们对政治民主的热情冲破了久壅的闸门。1942年秋，成都金陵大学学生赵一鹤、燕京大学的刘克林等共产党员和一些进步学生发起成立校际秘密组织"蓉社"，1943年底，改为"青年民主宪政促进会"，后又改名"成都青年民主协会"。民协成立后，立即投入反独裁、争民主的斗争中。1944年10月，成都市立中学因处理学生违反校规事件时对学生的处置过分严苛，引起全体学生不满，要求校方维护学校法规，公平处置，政府却调集大批警察前来弹压，警察们"举起枪托、刺刀和皮鞭向这数百个手无寸铁的同学们打去，一时这些毫无防备的男女同学们在警察的包围中遭受着

① 《成都二千余人国事座谈会主张取消一党专政赶快成立联合政府》，《解放日报》1944年10月30日，第1版。
② 《青年学生的民主救国运动》，载中共成都市委党史研究室编：《八年抗战在蓉城》，成都出版社1994年版，第604—606页。1944年10月14日，原载于《新中国日报》。

无情的毒打，其凄惨纷乱之情形简直难以形容"。"辱骂之声伴着哭号和呻吟，情形之惨恐怕只有在敌寇暴行时的情形相仿佛"①。在民协的领导和推动下，11月11日，成都大中学生万余人参与示威游行，向政府当局提出惩凶、恤伤、保障人身自由等要求。关于这次游行的情形，报纸上是如此描述的："十一月十一日下午三时，川大、华大、金大、燕大、华西协中等学校学生万余人，结队示威游行。由华西坝出发，取道南门入城，经文庙街、东御街、总府街、春熙路、走马街以至省府，沿途张贴标语，高呼口号，情况紧张，市民围观如堵，深受学生之感动。到达省府门前，全体席地而坐，由每校各派代表二人，要求面见省主席张群，提出四项要求，其中有一条要求转请省府重申保障人身自由，惩办凶手等。由省府李秘书长接见，及反复'磋商'三小时，宣称允诺后，方才散去……"②

发生在昆明的一二·一惨案再一次激发了成都华西坝学生的爱国热情。以各大学学生的学术团体联名的慰问信为号角，成都文化界迅速表态支持昆明师生。壁报、简报、画刊……各大学采用各种形式为昆明惨案发声。12月6日晚，包括燕大、金大、川大、华大等在内的成都各大中专学生迅速成立"成都市各大中学学生援助昆明学生反内战惨案联合会"，议定在纪念一二·九之时发动示威游行。《新华日报》记载了当天游行示威的情形：这是一个4000余人的大行列，"前面开路的是数十辆脚踏车，大旗后面跟着是川大、华大、金女大、齐大、华西协中、燕大、金大等校的行列，最后有燕大训导长沈体兰，金大训导长袁伯樵，以及文幼章、夏仁德等外籍教授。队伍三人一排，每隔数排便有一个纠察员维持秩序，他们沿途高呼'抚恤昆明死伤同学''严惩祸首李宗黄关麟征''打倒特务''保障人身自由''反对内战''中国人不打中国人'及'一二·九'精神万岁等口号。市民围观如堵。一个黄包车夫听了说'都是同胞，打啥子'？'中国人打中国人真气人'！"③

① 《为成都市中学生的一封控诉书》，《解放日报》1944年12月9日，第4版。
② 《抗议国民党特务暴行 成都万余学生游行》，《解放日报》1944年12月1日，第1版。
③ 《声援昆明学生爱国运动 成都学生游行经过》，《新华日报》1945年12月13日，第3版。

在昆明、在成都华西坝高呼"反内战""要民主"之时,西北城固古路坝,被校方称为"暴动"的学潮也在兴起。

1945年8月,苏联红军出兵中国东北,部分苏军在东北的行径伤害了中国人民的感情,激发了中国人民特别是青年学生的强烈反感。1946年2月22日,重庆两万余名学生上街游行,反对苏联的霸权行径,国民党当局认为有机可乘,乘机策划反苏反共游行。西北大学校长刘季洪迅速指示,要在西北大学和城固县策划类似的游行。

1946年2月26日,校方盗用部分师生和东北同乡会的名义,在文理学院、法商学院门口贴出煽动学生参加反苏反共游行的通告。西北大学进步教授季陶达、原政庭、王守礼、徐褐夫、王衍臻、李毓珍等6人联名在《秦风日报·工商日报联合版》发表文章,斥责国民党制造的谣言。3月1日,校方召集全校院长、系主任及各班代表参加师生联席会议,要求学生参加"维护国权"的示威游行。学生代表发言反对校方越俎代庖,提出学生游行的事情应该由学生自己讨论决定。这一要求得到了地理系主任殷伯西等教授和其他与会师生的支持,由校方组织领导游行的方案被否决。随后,各系代表召开班代表会议,讨论是否游行、怎样举行游行的问题。各班代表要求成立学生自治会,由学生自治会领导游行。3月2日,西北大学学生不顾校方阻挠,成立了学生自治会筹备会。3月4日,在学生自治会筹备会的领导下,反苏反共的游行变成了反帝爱国游行,这次游行,全校绝大多数同学都参加了,游行的口号是:"反对帝国主义的侵略!""一切外国侵略军撤出中国!""还我被占领土!""维护政协协议!""实现四项诺言!"这次游行取得了成功。

但是校方并不承认这个学生自治会筹备会的合法性。为此,全校学生展开了罢课斗争。3月6日,校方用各学院院长和系主任的名义,提出三点书面"劝告",认为学生自治会筹备会是不合理、不合法、不符合民主原则的。3月7日,西北大学学生自治会成立。11日,校方召开校务会议,做出三项决议:①卢永福、王远乾、王庆新、罗玮等鼓动罢课,破坏校纪,着即开除学籍;②学生自治会准予成立,唯须遵循合法手续,民主方式,另行成立正式组织,现有机构,着即解散;③限于3月12日复课,倘有故违,严惩不贷。三项决议公布之后，掀起了更大一波反抗浪潮。学生自治会与校方针锋相对，要求校方收回开除4名代表的成命，承认民主选举产生的自治会，若校方不答应这两项要求，即罢课到底。

为争取社会各界的同情，学生自治会组织"赴渝请愿代表团"和"赴西安请愿代表团"，进一步吁请社会各界对西北大学学生运动的支持。3月16日，《西北大学学生自治会告各界人士书》在《秦风日报·工商日报联合版》发表："我们忍无可忍，耐无可耐，不得已终于被迫罢课了。为了我们纯正的目的，我们一致决议奋斗到底！我（们）不顾任何造谣中伤，不畏任何阴谋破坏，我们人同此心，心同此理，我们的热血在沸，我们的心弦在跳动，我们向社会申诉，并伸出乞援的手，我们呼吁社会贤达，各界善良的人士，予以有力的正义的支援！我们以十二万分的热忱，相信不能束手容忍'少数人为自私的目的'使'在谋取和平与繁荣的生活权利之中国人民'眼睁睁地遭受挫折！"[①]同一天，《秦风日报·工商日报联合版》又刊发了《陕南学生联谊会告各界人士书》："当希特勒匪徒在欧洲垮台，我们以为法西斯的暴行可以绝迹了；当日本无条件投降，我们以为胜利的火光会把我们从沉郁痛苦引渡到光明快乐；当政治协商会议圆满成功闭幕时，我们以为从此便可以在民主的教育下自由地学习，自由地生活了。然而，秦岭和巴山中间的这块土地，好像同整个社会绝缘了，相反的事实接二连三地打击我们，使我们如此失望，如此伤心愤恨！我们仍像一群带着枷锁的囚犯……，把这里令人难以置信的真相报告给你们，向你们呼吁！"[②]

地方当局最终以"妨害公务""纠众暴动"等名义，于4月25日在校内外严密搜查，逮捕了西北大学共产党员刘存生等20余名学生。

《新华日报》于5月8日报道了西北大学学潮，中共中央机关报《解放日报》于5月18日以《当局武装镇压学潮，西大学生多人被捕》为题，详细报道了西北大学学生运动遭到镇压的真相，5月19日，昆明学生联合会所

① 《西安党史资料》第17辑，中共西安市委党史资料征集研究办公室编印1989年，第72—74页。

② 《西安党史资料》第17辑，中共西安市委党史资料征集研究办公室编印1989年，第74—75页。

办的《学生报》也发表文章声援西北大学学生，文章说，我们须大声抗议，但是，单纯的憎恨和愤怒是没有用的，"我们还应该有着巨大的警惕，我们应该把自己各方面检查一番，吸收经验教训，在既有的基础上加强自己，只有这样，才是最有力的声援，才能给反动派以坚强的打击"。①

由于全国民主力量的大力声援，在各界压力之下，陕西省高院汉中分院于6月1日宣布，西北大学在押学生"判刑一年，缓期三年执行"，准予分别"找保"释放。

1931年，左翼作家郁达夫曾著文说：学生运动在中国，"必然的成了推进社会的一个原动力"，"在中国社会里只有他们能够前进，奋斗，牺牲；只有他们是纯洁勇敢，没有其他的目的而只在为正义呼号的团体……他们的轨外行动，正因为有这洁白的正义的光在那里照耀的缘故，是无论何人都应该容忍的"②。蒋梦麟说，"一个运动的发生，绝不是偶然的，必有其前因与后果"③。解放战争时期，毛泽东称学生运动成了中共与蒋介石反动政府之间尖锐斗争的"第二条战线"。所有这些评价，都说明了当年学生们所参与推动的爱国民主运动的价值与意义所在。

① 昆明学生联合会编：《学生报》1946年5月19日。
② 郁达夫：《学生运动在中国》(1931年)，载《郁达夫杂文集》，吉林出版集团股份有限公司2017年版，第12页。
③ 蒋梦麟：《蒋梦麟回忆录：西潮与新潮》，浙江大学出版社2019年版，第119页。

# 第五章　驱除仇寇复神京，还燕碣

## 一、故园能归否？——迁校之争

1945年8月10日下午，日本接受《波茨坦公告》，并通过瑞典驻美公使向中、美、英三国发出乞降照会的消息迅速传遍了全世界。重庆《中央日报》派出的记者们记下了这一刻的狂欢："人全疯了，快乐啊！""从中一路到新街口，张贴着本报号外的墙前，万头攒动，连不识字的赤腿汉也挤在里面，雨样的汗水把每个人的衣衫都和周围人的衣衫黏在一起，大家都咧开嘴笑。"[①]欢乐不仅仅在重庆，这一天，昆明、成都、西安、延安……全中国都沉浸在一片狂欢之中。

8月10日，朱自清在日记中写道："敌今日无条件投降，大好消息！"[②]郑天挺在日记中也记录了这一天的经历。这天傍晚，郑天挺等几位西南联大教授正参加友人的订婚宴，忽闻爆竹声声，在确证日本投降的消息后，街上"沿街而立者不知其数，爆竹不绝，汽车游行者甚至放信号枪，正义路拥挤几不能通过"。回到家中，几位师友来"欢谈"，"十一时半乃散"。这一夜，"喜极而泣"的郑天挺直到深夜两点才得以入眠。[③]昆明城内狂欢之际，闻一多正在昆明郊外的司家营清华文科所潜心做研究，直到第二天下午3点拿到头天的报纸才得到消息。已经47岁的闻一多像一个小青年一样欢跳起来，他马上跑到镇上的理发馆，把蓄了8年的长胡子剃掉了。

---

① 本报记者集体记事：《日本投降消息传出，重庆大欢乐，百万市民兴奋不眠之夜》，《中央日报》(重庆) 1945年8月11日。

② 朱自清：《朱自清日记》(下)，石油工业出版社2019年版，第284页。

③ 郑天挺：《郑天挺西南联大日记》(下)，中华书局2017年版，第1079页。

## 平津高校外迁

"每个人对每个人，每群人对每群人，都打着招呼'啊''啊'互相道贺，大家的感情在泛滥！升华！熟朋友见面了破例地张臂拥抱，起码也亲密地互相拍拍肩：'要回家了！'"[①] 是啊，8年流浪迁徙，8年历尽苦难与心酸、悲愤与忍耐，8年的艰苦奋战，除仇寇，复神京，终于可以回家了！

胜利消息也迅速传到了迁至兰州的西北师范学院，"当时全校师生欢欣若狂，有的敲脸盆，有的敲桌子，有的放声大喊，有的仰天大笑，更有的相偕起舞，也有的相抱而哭"。流亡在外的孩子们，马上写信寄给朝夕怀念的父母及家人，"叙说还乡的美梦"。学校方面也马上开始做复员计划，希望迁回故都北平和平门外的国立北平师范大学原址。[②] 不仅仅是西北师范学院，哪个被迫迁徙的学校不想回到朝思暮想的故土？

但是，狂欢的人们没有想到，来路艰险，归途亦如此艰难。

早在抗战胜利曙光乍现的1944年，中央设计局已经开始组织国民政府各部会拟订复员计划，以作为战后复员依据。教育计划作为战后复员工作的重要组成部分，教育部曾几度修改，到抗战胜利前夕才基本完成。

日本无条件投降之后，面对内迁各高校师生"青春作伴好还乡"的急迫需求，在诸方面条件并不具备的情况下，首先必须做到的是安抚情绪。8月13日，教育部向全国公私立专科以上学校发出训令，要求各学校仍然按照规定日期开学上课，保持正常状态。西南联大于8月13日召开常务委员会，决议下半年提前加紧授课，自9月3日开始，上课12周，于11月26日考试，考试完毕，如交通恢复，即行迁回，如条件不具备，停课一星期，于12月10日开始第二学期，上课12周后进行考试，学期结束。燕京大学则决定在北平、成都两地同时办学，同时调整授课计划，缩短学期，准备于1946年5月条件具备之后迁回北平。西北各校也迅速调整课程，为下一步迁移做积极的准备。

1945年9月20日，全国教育善后复员会议召开，研究安排教育复员工

---

① 本报记者集体记事：《日本投降消息传出，重庆大欢乐，百万市民兴奋不眠之夜》，《中央日报》（重庆）1945年8月11日。

② 刘维宗：《兰州国立西北师院》，载《国立北平师范大学七十周年校庆纪念特刊》，第48页。

作问题。政府方面提出两点要求：一是不能急，要准备充分再回迁；二是要注意教育均衡，不能因复员导致西部教育空虚。与会代表特别是西部省份代表提出了积极筹建新校、存留旧校的建议方案。如云南省参议会即建议，西南联大师范学院是到昆明之后才成立的学校，希望将该校留在云南，满足云南当地对师资的特别需求；还有不少代表也在提议中积极谋划西北地区高校教育的持续均衡问题。以西南联大常委、北京大学代理校长身份参加会议的傅斯年（蒋梦麟此前已辞去北大校长职务）即提出，"中国教育之分布，偏于东部，实国家建设民族健康之至大不利。抗战以来，我辈栖息西土，食毛践土，于兹八年，若于复员之时，不特将自己之学校，全数搬走，并将西方各省学校之教育大量拐走，诚属有愧"，有鉴于此，傅斯年提出了于西安、成都、昆明、兰州建设文化中心的主张。具体办法为：

一、在复员中，西方各大学之师资问题，应由教育部设法予以保障。

二、将西北、四川、云南三大学，建设成为第一流之大学。

三、兰州之西北师范学院与甘肃学院，可并为兰州文理学院，充实师资与设备，短期内改为兰州大学，以为甘、青、宁三省文化之重心，并发挥其地域性之学术，如文科之考古、农科之畜牧等。

四、西方各大学与东方各大学，自行约定某某为"姊妹学校"，交换其教授与研究生，例如中央大学可与四川大学为"姊妹学校"，北大与西北大学或兰州大学，清华与云南大学。

五、教育部在西方各大学中，设置讲座实验室，聘请第一流学者担任，并设奖学金，此制在西方未充分实行前，不得由东方各大学行之。

六、西南联合大学之师范大学之师范学院，仍留昆明，由清华、北大等校，逐年分其教授，前来任教。[1]

这一着眼于教育区域均衡发展的计划，得到了与会代表一致认同，获得原则通过。

"复员不是复原"，为求得全国专科以上学校的均衡分布，教育部拟定

---

[1] 全国教育善后复员会议筹备委员会编印：《全国教育善后复员会议报告》，1945年，第161页。

的初步意见提出，各校复员不限原址，根据需要决定。1946年春，经过千呼万唤之后，国立专科以上学校的调整地点方案终于公布。战前由北平迁出的北大、清华及至陕西后分出的西北五校迁移计划如下：[①]

| 校名 | 原在地 | 现在地 | 迁移地 | 备注 |
|---|---|---|---|---|
| 清华大学 | 北平 | 昆明 | 北平 | |
| 北京大学 | 北平 | 昆明 | 北平 | 抗战期间该校与清华、南开合组为西南联合大学，现拟独立设置，并将北平大学之医学院并入 |
| 北平师范学院 | 北平 | | 石家庄（北平附近） | 北平师范大学准予恢复，改为师范学院，移址石家庄，在该地校舍未建筑以前，暂在北平上课 |
| 北洋大学 | 天津 | | 天津 | 抗战期间该校停止筹备，拟仍恢复 |
| 西北大学 | | 城固 | 西安 | |
| 西北工学院 | | 城固 | 西安 | |
| 西北农学院 | 武功 | 武功 | | 仍留原址不迁 |
| 西北农业专科学校 | | | 兰州 | |
| 甘肃学院 | | | 兰州 | 该三校拟合并扩充改为国立兰州大学 |
| 西北医学院 | 南郑 | | 兰州 | |

燕京大学为私立学校，抗战胜利之后，即自主迁复原址。南开大学亦迁回天津。

从长远来看，"复员而非复原"，是一个着眼于实现区域高等教育发展均衡化的合理排布。如前文所述，按照国民政府设计，西北联大分出的国立五校——国立西北农学院、国立西北工学院、国立西北大学、国立西北师范学院、国立西北医学院都将在战后永驻西部，但这一决定不仅在当初学校改名时引起不少争议，这次回迁时同样引起多方不满，甚至引发了多校

---

① 根据贺金林：《抗战胜利后国民政府教育复员研究》，社会科学文献出版社2010年版，第55—56页绘制。

的回迁之争。

抗战胜利消息传来，北平大学师生即开始了积极的复校工作。1945年9月14日，北平大学校友总会为有计划地进行复校活动，在重庆举行全体大会商讨复校事宜。同时，北平大学工学院、北平大学农学院校友也都发表复校声明，努力争取在北平复校。抗战期间，日伪以北平大学工学院一部建立了伪北京大学工学院。抗战胜利后，北京大学有意接收沦陷时期的伪北大工学院发展工科，教育部权衡之后，命令将伪北京大学工学院改为北洋大学北平部，再行移交北大接办，最终，北平大学工学院复员运动无果而终。对于北平大学农学院校友掀起的复员运动，教育部当时确认，北京大学农学院即为延续北平大学农学院历史之学院，并由北京大学校长胡适亲自致函北京大学南京校友会，称"北大接办北京大学农学院，决不敢抹煞北农一段历史"，"我们还盼望北农校友与北大校友互相联络，参加校友会的活动"。[①]农学院的复校运动亦就此收场。

以北平大学为主体的国立西北大学成立后，1940年4月，教育部即指定西安为西北大学永久校址。1943年春，赖琏任西北大学校长期间，为谋求学校发展，曾致电教育部请从城固迁西安，后接教育部复令，"俟战事结束后再议"，此事即暂时搁置。1944年，西北大学建校5周年庆典时，刘季洪校长就在对全校的演讲中提出，学校永久地址既然已经定为西安，现在整个世界反法西斯战争取得节节胜利，胜利在望，西北大学应早为谋划，新学校"环境如何布置？房舍如何建筑？均尚待吾人妥为筹划，以免临时仓促"，并且提出，西北大学作为西北唯一之大学，肩负"建设西北、改造西北"之责任。为研究便利，"除学校设立西安外，应在西北各适宜地点，设置研究机构以调查实况，搜集资料，此种机构以设于何地为适宜？以如何分布为安善？亦切实研讨，预为计划"[②]。1945年2月，刘季洪去重庆参加全国青年志愿从军指导委员会会议，在回校之后的报告中，刘季洪再次向学校师生确认，校址已定为西安。

①  张仲葛：《中国近代高等农业教育的发祥  北京农业大学创业史实录（1905—1949）》，北京农业大学出版社1992年版，第245—246页。

②  刘季洪：《回顾与瞻望》，载《国立西北大学校刊》复刊第4期，1944年。

## 平津高校外迁

抗战胜利消息传来，刘季洪回忆，文学院院长萧一山先生以及其他教授多人相继而来，大家在燃放爆竹、欢庆胜利的同时，迅速成立迁建委员会，开始商讨复校事宜。为促成迁建的顺利实现，刘季洪并聘请西安党政军首脑——第一战区司令长官胡宗南、省主席祝绍周、西安市市长陆翰芹、省政府秘书长王捷三及地方绅耆为赞助委员，积极推进迁校事宜。

迁校首要事务为校址选择。西北大学在城固8年，一切因陋就简，既然要长居西安，则一切须从长计议。校址以久居久安为原则。经各方协商，第一步，以原东北大学校舍为临时校址作为过渡；第二步，于西安古都风景区之城南5里勘地建校。校址问题解决后，经校务会议研究决定，迁校时间定于1946年4月底。为不影响学校计划的完成，决定变更该学年校历，采取缩短寒假、学期考试随堂跟进、简化第二学期注册手续、不放春假等措施，赶授课程，争取4月底之前完成学年教学任务，为迁校腾出充裕时间。但如前文所说，因学生为争取成立学生自治会而罢课多日，实际教学只能是草草了事。

西北大学侨寓城固8年，与城固地方结下了深情厚谊，城固各界为感谢西北大学师生多年来对全县各项事业的支持与贡献，于3月下旬即成立欢送西北大学筹备会，准备欢送事宜。1946年3月5日，城固各界公宴西北大学全体教职员工，出席者157人，城固各界30余人作陪。县长周僖在欢送词中说："贵校牵驻敝邑，于兹八载，既蒙增进文化，复承嘉惠地方。现值奉令移往西安，骊歌乍赋，曷胜惜别……尚祈不遗在远，今后对敝邑文化教育事业之推进，仍继续惠予协助。"县参议会副议长梁炳煊在讲话中说："敝邑与贵校乃患难之交，愿贵校以城固为第二故乡！今当良朋分袂之际，怅惘之情，匪言可宣。"县欢送筹备会还购置锦屏及纪念册多件赠予西北大学。为纪念城固8年历史，西北大学于临别之际，还在校本部讲舍旧址立碑以作纪念，碑文尽述该校在城固8年之历史，及与城固民众结下的深情厚谊，并望"后之考世运之兴替，文教之盛衰者，其有取于斯文！"[1]

---

① 李永森、姚远主编：《西北大学史稿（修订本）》（上卷），西北大学出版社2002年版，第365—367页。

1946年五六月间，第一批教职员工从城固迁回西安，校行政部分开始办公。第二批教职员及随校学生于7月抵达西安。此后，图书仪器等近千件公私物品，总重共140吨，除一部分随教职工迁移外，于7、8、9三个月，分批运回西安新校址。

西北大学新校址位于西安城外西南角，占地600余亩，其地南屏终南山，北枕渭水，大小雁塔矗立于前，阿房、镐京遥接于后，有环城路可从校门直达城区，向称"风水宝地"。校园四周环以围墙，校内树木葱郁，环境幽雅，校园房舍800余间，全为平房，对称排列，大礼堂位于中央，前后均有小广场，运动场位于校园西南，礼堂南为教授住宅，礼堂西为学生宿舍，可容千余学生住宿。

西北医学院在抗战胜利之后，亦希望迁回北平，接收日伪统治的北京大学医学院。但经劝阻，医学院以教育均衡大局为重，于1946年5月并入国立西北大学，迁回西安，改称国立西北大学医学院。该校于1946年10月左右完成搬迁，院址设于西安崇礼路西北化学制药厂旧址，占地20余亩，有平房200余间。

1946年11月25日，西北大学新迁西安后第一学期开学。12月12日，全校正式上课。1947年6月，西北大学校长刘季洪主编《国立西北大学概况》，记载了西北大学的历史沿革及回迁西安之后的情况。他特别指出："当战事初起，各校迁移时期，教育部即将原有学校调整归并，注意分布之合理化；胜利以后，学校复员，多数学校虽须迁回，然仍须遵均衡发展及建立文化中心之原则，使若干学校永设后方，以奠定高等教育基础。"[1]从此，扎根西北、建设西北，即成为西北大学的重要使命。

西北工学院于1939年时已由教育部决定以宝鸡为学校永久地址。抗战胜利后，当时组成西工一部的东北大学复员沈阳，不久恢复工学院。焦作工学院复员洛阳。西北工学院在复员开始时由教育部改定甘肃天水城北的西北公路局为原址，全体师生以西安位置适中为由拒迁，经交涉后，西北工学院被允许迁至西安。从6月迁建开始，至11月左右，西北工学院完成

---

① 　国立西北大学编：《国立西北大学概况》，1947年版，第4页。

迁移，8年古路坝生活，终告结束。

抗战胜利后，河北省政府复员回到天津。1946年1月，教育厅开始筹备河北女子师范学院复校事宜，并函请原院长齐国樑由兰州返回天津主持院务。8年多颠沛流离之后，齐国樑终于带领师生北返，回到了他曾倾注心血十几年的学校。1946年九十月间，河北女子师范学院附属中学、幼儿园、小学和学院本部先后开学上课。复校后的河北女子师范学院设有教育、家政、中文、体育、音乐5个系，共招生109人，于10月28日开学，又经过一年多的施工建设，校园修缮一新。

相比于上述院校的迁移，力图在抗战后返回平津的原北平师范大学、原北洋工学院的回家路则更加艰难。北平师范大学在抗战期间几度迁移，先是于1937年10月与北平大学、北洋工学院等合组国立西安临时大学；1938年3月，学校再向汉中地区转移，4月改为国立西北联合大学；1939年8月，师范学院独立，更名为国立西北师范学院；1940年，教育部训令该校分批西迁至甘肃兰州，1941年，该校在兰州设立分院，次年分院改为本院。

北平师大西迁之后，已是名实俱废，但是，学校师生一直在为保存"北平师范大学"而努力，并促使教育部明文表示"西北师范学院为北平师大之继承者"。但是，在抗战胜利后，西北师院并未在教育部复员计划当中。1945年8月16日，《大公报》发布消息，列举10余所即将复员回迁的高校，唯独没提北平师范大学，引起西北师范学院部分师生的强烈不满。8月25日，师生成立复校委员会，一方面向当局陈述复校理由，呼请准予复校，寻求社会的关注和支持；同时，通电全国校友，响应复校运动，并派代表赴重庆请愿。师大复校运动得到李石曾、吴稚晖、于右任等人热情襄助。但奔走数十天后，得到的答复是，教育部虽允建立国立师范学院，但是须将校址迁至石家庄，这实际上是另设一校，与西北师院师生无关。得此消息，10月17日晚，西北师范学院学生召开大会，宣布于18日起罢课，并通电全国。经各方劝解，罢课运动于10月29日结束。1945年11月30日，教育部长朱家骅举行记者招待会，当记者问及北平师范大学复校一事，朱家骅回答："因该院校迁陕西，为西北联合大学之一院，后西北联大改制，师范学院迁兰州，改为西北师范学院。该院将留于西北，然为求保持北平师大之历史传统起见，将令成立国立师范学院，暂在北平原址复校，将来该校如增设为三院，也可改称大学，其永久校址将设于石家庄。"[①] 从以上答复可见，虽北平师院在师大旧人的强烈呼吁下得以恢复，但教育部仍出于均衡发展地方教育之考虑，打算将其设在石家庄，以解决北平大学麇集的状况，与原北平师范大学"复员"的要求相差甚远。12月27日，由校友总会、复校委员会和学生代表会联合召开大会，一致主张再次罢课，并组成北平师范大学复校运动联合会，组织请愿团赴重庆请愿。经各方坚持不懈的努力，1946年3月，西北师院学生"原名称、原地址、原任校长复职及本院师生全体返平"的复校要求得到允准，教育部准许在北平原师大校址上设立"北平师范学院"，任命袁敦礼先生为校长，并同意西北师院学生，不分地域，可以无条件转入北平师院。

复校运动取得胜利后，自8月下旬开始，西北师范学院师生数百人分批从兰州出发，辗转甘肃、陕西、山西、河南、河北等省，历尽艰辛，复员北平。1946年7月，国立北平师范学院在北平厂甸正式成立。院长袁敦礼在美国讲学未归，教育部委派教育部社会教育司司长黄如今任代理院长。11月，学校正式上课，学生包括三部分：一是复员归来的数百名老生；二是当年录取的新生182名，以及59名先修班学生；三是伪师大学生经甄审合格者761名。

1946年5月，北平师范学院学生为恢复"北平师范大学"，再次发起请愿运动，教育部不得不决定北平师范学院分设三个学部，筹备一年后改成"大学"。一年后，北平师范学院在"复大"无果的情况下再次发起全体学生罢课、全体教授辞职运动，随后北平师范学院院长及学生代表赴南京请愿。1948年11月，国立北平师范大学名称恢复。

抗战胜利后，教育部电令北洋工学院西京分院归并西北工学院，这一命令遭到北洋师生及校友的强烈抵制。

北洋工学院西迁之后，按照教育部指令，西北联合大学一分为五，工学院从此独立设校。独立之后的西北工学院由原北洋工学院、北平大学工

---

① 《教育复员及师大复校　朱教长答记者》，《西京日报》1945年12月3日。

学院、东北大学工学院与焦作工学院组成。但对教育部的这一举措，有着深厚北洋情结的国立北洋工学院院长李书田及一批在社会上极有声望的北洋校友非常不满，他们奔走游说，一直致力于恢复北洋工学院。1941年10月，贵阳举办北洋工学院校友临时大会，会上在李书田倡议下，北洋校友一致同意私立复校，筹款办学，这让教育部非常难堪，因为北洋工学院向为国立大学。为平复这一风潮，1942年12月，行政院会议通过决议，将浙江南部泰顺县的省立英士大学升格为国立，其工学院单独划出，名曰北洋工学院，以北洋校友捐款补助该院。1944年，李书田在西安建立北洋大学西京分院，该校于1944年9月举行招生考试，仅西安一地报名者即达千余人，最终录取108人。1945年4月12日，西京分院第二学期开学，各校工作开始走向正轨。

值此之时，抗战胜利。在教育复员过程中，国民政府虽下令恢复北洋大学，建立北洋大学筹备委员会，并任命曾担任过北洋大学校长的茅以升为新建立的北洋大学校长，但是当时决定将泰顺北洋工学院归并英士大学，西京分院归并西北工学院，拒绝了该两校回归天津北洋大学的要求。但是，西京分院并未遵从部方命令。1946年4月15日，西京分院学生40人、教职工4人，在院长李书田的带领下，历经14天艰苦跋涉，到达天津，并拟借用北洋工学院校址上课。对此要求，教育部虽然在回函中指出："该前院长自行率领学生赴津系属私人行动，现在国立北洋大学方面筹备复校，校舍不得出借。"[1]但生米已经煮成熟饭，西京分院总算勉强返回了天津。7月间，在英士大学就读的原泰顺北洋工学院师生200余名，在茅以升的帮助下，由院长陈荩民带领，免费乘坐放空北上的运煤货轮，经秦皇岛和塘沽，分批抵达天津。8月15日，新聘任的理学院院长陈荩民代表北洋大学接收"北平临大第五分班"，建立国立北洋大学北平部，设立机械、电机、化工、土木、建筑5系。10月20日，复员归来的学生和转学生经过短期复习和准备，正式开学。一个月后，北洋大学新生及先修班，也开学上课。

---

[1] 转引自贺金林:《抗战胜利后国民政府教育复员研究》，社会科学文献出版社2010年版，第91页。

## 二、欢喜、迷茫、愤懑——复校

相比于西北联大各校的波折，燕京大学与西南联大的复校过程虽然也面临着重重困难，但毕竟还是少了许多枝节。

1945年8月16日，自从北平燕京大学被关闭后日寇关押的司徒雷登获得了自由。第二天，司徒雷登即召集在北平的原燕京大学教职员陆志韦、洪煨莲、蔡一谔、林嘉通、侯仁之等人开会，研究了有关接管校园、清查校产、召集旧部、筹备复校等事宜，并决定由陆志韦主持，成立复校工作委员会。8月23日，在日本宣布投降后的第8天，在陆志韦、洪煨莲、蔡一谔、林嘉通、侯仁之等带领下，燕京复校工作委员会的工作人员们，终于踏进了蒙耻忍辱4年的燕园。

此时的燕园，除了部分日军还滞留校园外，之前持枪站岗、虎视眈眈的日寇已经不见了。但校内却是一片苍凉。燕园内杂草丛生，垃圾遍地，日伪的"华北综合调查研究所"正在准备撤离，破碎的文件纸张随风飘扬，未名湖水波光不兴，水面上漂浮着杂物和泛起的沉渣。校舍房屋破损，门窗支离斑驳，室内家具横七竖八，书籍混乱不堪，一阵阵霉污气息迎面扑来。这还是那个以环境幽雅著称的燕京大学吗？

8月26日，复校工作委员会克服重重困难，接收了校园的南部（当时校内还有部分日本伤兵及机构尚未撤离）。按照司徒雷登等人的期望，燕京大学要在当年10月10日招生入学。然而，这样一个疮痍满目的校园，能够如期开学吗？从8月15日日本宣布投降到10月10日开学，仅仅56天时间。在这56天里，要把敌人占领了4年的综合大学恢复起来，要办理接收、接管并维修整理校园，要召集并组织起教职工队伍，要组织新生的报名、考试、评卷、录取工作，要准备开学开课、教材教具，要安排教职工的生活和学生的住宿、洗澡、吃饭、交通等一系列生活问题。此外，还要向日本人追索校产，要求他们交还全部校舍，寻找已经失散的档案材料，要与美英教会、托事部方面取得必要联系，获得办学费用，还要和那些从后方返回北平的所谓"接收大员"周旋……要做的事情实在是太多了。在筹备复校的那段时间里，工作人员不计报酬，呕心沥血，夜以继日，辛苦奋战，饿了就吃点干粮，困了就睡在椅子和地板上，大家通力合作，不分彼此，互相帮助，互相鼓励，所有人的目标只有一个，一定争取早日复校复课，一定要让燕园尽快活起来。司徒雷登后来在回忆录中说，这些参与筹划复校的同事，"他们每个人都经历了日军的残酷折磨，要他们改变信仰，断绝与燕京的关系，但是他们都没有屈服，一直保持对燕京绝对的忠诚。有这样一群思维敏捷又坚持信仰的同事，我还有更多奢求的吗？"[①]

司徒雷登说："我们的朋友告诉我们这肯定不可能，就是我们自己也担心办不到，但是大家都满怀热情和决心去实现这个目标"，但最终，这个目标实现了。从9月中旬到10月初，复校工作委员会组织人力，扫除垃圾，修缮门窗，检修水电，修理家具，还布置了学生宿舍和一部分教室，燕园面貌焕然一新，为开学准备了必要条件。9月12日，燕大发出通知，恢复在北平招生。9月22日和23日，平津两地举行了入学考试。新生报名、考试等事项，都完全严格按照原来燕京大学的传统办法和程序进行，连"智力测验"这个燕大特有的考试科目，也完整出了试卷。由于学生报名太过踊跃，为满足同学需求，除招收一年级新生以外，还多招了一个预备班，给那些入学考试时只是某一门课成绩稍差的同学提供了升学机会。

1945年10月10日9时，未名湖畔钟亭，那沉寂了1036天的古钟，又恢复了半小时一次的报时，之后，燕京大学复校后的第一个开学典礼在贝公楼大礼堂如期举行。燕园，终于又活了！正如司徒雷登所说："日本人曾经为'死去的燕大'而弹冠相庆，四年后我们在这里欢聚一堂，扫去阴霾，庆祝我们学校的新生。"[②]那一天，一位刚刚报到的燕大学生在校园里欣赏到了与两个月前的破败截然不同的校园美景："岸边的垂柳，柔弱的柳枝在风中轻轻摆动，湖中时有鱼儿跃出水面，激起的波纹向四周扩散开去。红

---

① ［美］司徒雷登著，陈丽颖译：《在华五十年：从传教士到大使——司徒雷登回忆录》，东方出版中心2012年版，第105页。

② ［美］司徒雷登著，陈丽颖译：《在华五十年：从传教士到大使——司徒雷登回忆录》，东方出版中心2012年版，第106页。

柱粉墙的楼阁，白色的石舫，高耸入云的十三级宝塔，都在水中映出倒影。这些水中宫殿，比地面上的更美，也更迷人。"①虽然在湖心岛上，他还是很"扫兴"地碰到了几个破衣烂衫的日本军人，但是，没过几天，10月19日，日本人被彻底赶出了校园。

1946年5月开始，在成都燕大的同学也完成了学业，分批回到北平。虽然这条返回北平的道路依然崎岖难行，但是这次旅程与南下时相比，总是和平了许多。

在其他各校纷纷复员的时候，西南联大的师生们也同样为回迁做着准备。8年了，异乡似乎快成了故乡。然而，当胜利来临的时候，回家的急迫还是胜过了一切。"不论先生与学生，公务员或小贩，都是急急地要归去，似乎把地方上的感情，丢个一干二净，一刻儿也不愿多停。"②毕竟，故园难忘。回家，成了胜利消息传来之后人们讨论最多的话题。

8月23日，西南联合大学设立了三校联合迁移委员会，筹划三校北返平、津事宜，同时三校又各自设立了迁移委员会。联大当时有2000多名学生，另外还有教授、教职员家属，还有8年间积累的"家底"——千余吨的图书仪器，再加上当时的交通运输状况，迁移不是一件容易的事，况且平、津的情况也不容乐观。

三校中，只有北京大学由于日伪在原北大校址建立伪北京大学，"尚称完整"，清华大学在沦陷期间被作为日本兵营及伤兵医院，南开大学则在1937年被轰炸后已全被摧毁，仅仅外观恢复就需要不少时日。除此之外，梅贻琦说，当时清华"旧有之仪器图书，被剽窃一空，以后在伪北大及其他机关寻获图书若干，约抵原有册数之一半，而仪器机器则完全无法追还"③。南开大学更是由于遭日军狂轰滥炸，基本设施损失殆尽。

1945年10月初，一位记者报道了他在战后回母校燕园时顺带探访清华

---

① 董天民：《燕园杂忆》，见燕大文史资料编委会编：《燕大文史资料》第5辑，北京大学出版社1988年版，第171—172页。

② 小鱼：《北归》，《北大化讯》1946年9月第16期。

③ 梅贻琦：《复员期中之清华》，载清华大学校史研究室编：《清华大学史料选编》第4卷，清华大学出版社1994年版，第27—28页。

时目睹的情形:"清华大学所遭破坏极严重。各校舍内部设备均已荡然无存。昔日水木清华之美丽校景,今已一片荒凉。目之所及,尽皆朽木颓垣。古月堂双扉紧闭,附近之曲径已为杂草所淹没,不复辨识。工字厅现为'清华大学整理委员会办公室',体育馆中之马厩尚未清除,军马十余匹在操场上任意奔驰。图书馆内书库之玻璃地板尽遭击碎,书籍已全被运走或散失,实令人痛心。"①

1937年,一篇题目为《素描南开》的文章是这样描绘当时的南开大学的:"这里的建筑物虽然不及清华燕京那样堂皇精致,但是也不太平凡的。如若将燕大比作一个艳妆少妇,清华比作一个翩翩少年的话,南开大学最好是一个淡妆轻抹的少女,处处显着秀丽美妙。"②然而,8年过后,这样秀美的南开早已不复存在。日本人占领天津后,南开被改为野战医院,一部分作为日本天津中学,经常驻兵1000人左右。校园里的湖光山色早已荡然无存,思源堂成了日本人的武术教练室,图书馆变成瓦砾场,一切"皆成荆棘,满目凄凉,仅于路旁见数丛紫色野菊,依稀当年风景,夕阳之下,迎风颤动"。③

这样的情况下,要复校,办理战后接收、整理修复,都须耗资耗时耗力,绝不是短时间内可以完成的事情。

西南联合大学最初计划于9月3日开课,11月份进行学期考试,如交通许可,即行北迁,否则于休假一周后,继续开课,第二学期于4月初结束,即行迁移。远途迁徙,是一项浩繁艰巨的工程,涉及北方校舍的接收修缮、师生迁移、物资输送、联大校产的分配处置、复员经费的申领、交通工具的组织准备等一系列问题。而且,返回之后,三校即"分家",除了财产之外,人员分配也须提前规划。1946年5月,联大学生依志愿分至三校,入北京大学者647人,清华大学者983人,南开大学者70人。

---

① 陈封雄:《劫后燕园的第一篇新闻报道》,载燕大文史资料编委会编:《燕大文史资料》第5辑,北京大学出版社1991年版,第267页。

② 仲彝:《素描南开》,《学校新闻》第57卷,1937年。

③ 国民日报记者:《南开四校视察记》,《南开大学校史资料选(1919—1949)》,南开大学出版社1989年版,第98—99页。

三校要复员，除了经费保障之外，最令人头痛的是交通运输问题。抗战胜利，客居西南的单位都忙着回迁，当时仅教育部驻渝办事处协助东迁的就有60个单位，64000余人，隔省迁移的专科以上学校有27所，加之战争破坏，虽水陆空三线均可运送，但依然不敷分配。筹备复员期间，西南联大迁移委员会数次开会，申请经费，并派人勘察路线，洽商返回时交通工具，包括其余各种事项，纷杂烦琐。1946年3月25日，西南联大常务委员会通过决议，暂定西南联合大学从5月10日起开始迁移，所有本大学在昆明的各种应处理事项，须在5月底以前办理完结。

这样的离别有希望，也有伤感，还有茫然，万般情绪。5月3日，联大中文系举行复员前的最后一次结业典礼。集会结束合影时，在典礼的最后，有人提议全体师生合唱一首校歌，"万里长征，辞却五朝宫阙……"有人起音，后面的很快便跟着唱起来了，"以前是唱'待驱除仇寇复神京，还燕碣'，现在已经驱除仇寇马上复神京，还燕碣，所以师生们唱得特别带劲，嗓门有多高便拉多高，谁也不管它会不会离音走调。虽然唱得不很整齐，但唱得荡气回肠，余音袅袅，情景的确动人，有人激动得哭了"。[①]

5月4日，全校师生在联大新校舍图书馆举行毕业典礼。北大、清华、南开及联大在昆校友参加。典礼由西南联合大学常委梅贻琦主持，代表常委会宣布西南联合大学教学活动就此结束。典礼结束后，举行西南联合大学纪念碑揭碑仪式。由冯友兰撰写的碑文写道：三校联合之战时使命已经完成，即将"返故居，复旧业"，而三校之八年联合，可纪念者四，其一，"联合大学之使命与抗战相终始"；其二，三校八年联合，"合作无间，同无妨异，异不害同，五色交辉，相得益彰，八音合奏，终和且平"；其三，"联合大学以其兼容并包之精神，转移社会一时之风气，内树学术自由之规模，外获民主堡垒之称号，违千夫之诺诺，作一士之谔谔"；其四，历史上南渡之人，未有能北返者，但联大之南渡，"能于不十年间收恢复之全功，庾信不哀江

---

① 吴宏聪：《向母校告别——记西南联大中文系全体师生最后一次集会》，见云南西南联大校友会编：《难忘联大岁月——国立西南联合大学在昆建校六十周年纪念文集》，云南教育出版社1998年版，第157页。

南，杜甫喜收蓟北"，"岂非一代之盛事，旷百世而难遇者哉！"[①]碑的背面刻有西南联大自抗战以来834名（实为832名）参军学生的名单。

1946年5月4日，西南联大在新校舍图书馆举行结业典礼，宣布西南联大正式结束（北京大学校史馆供图）

这天晚间，西南联大同人数人约饭庆祝，席终人散，很多人醉意蒙眬。8年了，有人来了还能走，有人来了就不愿意走了，还有一些人把生命留在了自己的第二故乡。当离别的那一刻终于到来，即将离去之际，回望美丽的滇池，有多少人会在那一刻觉得万般不舍？"同艰难，共欢悦。联合竟，使命彻。神京复，还燕碣！"

为支援云南教育事业，联大将师院留在昆明，独立设置为国立昆明师范学院，并与三校结成合作单位，经联大常委会研究，留查良钊教授主持昆明师院工作。查良钊教授其时已受聘于南开大学，只能向南开请假一年，留昆主持校务。此外，北大教授罗庸、谭锡畴，清华教授杨武之、胡毅，南开教授蔡维藩、蒋硕民等，也分别向原学校请假，留下担任教学和行政职务。

---

① 冯友兰：《国立西南联合大学纪念碑碑文》（1946年5月4日），载北京大学、清华大学、南开大学、云南师范大学编：《国立西南联合大学史料一 总览卷》，云南教育出版社1998年版，第284页。

西南联大在滇8年，与云南人民结下了深情厚谊，为云南的经济文化事业发展做出了巨大贡献。首先是帮助云南发展了教育事业。1938年增设的师范学院，适当放宽录取标准，增加云南籍考生名额；通过举办中等学校在职教师讲习会、在职职员进修班等，为当地培养人才；西南联大部分教师和学生还在云南创办多所学校，到当地学校兼课教学，为当地教育事业发展做出了贡献。西南联大北返时将师范学院留在当地，继续为当地培养急需的教育人才。此外，西南联大在滇期间，各学科教授结合当地实际条件开展学术研究，对云南经济文化的发展起了推动作用。理工科方面，生物学教授沈同以云南盛产的野果余甘子做实验，研究维生素C与造血机能的关系；工学院院长施嘉炀主持云南水利发电勘测，设计了一批小水电站；土木系教授设计了昆明大戏院等建筑；机械系与云南省建设厅合作研究改良当地农具；化学系教授苏国桢得到银行投资，创建了恒通酒精厂，大大缓解了当地因汽油缺乏而产生的燃料不足问题……人文科学方面，教授们同样取得了很多重要成果。中文系主任罗常培主持了少数民族语言的调查研究工作；罗庸研究滇中文化，发掘出不少抗清志士的诗文；南开大学边疆人文研究室在玉溪、峨山、新平、元江等县对当地语言、民俗、社会经济、地理环境进行了系统调查研究；社会学系主任陈达教授领导清华国情普查研究所，对呈贡县进行了人口和农业普查；罗常培、郑天挺、潘光旦等还应邀参加了大理县志的编纂工作……在文化艺术方面，西南联大师生办的刊物，如师范学院国文系编的《国文月刊》、法商学院教授编的政论性刊物《今日评论》(后改名为《当代评论》)、中国民主同盟成立后由闻一多教授主持的《民主周刊》，以及《自由周刊》《时代评论》等，对昆明文化界影响甚大。西南联大师生的演剧活动、暑期工作队、抗日宣传等，也在当地产生了重要影响。临别之际，云南各界书《公送国立西南联合大学北归复校序》，纪念八载深情："一为学界风气之转移也。""自联合大学南来，亲见其蒙艰难，贞锲而弗舍，举亨困、夷险、祸福，胥不能夺其志。""夫然后教育事业之神圣，学术思想自尊严，乃有所丽，而可久维于不敝。""一为滇事之彰明也。""自联合大学南来，集诸科多数之专家，得悠长之岁月，或以休志躬莅其他，或受委托精研其事，其已结集者既不少成书，其待编行者方层出而不穷。凡兹所为，均可谓知类通方，开物成务，有关国类民生之大者。于是滇之为滇，始一扫阴霾，以真面显示于天下。"①

云南省商会联合会、昆明市商户并分赠三校"复校纪念"屏联。

赠给北大的是：

博我以文日就月将惠此南国
仰之弥高察时垂象譬如北辰

赠予清华的是：

万里采菁来载将时雨春风已为遐方开气运
九年移帐去种得天南桃李长留嘉荫咏清华

赠予南开的是：

天教振铎泽被南滇看到满门桃李正开时为全碧湖山平添春色
夜话避戎事同西土例诸欧洲文艺复兴史愿乾坤抖擞早放曙光

联大亦赠谢启："桃潭千尺，未足喻此深情；秋水一篇，差可方兹佳制……"②

1946年5月10日，西南联大所属三校开始分批北上迁移，最后一批学生集体出发的时间为7月11日。学生们分乘三校复员车队卡车，经过贵州险峻的"十八拐"，进入湖南，然后从长沙乘江轮至汉口，再乘船到南京，再转至上海，再转至平津。三校公物及教职员眷属的运输更为困难。1946年5月26日，三校成立5人押运小组，负责继运物资（图书、仪器）等共

---

① 北京大学、清华大学、南开大学、云南师范大学编：《国立西南联合大学史料一 总览卷》，云南教育出版社1998年版，第285—286页。
② 北京大学、清华大学、南开大学、云南师范大学编：《国立西南联合大学史料一 总览卷》，云南教育出版社1998年版，第285—288页。

69吨共计625箱的押运任务，8月底，终于将所有物资顺利运至平津。1946年7月25日，三校又联合组成7人押运小组，负责300吨公物的北迁任务。1947年7月，最后一批北迁物品到达。回归天津的南开大学，由于办学艰难，1946年9月，教育部宣布南开大学改为国立，张伯苓仍任校长。南开大学从此开始了国立时期。

西南联大师生奔忙于北迁复员之时，亦是蒋介石背信弃义、磨刀霍霍，准备全面发动内战之际。对蒋介石的罪恶行径深恶痛绝的昆明各界爱国民主人士以各种方式进行反对内战、争取和平民主的斗争。1946年6月26日、28日、29日，中国民主同盟中央执委、云南支部负责人李公朴、闻一多等连续举办三次记者招待会，向社会各界阐明民主同盟"和平建国，民主团结"的主张。会后，民盟和昆明各界人士组织"争取和平联合会"，发起万人签名运动，致电蒋介石、毛泽东，要求国共双方停止内战，万"不可兵戎相见、骨肉相残，坐令民族生机断丧尽净"。①这些活动赢得了社会上的广泛响应，形成了强大的反内战、争民主声势。昆明爱国人士的这些行动遭到国民党当局的仇视，蒋介石对这些手无寸铁的爱国民主人士，举起了屠刀。

7月11日，西南联大最后一批北上复员的学生早上才乘汽车离开昆明，当晚10点半，李公朴在昆明遇害。7月15日下午，闻一多不顾危险，在李公朴先生追悼会上发表著名的最后一次演讲，谴责枪杀李公朴使"昆明出现了历史上最卑劣最无耻的事情！"闻一多的演讲慷慨激昂，他说：

"反动派挑拨离间，卑鄙无耻，你们看见联大走了，学生放暑假了，便以为我们没有力量了吗？特务们！你们错了！你们看看今天到会的一千多青年，又握起手来了，我们昆明的青年决不会让你们这样横干下去的！"

"我们不怕死，我们有牺牲的精神！我们随时准备像李先生一样，前脚跨出大门，后脚就不准备再跨进大门！"②

当天，闻一多在回家途中被杀害。

---

①　黎明、侯菊坤：《闻一多年谱长编》（修订版）下册，上海交通大学出版社2014年版，第914页。

②　黎明、侯菊坤：《闻一多年谱长编》（修订版）下册，上海交通大学出版社2014年版，第935—936页。

## 平津高校外迁

李公朴、闻一多接连惨遭暗杀，社会为之震动。梅贻琦闻知闻一多死讯，"惊愕不知所谓"，他在日记中写道："察其当时情形，以多人围击，以欲致之于死，此何等仇恨，何等阴谋，殊使人痛惜而更为来日惧尔。"[1]7月16日，民盟云南支部发言人发表了《为闻一多同志复遭暗杀的紧急声明》一文，文中严正指出李、闻两先生被暗杀事件，"实乃法西斯反动派决心放弃以和平民主方式解决当前国是问题，而悍然采取最卑劣最无耻的暗杀手段，消灭民主分子，以配合正在开展的全面内战，公开向全国人民进行全面进攻的具体表现"。[2]7月17日，毛泽东、朱德等给闻一多家属发来唁电，电文写道："惊悉一多先生遇害，至深哀悼，先生为民主而奋斗，不屈不挠，可敬可佩。今遭奸人毒手，全国志士，必将继先生遗志，再接再厉，务使民主事业克底于成，特此电唁。"正在南京参加国共和谈的中共代表团亦发来唁电："中国法西斯暴徒如此横行无忌，猖獗疯狂，实法西斯统治的最后挣扎，自掘坟墓。中国人民将踏着李公朴、闻一多诸烈士的血迹前进，为李、闻诸烈士复仇，消灭中国法西斯统治，实现中国之独立、和平与民主，以慰李、闻诸烈士在天之灵。"[3]西南联大师生、各地校友会及社会各界亦纷纷以各种形式进行悼念，不少团体及个人致电政府，要求彻查凶手，严加惩办。

一个月后，朱自清用一首诗痛悼友人：

你是一团火，

照彻了深渊；

指引着青年，

失望中抓住自我。

你是一团火，

照明了古代；

歌舞和竞赛，

---

① 梅贻琦：《西南往事：梅贻琦西南联大时期日记》，石油工业出版社2019年版，第364页。

② 《民主周刊》，第3卷第19期（1946年8月2日）。

③ 黎明、侯菊坤：《闻一多年谱长编》（修订版）下册，上海交通大学出版社2014年版，第951页。

原始人有力如虎。

你是一团火，

照见了魔鬼；

烧毁你自己——

遗烬里爆出个新中国！①

其时正在美国讲学的陈梦家于数年后亦用一首长诗深情纪念自己与老师相处的过往：

我们一同度过许多日子，

看过大海上的雾，

雾里的许多小岛，

在泰山的灵岩寺中，

我们等了几个雨天；

在衡山的茅屋里，

在南湖的岸上，

我们度过许多晨昏；

你总是道貌岸然的谈笑风生，

把古事说得那末真，

把现代的黑暗恨的那末深。

我们常常面对着一盏浓茶，

为着一个字的解释打架。

过几天你又来了，

看看我家里的紫藤花。

……②

① 朱自清：《朱自清日记》（下），石油工业出版社2019年版，第357页。
② 陈梦家：《悼闻一多先生》，载王子光、王康著：《闻一多纪念文集》，生活·读书·新知三联书店1980年版，第205页。

闻一多曾说,自己之谈政治只不过"是一只脚门里一只脚门外而已。等到政治上告一段落,我的门外的一只脚还是收回,不过留个窗户时常向外看看"①。国事蜩螗,闻一多只希望用自己的努力争出一个安定的研究环境,抗战胜利后,他还曾满怀憧憬,与冯友兰分享他回北平后的研究计划,说自己对唯物史观研究不够,想找人合作进行研究,还主张清华回北平以后将中国文学系与西洋文学系合并为文学系,并将其中关于语言的课程分出,单设语言系。这个"何妨一下楼主人"最心心念念的还是他的学术。他如何能料到,从1937年那个溽热的夏天,只带了几本书匆匆离别之后,清华园就再也回不去了呢?

带着庆祝抗战胜利的欢喜、前途未卜的迷茫,也怀着闻一多先生被暗杀后内心的愤懑,五味杂陈中,平津高校的师生们踏上了北返的旅程。

# 三、第二条战线——他们的选择

1946年11月1日,回归平、津的清华、北大、南开三校在北京大学四院举行庆祝西南联大9周年校庆纪念大会。那一天,北大四院"人山人海,万头攒动","自从联大复员学生住在里面之后,嘹亮的歌声不断,充满新的生机"。②当年的北平师范学院学生毛寿义多年后还能清晰记得师院北归后的情景:学校本部及二院,随时有教授和学生员工挤进挤出,各个角落都有学生读书游戏、唱歌、谈笑,"立时现出一片朝气蓬勃和乐融融的气象"。他说,此地正是求学的最佳环境,"教室、实验室、实习工厂、钢琴室、体育馆、操场、宿舍、膳厅、厨、厕,仪器及各项设备,亦称丰硕,灯水、炉火、暖气等供应无虞,此情此景,与抗战期间大后方相较可称天上人间"③。

---

① 冯友兰:《冯友兰自述》,河南人民出版社2004年版,第120页。

② 刘时平:《歌颂吧,联大——联大校庆九周年侧记》,载西南联合大学北京校友会校史编辑委员会编:《笳吹弦诵在春城——回忆西南联大》,云南人民出版社、北京大学出版社1986年版,第508页。

③ 毛寿义:《抗战胜利后师范大学在北平复校》,《国立北平师范大学七十周年校庆纪念特刊》(1972年),第49—50页。

燕京复校以后也迅速整修一新。"水塔临湖傲立，健壮如昔。亭轩石桥，风景也未稍减。"①一切似乎都是新鲜活泼的模样，一切似乎都充满了希望。然而，现实能够如人们所期盼的那样吗？

　　抗战刚刚结束时，在昆明，当学生们见面互问"什么时候走？"的时候，有人兴高采烈，但是大多数的学生"对于北方破碎的校园，破碎的家和漫漫的旅途有无限茫茫之感"②。这种忧虑随着国内时局的发展更为加深。1946年7月7日，重庆《大公报》记者采访到了因交通问题滞留于重庆的联大教授及眷属，百余人挤在一个狭小的招待所内，其中包括汤用彤（北大文学院院长）、江泽涵（北大理学院代理院长）、冯至、蔡维藩、姚从吾、邵循恪、陈序经等。冯至说：在昆明我们虽然也度着艰苦的岁月，但由于气候宜人，尚能享受到一份自然的优待，在重庆度此炎夏，可苦煞诸人，如今大学教授的生活只有烦恼。冯友兰说：生活逼得许多教授不得不兼差，浪费时间精力，有苦难言。抗战期中，吾人愿吃苦到底，希望胜利后一切会好起来。但以现状而言，"希望更为渺茫了"。"冯氏尤深以北平之物价为忧，忧虑由西南回去的文化人怎么去过日子。"③而闻一多的被暗杀更是让他们的心头蒙上了一层阴影。最终，当他们历经长途奔波，终于回到故都后才发现，除了飞涨的物价，内战爆发后动荡的时局所带来的各种危机更让人忧心忡忡。

　　朱自清因风闻北平物价之高而对于回家的憧憬淡了很多，不过，当他终于乘飞机回来的时候，在飞机上看到北平城"那棋盘似的房屋，那点缀着的绿树，那紫禁城，那黄琉璃瓦"，故都那美丽的风情一下子就抓住了这个被迫漂泊8年的游子的心，"我忘怀一切，重新爱起北平来了"。然而，北返之后，原先担心的一切变成了现实，"物价像潮水一样涨，整个的北平也像在潮水里晃荡着"。好多地方都萧条起来了，报纸上经常有"路劫"的记载，数量众多的美军驻华人员自恃与国民政府的特殊关系，飞扬跋扈、屡肇事端，他们的汽车经常在大街上横冲直撞，朱自清返回北京一星期，被

---

①　燕大学生自治会编：《燕大三年》1948年，第2页。

②　俞冬：《西南联大要搬家了》，《周播》1946年第9期。

③　北京大学校史研究室编：《北京大学史料》第3卷，北京大学出版社2000年版，第479页。

撞死的就有五六个人，北平，"不一样了"。[①]

《大公报》报道说，教育工作者们回到北平后，感觉一片"凄凉"，学校百废待兴，需要着力之处甚多，老师们实在需要一个安定的环境致力于学校的恢复建设，但当时的中国已是烽火漫天，北平米珠薪桂，物价高企，教授们的工资涨幅远远赶不上物价上涨速度。学校复员半年后，冬季来临，由于煤炭供应不足，很多教授已面临着不挨冻即挨饿的情况，因生活问题频频上书政府要求改善待遇；学生返回后亦是两手空空，很多人在战乱中已无家可归，"无救济即不能生活"[②]。虽然北大代理校长傅斯年在复校之初即告诫学生："今日学生水准，不够为未来建国人才"，甚望"能安心读书，专心做学问"，"唯不可作为政治斗争之工具"[③]。但是，师生们吃不饱穿不暖住不好，却眼见这个复员后的政府在政治、经济、军事方面无任何作为，上上下下贪腐成风，将战后接收变成"劫收"，又肆意践踏民主，一意挑起内战，在这种情况下，教师学生还能安心读书、专心做学问吗？

距离外迁各校庆祝北返不过一个多月，1946年12月24日傍晚，北京大学先修班女生沈崇，在去平安戏院看电影的路上，被两个美国兵尾随，行至东单时，被架往东单广场强行奸污。25日，私营亚光通讯社对此事件进行了报道。对此，国民党当局下令严禁各报刊刊登事件经过。尽管如此，26日，北平《新民报》《经世日报》《北平日报》《世界日报》《新生报》等多家报纸还是突破严密的新闻封锁，揭露了事件真相。《新民报》并将北平治安当局要求各报"缓于发表"此消息的通知也作为新闻予以公布，引起社会极大公愤。一场由"沈崇事件"引发的反美爱国运动由北平迅速蔓延至全国。

12月26日下午，北京大学的民主墙上也贴出了这则消息，随之传遍北平各高校。当天，从院墙到课堂，从走廊到操场，贴满了抗议美军暴行的

---

① 朱自清：《回来杂记》，《丰子恺插图朱自清散文集全集》（下），春风文艺出版社2013年版，第248—252页。

② 《北京大学史料》第3卷，北京大学出版社2000年版，第478—479页。

③ 北京大学校史研究室编：《北京大学史料》第3卷，北京大学出版社2000年版，第478页。

大字报和标语。报载，在当时的北京大学女生宿舍，传来了女同学的哭声，同学们有的是愤慨，有些是恐惧，有女同学说："我们是来自天南地北的女孩子，没有亲戚，没有友人，美军是这样的暴行，我们是这样的没有保障，谁能担保这样的侮辱不会落在我们的头上？"①学生们愤怒地站出来，展开抗议美军暴行的正义斗争。27日晚，灰楼（女生宿舍）的女同学便在饭厅召开紧急会议，提出惩凶和要求美军立即滚出中国的要求。与此同时，历史系学会联合女同学会，在沙滩北楼礼堂召开全校各系级及社团代表大会，会议通过以下决议：第一，写信给国民党政府主席蒋介石，要求严肃处理美军暴行事件，惩办凶手；第二，写信给司徒雷登、马歇尔转美国总统杜鲁门，抗议美军暴行，要求美国撤出中国；第三，发表告全国同胞书、告全国同学书；第四，会议决定联络全市各大中专学生、各界人士一致行动，30日罢课一天举行游行示威，以示抗议。会上成立了"北京大学学生抗议美军暴行筹备委员会"，领导全校的抗暴运动。28日下午，北京大学学生的行动得到清华大学、燕京大学的全体响应，接着，平津其他大学如中法大学、北平师范学院、辅仁大学、南开大学、北洋大学等亦纷纷响应。

国民党当局一方面放出消息，说"该女子似非良家妇女"（其实，沈崇是晚清两江总督沈葆桢的曾孙女，刚从南方来北京求学），其后见事态无法压制，不得不在12月28日提出一个就事论事的备忘录，要求惩凶、赔款、道歉及保证今后不再发生类似事件，以缓和人民的激愤情绪；另一方面，又有意把这次事关民族尊严的重大事件，淡化为纯系法律问题，并将主犯交由美国海军当局单方面处理。时任北京大学校长的胡适，也把美军暴行说成是单纯的法律问题，说美军撤退，是关乎美国政治的事，希望学生们不要有此联想。政府与校方的表态让同学们的愤怒情绪更加难以遏制。而在29日，当北京大学抗议美军暴行筹委会正在召开系级代表大会时，100多个手持木棍、腰挎手枪的暴徒乘坐大卡车闯入会场殴打学生，并宣布成立所谓"北平各大学学生正义联合会"，反对罢课和游行。这些行动进一步点燃

① 本刊特约记者：《抗议美军暴行　北平学生示威记》，《观察》第1卷第21号，1947年1月10日。

了师生们心中的怒火。

12月30日，清华大学、燕京大学、北洋大学等学校都发布了抗议美军暴行宣言。

12月30日下午，中法大学、师范学院、朝阳学院、铁道学院、清华、燕京、辅仁的队伍陆续来到沙滩，与北大的队伍一起在街头会成一支两里多长的万人游行队伍。清华大学的同学举着"抗议美军暴行大游行"的横幅开路，其他学校在中间，北大3000同学做后卫，开始游行示威。他们高呼"抗议美军暴行！""严惩肇事美军！""美军退出中国！""美国立即改变对华政策！""维护主权独立！""民主新中国万岁！"等口号，并沿路张贴各种标语及用粉笔书写的宣传文字，同时对市民进行宣传讲演。学生们散发的传单有"告北平市民书""告全国同胞书""为罢课抗议美军暴行告平市父老书""美军暴行真相""一年来驻华美军暴行录"等。当队伍游行至驻有美军的"军事调处执行部"大门口时，学生们用英语大声高呼："滚蛋，美国军队！我们憎恨你们！""美军滚回去！中国不需要你们！"在东单广场沈崇受侮辱的地方，游行队伍召开了抗议美军暴行的群众大会。广场上演出了活报剧，北大新诗社的一个女同学朗诵了《给受难者》的诗，北大歌咏团还高唱《打倒美军》等歌曲，会场气氛感人至深。同一天，天津南开大学，上海复旦、同济、暨南等大学也宣布罢课。

1946年12月30日，北大、清华等校抗议美军暴行大游行经过军事调处执行部门前
（王学珍、郭建荣编：《北京大学史料》第4卷，北京大学出版社，2000年，第5页）

一位署名为木耳的记者用激昂的笔调记述了这场北平学生的大游行。他写道："民国三十五年十二月三十日，这受苦受难的北平城，她经过了日本人八年的蹂躏，又经过了美兵和接受（收）人员一年半的压迫，忍无可忍，在这天突破了十年来的沉默，张口怒吼了！一支热血沸腾的大铁流（至少是万人的大游行）在零下15°C的酷寒气候下，穿过古城的大街小巷，凭他们的高度热情把古城人们心上的寒冷消融了。几乎家家都打开了古（大）门，用一对惊异与兴奋的眼睛望出去，等他们知道了是怎么一回事时，都不约而同地随着大队高喊起来，多少喉咙合成一个巨响：'反对美军暴行！''美军退出中国！'"[1]另一位记者随机采访了一些在路旁观看游行的人，他们中，有警察，有邮差，有士兵，有工人，还有商人、家庭妇女……将近30个人中，除了3个人没有发表意见外，其余都一律赞成学生的举动。

学生们的抗暴运动也得到了校方和相当多数教授的支持。北京大学决定发动罢课、示威游行时，北大秘书长郑天挺和教务长郑华炽表示，北大向无干涉学生运动之成例，今日亦不例外。北京大学包括沈从文、许德珩、周炳琳、任继愈、闻家驷、钱端升等在内的48位教授联名致信美国驻华大使司徒雷登，抗议美军暴行。北大教授也纷纷公开发言表示对学生行动的支持。许德珩说：假若政府的国策不变，美国的对华政策不变，中国人民将永远会变成美国宰割的对象，我们将誓死反对这种卖国求荣的政策。闻家驷说：只要是中国人被侮辱了，我们都应该抗议，何况又是本校的同学？谁也不能保证不发生在自己身上，我们中国人，原是一无保障。清华大学校长梅贻琦和燕京大学代校长陆志韦也表示不干涉学生的行动。清华大学学生自治会同学称该校教授及助教99%赞成罢课，90%赞成游行。清华大学教务长吴泽霖表示支持学生的抗议行动，对于学生的罢课运动，他说：虽然学校不便表示赞同，不过学生们既然坚持，学校决不至于强迫学生上课，沈崇事件造成的这种侮辱，不仅是某一个同学、某一个学校的事，而是大家同学的事、全中国人民的事。清华大学训导长褚士荃也赞成学生罢课。朱自清教授、赵访熊教授也都支持学生游行示威，主张要彻底解决驻华美军问题。燕京大学的夏仁德教授和雷洁琼教授则直接参与了12月30日的示威游行。

一个多世纪以来，中华民族受尽了外国列强的欺侮和凌辱，14年的浴血奋战之后，中国人终于打败了入侵自己领土的日本侵略者，每个中国人都扬眉吐气，觉得终于可以挺胸抬头做人了。然而，曾经作为盟军帮助中国抗战的美国人在战后却又以征服者的姿态，无视中国的主权，无视中华民族的尊严和利益，在中国的土地上肆意横行，甚至任意杀害和侮辱中国同胞，每一个有爱国心的中国人在遭受这样的苦难之时，都会抑制不住心中的怒火，奋不顾身起而抗争。返回北平后的师生们，经常可以在报纸上连篇累牍地看到美军醉酒滋事，任意殴打强杀中国人，甚至在街头肆意侮辱强奸妇女的报道，今天，这样的罪恶活生生发生在自己的同学身上，大家还能忍气吞声、忍辱负重吗?

北平的抗暴大游行，点燃了全国抗暴运动的导火索。1947年新年伊始，上海、南京、天津、武汉、长沙、南昌、济南、广州、福州、台北、桂林、成都、重庆、西安、兰州、开封、洛阳、沈阳、长春等大中城市学生不断发起罢课运动，举行游行示威，参加的人数多达50余万。学生的抗议行动，也得到了社会各界的广泛同情。文化界、妇女界、工商界团体和著名人士，纷纷发表谈话，支持学生行动，抗议美军暴行。

1947年2月1日，中共中央举行政治局会议，讨论毛泽东起草的《迎接中国革命的新高潮》的党内指示。周恩来在会上做了国民党统治区人民运动的报告。他在报告中第一次把国民党统治区的人民运动称为"第二战场"。他说：反美斗争，去年还不会料到有这样大的发展，因为许多人原来对美国有幻想。现在，学生运动和小贩运动都直接的是反美运动。群众中，从贫民、工农到民族资产阶级都不满美国的压迫，斗争还要继续发展下去。这个运动是配合自卫战争最有力的运动。[1]

---

[1]　周恩来在中共中央政治局会议上的发言记录，1947年2月1日。转引自金冲及:《二十世纪中国史纲》第2卷，社会科学文献出版社2009年版，第600页。

从大后方刚刚返回平津之时，师生们虽然有迷茫，有愤懑，但是，大部分人还是有着比较浓重的"正统意识"，很多人对蒋介石政府还是充满了幻想，蒋介石回到北平时，有两万多人在太和殿集会欢迎。虽然外迁各校返回北平时，各校地下党组织也随之迁回，不过，当时各校中国民党政府的力量还相当大。西南联大、燕京大学复员北平后，清华大学情况好一些，进步力量很快掌握了学生自治会，燕京大学进步力量比清华稍弱，但是也掌握了学生自治会，北大的进步力量则与反动力量处于相持状态，双方斗争激烈，但谁也战胜不了谁。然而，"沈崇事件"的发生，让师生们在斗争中逐渐看清了蒋介石政府的真实面目，学生们的思想发生了巨大转变。很快，北大、清华、燕京等学校的进步力量占据了更大优势，平津其他高校的进步力量实力也迅速增强。

反美抗暴运动才稍稍有所平息，另一场更大的风暴接踵而至。

尽管蒋介石政府一直力图加强对人民的高压政策，但是，随着国共内战的进一步扩大，国民党统治区内各种社会矛盾进一步激化。通货膨胀，物价飞涨，民族工商业纷纷破产，人民生活日益恶化。国民党政府的政治危机、经济危机全面爆发，教育危机也日趋严重，1947年，国民政府的教育支出只占全部财政支出的3.7%。不少青年学生因无法缴纳学费、膳费而被迫停学。即使在校读书的也终日不得温饱。天津《大公报》1947年2月的一篇文章说：1946年11月前，北大请求休学的学生达337人，1947年新年后办理休学的有249人，清华在寒假前三周，请求休学的就达40人。文章说，其中有部分学生自然是因病或者因功课繁重而申请休学，另一部分则是因经济困难而休学，而因病休学人数过多，也足以说明现在青年健康水平的下降，这也正说明"今日经济危机的严重化和社会贫穷的深刻化"①。而教授们的生活也同样困窘。1947年2月，平津各学院院长呈请教育部，因物价腾贵，教师无法生活，请求调整薪资。5月6日，天津《大公报》发表两篇电文，原标题为《教授活不下去  山东大学教授罢教争待遇  北大教

---

① 《严重的教育问题》(1947年2月23日)，载中共北京市委党史研究室编：《反饥饿反内战运动资料汇编》，北京大学出版社1992年版，第75页。

授透支已达4亿元 清华北洋师院情形亦相似》。电文称，山东大学教授决议于5月5日罢教，要求政府提高待遇。北京大学也是经济危机日深，教授180余人透支已达4亿元，校方负债8亿，每月仅利息就需支付5000万元，而学校的办学经费才3400万元。很多教师贫病交加。清华、北平师范学院、北洋大学等校情况亦类似。北大负责人说：如此下去，教授即将无法教书，学校无法办理。[①]与此同时，国民政府加强了对师生的思想控制，校园里既无言论自由，也无人身安全保障。在这种情况下，北平、天津、上海、山东、河南……罢课罢教的呼声和行动此起彼伏。

如果说在全民族抗战时期，人们对于一切的饥饿、困苦，在民族大义面前还能忍受，然而，抗战结束了，复员平津才几个月，生活状况不仅没有好转，反而变本加厉，每况愈下。人们不得不进一步思考，这一切艰难困苦是谁造成的？是怎样造成的？人们很快找到了答案：这是国民党政府发动全面内战带来的，要解决这一切危机，必须要反内战。

1947年5月4日，为纪念五四运动28周年，北大、清华、燕京、中法、北平师范学院壁报社发表了题为《我们的呼号》的檄文。文章说：28年中，我们的民族在苦难的道路上坎坷前行。帝国主义者、军阀和既得利益集团，既绞杀了民主，也窒息了科学。抗战胜利了，但痛苦和迫害还在继续。民族危机没有消除，人民依然没有翻身，《中美商约》比《二十一条》出卖了更多的民族利益，在美帝国主义的帮助下，屠杀人民的内战正在疯狂进行。文章控诉当前的中国，"自由变成了独裁者的专利，科学作了屠杀人民的工具，新的侵略者可以握手言欢，汉奸国贼加官晋级，而热爱祖国的人民，变成了应该绞杀的仇敌"。文章还号召那些在内战前线当炮灰，在后方遭迫害，辗转在失学、失业、疾病、流亡线上的青年，"要跨过罪恶与不义的山岭，为自由民主的新中国战斗！"[②]不仅在北平，在上海、南京，以纪念五四为契机，高校师生明确表达了对民主、自由的企盼，以及他们反对内战的

---

① 《教授活不下去》(1947年5月6日)，中共北京市委党史研究室编：《反饥饿反内战运动资料汇编》，北京大学出版社1992年版，第85页。

② 《我们的呼号》(1947年5月)，载中共北京市委党史研究室编：《反饥饿反内战运动资料汇编》，北京大学出版社1992年版，第98—99页。

强烈要求。反饥饿反内战运动就是在这样的背景下爆发的。

这场运动的高潮首先在国民政府的首都南京掀起。1947年4月26日，南京中央大学教授向教育部请愿，要求提高薪资、提高教育经费。因请愿无果，5月12日，中央大学决定，从第二天起罢课，17日，成立"南京区大专院校争取公费待遇联合会"，并决定于20日国民参政会开幕时组织联合请愿，同时向全国九大城市的大学发出电报，要求一致行动。

中央大学的号召得到了全国各大学的一致响应。5月14日，清华大学校长梅贻琦主持召开平津国立大学校长座谈会，决议电请教育部将各院校经费最低限度增加6倍发给。5月16日，北大院系联合会开会，组成"北大反饥饿反内战行动委员会"，院系代表大会决定自19日起罢课三天（清华大学也宣布同日举行罢课）；定6月2日为反内战日；通电全国，号召各界罢工、罢市、罢课、罢教，并举行反内战大游行。天津南开大学、北洋大学也宣布从18日起罢课三天。上海和杭州各大学也于5月中旬相继罢课，并决定派代表到南京参加对国民参政会的请愿。

对于民众日益高涨的抗议浪潮，国民党政府采取的政策是严厉镇压。5月18日下午，南京国民政府委员会通过并颁布《维持社会秩序临时办法》，蒋介石发表书面谈话称："最近发生之学生行动，实已越出国民道德与国家法律所许可之范围，显系共产党直接间接所指使。如长此放任，不但学风败坏，法纪荡然，势必使作育青年之教育机关，成为毁法乱纪之策源地，国家何贵有如此之学校，亦何惜于如此恣肆暴戾之青年。为保障整个国家之生命与全体青年之前途，将不能不采取断然之处置。"[①] 蒋介石的谈话发表后，舆论为之哗然。

5月20日，南京中央大学、金陵大学等校5000多名学生和上海、杭州、苏州各大专院校的学生代表，举着孙中山像和"和平奋斗救中国"的横幅，向教育部行政院和国民参政会请愿，游行队伍行进途中，军警用水龙喷射，用皮带、鞭子与棍棒进行暴力拦截，造成学生受伤30余人，被捕及失踪40

---

① 秦孝仪总编纂：《总统蒋公大事长编初稿》第6卷（下），（台北）中国国民党中央党史委员会1978年版，第455页。

余人。同一天，北平大专学校学生7000余人，以北大宣传队卡车为先导，高举"华北学生北平区反饥饿反内战大游行"的横幅，以清华大学从军复员同学和清华大学同学在先，北京大学从军复员同学和北京大学同学在后，在市区游行。清华大学和北京大学从军复员同学皆穿军服，更有六七人头顶钢盔，在队伍中高喊"××复员军人反对内战""抗战军人只打日本""抗战军人不打内战"等口号，非常引人注目。北平师范学院多位教授、北京大学助教数十人参加了游行。这天，天津的南开大学、北洋大学等校1400多人，分两路游行，遭到暴徒拦截殴打，9人受伤，23人被捕。

北平反饥饿反内战游行

（王学珍、郭建荣编：《北京大学史料》第4卷，北京大学出版社，2000年，第5页）

5月29日，北京大学、清华大学两校教授102人发表《为反内战运动告学生与政府书》，文中指出，政府应当切实省悟，当今政治之所以至如此地步，责任在政府而不在学生。对于学生现在发起的呼吁及运动，只能善导而不应以高压，此为政府之起码之责任。但是当今政府却放纵暴徒逞凶殴打学生，警察肆意逮捕游行人员，"喋血于都市，逞威于青年，并进而禁止请愿、封闭报馆，自乱法纪，自毁道德"，"民主何有？宪法云何？"[①]6月1日

---

① 中共北京市委党史研究室编：《反饥饿反内战运动资料汇编》，北京大学出版社1992年版，第367页。

下午，北京大学隆重举行了"民主广场"命名大会，并欢迎受伤同学返校。华北学联筹备会主席在开会致辞时说，五四、"一二·九"、"抗暴运动"和这次"五二〇"示威都是在这个广场集合出发的，我们应该把"民主"这个光荣的名字给予这块土地，表示我们决心把民主扩大到全中国去，让全国到处都开放着民主幸福的花朵。为了民主革命事业，我们誓死要和独裁暴力作战，做持久的殊死战！

"五二〇"事件发生后，学生斗争的口号中又增加了"反迫害"。运动迅速席卷全国。南京、上海、北平、天津、杭州、金华、长沙、南昌、成都、重庆、广州、武汉、青岛、济南、开封、西安、福州、昆明、桂林等地，学生们先后举行罢课、示威游行，运动的参与者，除了国立大学的学生，一向保守的教会学校，包括很多中学生也参与进来，规模和声势超过了年初的抗议美军暴行运动。学生们的运动也得到社会各界的广泛支持与同情。燕京大学、南开大学、北洋大学、中央大学、上海交通大学、国立复旦大学、武汉大学……各大学教授纷纷发表宣言支持学生运动，教授罢教、工人罢工、城市贫民斗争与农村的抗粮抗税抗抽丁斗争风起云涌，各民主党派和无党派人士也成为爱国民主运动的积极参加者，国民党政府陷入四面楚歌、空前孤立的境地。

1947年5月30日，毛泽东为新华社撰写了一篇评论，评论说：

> 和全民为敌的蒋介石政府，现在已经发现它自己处在全民的包围中。无论是在军事战线上，或者是在政治战线上，蒋介石政府都打了败仗，都已被它所宣布为敌人的力量所包围，并且想不出逃脱的方法。
>
> 中国境内已有了两条战线。蒋介石进犯军和人民解放军的战争，这是第一条战线。现在又出现了第二条战线，这就是伟大的正义的学生运动和蒋介石反动政府之间的尖锐斗争。
>
> 学生运动是整个人民运动的一部分。学生运动的高涨，不可避免地要促进整个人民运动的高涨。

## 平津高校外迁

把学生运动称为"第二条战线",这是一个重要的战略判断,这个判断宣示了人心向背之巨大变动。1948年5月20日,"五二〇"运动一周年之际,华北学联发布告同学书,要求每个同学要"坚决地站起,在民主斗争的最后关头和民族危机日益严重的今天,我们要坚固,不屈不挠,咬紧牙关,用全副精力,坚持我们的斗争"。"胜利就在明天——明天是光明的。"[①]

明天一定是光明的。在一次次反抗斗争中,当时代的洪流轧过每个人头上的时候,到底支持共产党还是国民党,大多数师生都明确了自己的选择。

---

[①] 《迈过黑暗,迎接新生——华北学联"五二〇"周年告同学书》(1948年5月20日),中共北京市委党史研究室编:《反饥饿反内战运动资料汇编》,北京大学出版社1992年版,第454页。

# 结　语


抗战期间高校外迁，是中国高教事业和知识精英一场空前绝后的战略大转移。全民族抗战14年间，加入迁徙行列的全国高校累计达100余所，搬迁校次近200次之多，不少高校一迁再迁。它所涉及的区域包括除蒙、藏等少数民族地区外的全国所有省区，参加这场战略转移的人数包括师生员工及教师家属达77万余人。[①]平津高校外迁是这场战略大转移中的重要组成部分。

陈寅恪曾在悲痛中写下"南渡自应思往事，北归端恐待来生"的诗句，熟谙历史的他此时对这场战争结果的预期是悲观的。然而，"南渡"未能北归的历史未再重演，经过14年的浴血奋战后，中国人民以"驱除仇寇复神京"宣告了胜利的大结局。

国难耻而不辱，学风历难不衰。在烽火中保存中华民族的文脉，是平津高校也是中国高校外迁的第一重意义。文化，是一个民族赖以生存和发展的基础。1937年夏，日本人在平津的大轰炸之所以选择南开、清华这些非军事目标，就是企图从文化上对中国"连根拔起"。平津高校师生不畏艰险的这场大迁移，不仅保存了高校的基本资源，而且保存了中华民族最终战胜日本帝国主义进而最终求得民族独立的文脉，这是中华民族最宝贵的财富。如前文所述，战争爆发后，关于上战场还是读书，人们曾爆发了激烈的争论，但是，"绝徽移栽桢干质"，保护人才，谋长远发展，这是有战略远见的选择。当年华中大学校长韦卓民先生指出：虽说高校内迁的"代

---

① 韦卓民：《三年来的中国战时教育》（英文）（现藏华中师大档案馆），转引自余子侠：《抗战时期高校内迁及其历史意义》，《近代史研究》1995年第6期。

价是高的", "而且所受的苦痛也是很大的", "但是为了这场自卫和自保的圣战, 这只不过是一部分的牺牲而已"。须知国家把这些青年"培养到大学程度需要十几年的时间, 而且全国的人口中, 大学生仅占万分之一。他们若都在战场上被屠杀, 那么战后国家的精神生活中势将出现严重的缺口, 斯时重建的工作将对全国的才俊责以重任, 似此情景曾于第一次世界大战结束后英、法两国(以自身)的经验充分昭告世人。我们当前的口号是'抗战救国', 假使人们的抗战忽略了复兴, 那不啻自毁立场。中国现代化的伟业始于抗战前不久, 必须于战争结束后完成, 所需的长期训练绝对不可中止或遭到严重的阻碍。主要的是基于此理, 使得高等教育的机构向内地迁徙, 绝非逃避战争, 而且(是)配合政府抗战的计划以为战后国家的重建"。①

实现教育均衡发展, 播迁中国高等教育的薪火, 这是平津高校外迁也是中国高校外迁的第二重意义。这么多高校, 历经数千里, 长达八九年的大迁徙, 这实际上是一次文化的长征, 它将中国高等教育的火种播撒到曾被视为文化荒漠的大西南和大西北。抗战期间, 数以千计的大学教师和数以万计的大学生聚集于祖国的大后方, 文明火种随之播迁。韦卓民说: "高等教育机构的内迁, 并非一种纯粹不幸之事。因为她们所迁之地, 过去在文化上是未开发之区, 科学知识观念的传播, 有助于推动国家内地的现代化。"② 20世纪30年代, 中国高等学校还是主要集中于北京、上海以及其他东南沿海各大城市, 高等教育发展极不平衡。全民族抗战时期百余所高校被迫内迁, 其中西迁院校达80余所。平津10余所高校外迁, 其足迹所至之处就包括陕西、甘肃、四川、贵州、云南以及湖南、湖北、河南、广西等地。一时间, 西部高校云集, 文化教育空前繁荣。即如国立西南联合大学北归复校时昆明士绅赠言所说: 西南联大"留滇九年, 凡所以导扬文化, 恢宏学术者无不至, 一时文教之盛, 遂使昆明屹然为西南文化之中心"③。国

---

① 韦卓民:《抗战时期中国的教育》, 转引自余子侠:《抗战时期高校内迁及其历史意义》,《近代史研究》1995年第6期。

② 韦卓民:《三年来的中国战时教育》(英文)(现藏华中师大档案馆), 转引自余子侠:《抗战时期高校内迁及其历史意义》,《近代史研究》1995年第6期。

③ 北京大学、清华大学、南开大学、云南师范大学编:《国立西南联合大学史料一 总览卷》, 云南教育出版社1998年版, 第285页。

立西北大学即将离开城固时，县长周儇的欢送词也说："贵校牵驻敝邑，于兹八载，既蒙增进文化，复承嘉惠地方。"①这些高校的迁徙，极大程度上改变了战前中国教育发展不均衡、东强西弱的状况，对西部教育发展做出了极大贡献。战后复员时，国民政府立足于教育均衡发展的政策规定也使高校内迁不仅仅成为战时的权宜之计，而变成为长远的教育发展方略，影响极其深远。

站在全民族抗战的立场上，战时高校外迁，作为中华民族反抗日本帝国主义侵略历史中的一个组成部分，它所体现的以爱国主义为核心的民族精神，是中华民族得以生生不息的动力源泉，这是平津高校外迁也是中国高校外迁的第三重意义。在硝烟弥漫中，众多大学师生历经磨难辗转迁徙而能够保持弦歌不辍，这本身就是一种稳定人心的力量，它向全国人民展示了中华民族的民族精神以及抗战必胜的坚定信念。

2020年1月20日，习近平总书记来到位于云南师范大学校园内的国立西南联合大学旧址考察调研。在了解了西南联大结茅立舍、弦歌不辍的光荣历史后，他深有感触地说，国难危急的时候，我们的教育精华辗转周折聚集在这里，形成精英荟萃的局面，最后在这里开花结果，又把种子播撒出去，所培养的人才在革命建设改革的各个历史时期都发挥了重要作用。这深刻启示我们，教育要同国家之命运、民族之前途紧密联系起来。为国家、为民族，是学习的动力，也是学习的动机。②在中华民族生死存亡的关键时刻，中国的知识分子们，用他们的坚忍不拔，用他们的坚强意志，谱写了一曲慷慨悲壮的民族精神之歌。那些在困境中能够笳吹弦诵、锲而不舍、刻苦学习的成千上万的年轻学子，点燃了中华民族未来的希望之火。

爱国主义是中华民族精神的核心，是激励中国人民维护民族独立和民族尊严、在历史洪流中奋勇向前的强大精神动力，是驱动中华民族这艘航船乘风破浪、奋勇前行的强劲引擎，是引领中国人民和中华民族迸发排山

---

① 西北大学校史编纂委员会编，李永森、姚远主编：《西北大学史稿（1902—1949）（修订本）》（上卷），西北大学出版社2002年版，第366页。

② 《云南师范大学开展"习近平总书记考察西南联大旧址重要指示精神学习宣传活动"》，详见https://yn.yunnan.cn/system/2020/05/20/030679423.shtml。

倒海的历史伟力、战胜前进道路上一切艰难险阻的壮丽旗帜。天下兴亡、匹夫有责的爱国情怀，视死如归、宁死不屈的民族气节，不畏强暴、血战到底的英雄气概，百折不挠、坚忍不拔的必胜信念。当年那些外迁高校的师生，他们在颠沛流离中所秉承的，就是这样一种坚忍不拔的爱国主义精神。回顾抗战时期中国高校外迁史，追寻其抗战轨迹，赓续其精神血脉，对于弘扬爱国主义精神，增强民族自豪感、自信心，振奋民族精神，凝聚民族力量，无疑具有重要意义，这种传承必将成为中华民族走向复兴进程中的重要精神力量。

# 后 记

  "北平抗日斗争历史丛书"是北京市红色资源保护传承利用工程的重要组成部分。丛书以北平抗日斗争为主题,全景式展现了北平军民14年不屈斗争的历史画卷,深刻揭示了北平在全国抗战中的重要地位和作用。

  丛书项目由北京市委党史研究室、市地方志办主任李良统筹策划,经专家团队反复论证,室务会研究确定,并报请市委批准。市委高度重视,市委常委、组织部部长孙梅君全程关注,并就打造精品力作多次作出指示。为优质高效推进编写工作,专门成立编委会和编委会办公室,并进行了明确分工。经过一年多艰苦努力,顺利完成丛书编写任务。

  丛书主编杨胜群、李良从确定选题到谋篇布局,从甄别史实到提升质量,实施全面指导、严格把关;陈志楣负责丛书组织编写工作,并审改全部书稿;张恒彬、刘岳、运子微、姜海军对书稿提出宝贵意见。

  《平津高校外迁》作为这套丛书其中一部,由北京大学马克思主义学院副教授史春风负责撰写。专责编委刘国新全程指导,林齐模等专家提出修改意见。联络员刘慧具体负责组织协调等工作。

  北京出版集团所属北京人民出版社全程参与本书策划论证和审校出版工作。本书参阅了许多公开出版或发表的文献资料和研究成果。在此,谨向所有为本书编写工作做出贡献的单位和同志表示诚挚感谢!

  由于时间仓促,加之编写水平有限,本书难免存在不足之处,敬请读者批评指正。

丛书编委会

2022年12月